本书系2018年度湖北省社科基金一般项目（后期资助项目）（批准号：2018010）暨2019年中央高校基本科研业务费专项资金资助（批准号：2019WKYXQN007）的最终成果

"刑事一体化"视野下的贪污贿赂犯罪规制研究

李冠煜 著

中国社会科学出版社

图书在版编目（CIP）数据

"刑事一体化"视野下的贪污贿赂犯罪规制研究／李冠煜著.—北京：中国社会科学出版社，2022.1

ISBN 978-7-5161-9359-4

Ⅰ.①刑… Ⅱ.①李… Ⅲ.①贪污贿赂罪—研究—中国 Ⅳ.①D924.392.4

中国版本图书馆 CIP 数据核字（2022）第 014265 号

出 版 人	赵剑英
责任编辑	孔继萍
责任校对	李　莉
责任印制	郝美娜

出　　版	中国社会科学出版社
社　　址	北京鼓楼西大街甲 158 号
邮　　编	100720
网　　址	http://www.csspw.cn
发 行 部	010-84083685
门 市 部	010-84029450
经　　销	新华书店及其他书店
印　　刷	北京君升印刷有限公司
装　　订	廊坊市广阳区广增装订厂
版　　次	2022 年 1 月第 1 版
印　　次	2022 年 1 月第 1 次印刷
开　　本	710×1000　1/16
印　　张	17
字　　数	218 千字
定　　价	98.00 元

凡购买中国社会科学出版社图书，如有质量问题请与本社营销中心联系调换
电话：010-84083683
版权所有　侵权必究

前　言

党的十八大以来，以习近平同志为核心的党中央将全面从严治党纳入"四个全面"战略布局，以优良的作风凝聚党心民心，以严明的纪律管党治党，以零容忍的态度惩治腐败，构建起党和国家监督体系，反腐败斗争取得压倒性胜利。党中央对国家反腐败策略的调整，引起了反腐败刑事政策的转型，即反腐败刑事政策适应传统报应刑法向现代预防刑法的转变趋势，提高自身与宽严相济刑事政策、罪刑法定原则的融合程度，在贯彻国家治理现代化、积极预防主义等内在逻辑的过程中，渐进、稳妥地推进反腐败刑事政策的法治化。[1] 详言之，一方面，根据"预防型"反腐的立法政策，[2] 必须理性评价目前"又严又厉"刑事立法模式的利弊得失，引导其向"严而不厉"的刑法结构转变。实际上，《刑法修正案（九）》关于贪污贿赂犯罪的立法完善以及2018年修订《刑事诉讼法》时增设的认罪认罚从宽制度，已经明显体现了这一思路。另一方面，根据"预防型"反腐的司法政策，[3] 应当直面当下贪污贿赂犯罪定罪量

---

[1]　参见孙国祥《反腐败刑事政策时代转型的逻辑与法治化思考》，载《社会科学辑刊》2021年第5期，第112页以下。

[2]　参见刘艳红《中国反腐败立法的战略转型及其体系化构建》，载《中国法学》2016年第4期，第218页。

[3]　参见李冠煜《公共政策介入刑事法治实践研究：路径、判例与方法》，载《人大法律评论》编辑委员会组编：《人大法律评论》（总第27辑），法律出版社2019年版，第176—177页。

刑和反腐败追逃追赃工作实际中亟待解决的问题，实现罪刑均衡和犯罪预防之间的协调。其实，《关于办理贪污贿赂刑事案件适用法律若干问题的解释》《关于进一步推进受贿行贿一起查的意见》等规范性文件的出台，都是为了进一步提高办案质量。

因此，本书以我国关于更加科学有力地防治腐败，健全反腐败领导体制和工作机制的战略部署和政策精神为指导，立足于刑事法完善、量刑规范化改革和反腐败追逃追赃工作实际，贯彻"刑事一体化"理念，根据自身研究兴趣、专长，选取了腐败犯罪的量刑基准、贪污罪的量刑规范化、受贿罪的对象范围、受贿罪的死刑适用标准、贪污贿赂犯罪的终身监禁适用标准、巨额财产来源不明罪的证明责任、利用影响力受贿罪的客观方面、特别没收程序、限期自首制度以及反贿赂合规计划共十个刑事立法、司法实践问题展开研究。这不仅有利于完善我国反腐败刑事法律体系，提升反腐败工作实效，而且有利于加强国际刑事司法合作，提高反腐败刑事法治化程度。

为此，本书主要采取了背景分析法（通过把握我国反腐败刑事政策产生、发展、演变的历史脉络，解读其价值目标和应有内涵）、质性分析法（通过分析我国反腐败刑事司法实践的典型案例，展现其办案思维和实践逻辑）、规范分析法（通过诠释我国反腐败刑事立法的常用规范，促进其功能优化和系统完善）和比较分析法（比较美国、英国、德国、日本和我国的反腐败刑事立法、司法实践，借鉴其成熟经验和有益成果）四种研究方法，并力求在研究领域、范围、方法上有所创新。具言之，首先，横跨中国刑法学和国际刑法学，囊括近几年反腐败刑事法治实践中的若干突出问题。其次，贯通刑事实体法和刑事程序法，践行"刑事一体化"理念。最后，结合刑法理论和法治实践，每一章均通过典型案例引出问题、分析问题和解决问题。

目 录

第一章 腐败犯罪的量刑基准研究:以贪污罪为中心………(1)
 第一节 问题的提出………………………………………(1)
 第二节 腐败犯罪原理性量刑基准的完善………………(4)
  一 立法规定……………………………………………(4)
  二 理论争议……………………………………………(5)
  三 完善建议……………………………………………(6)
 第三节 腐败犯罪指南式量刑基准的增设………………(9)
  一 司法解释……………………………………………(9)
  二 典型案例……………………………………………(11)
  三 增设建议……………………………………………(14)
 第四节 余论………………………………………………(17)

第二章 贪污罪量刑规范化的中国实践:基于《刑法修正案》(九)生效后的案例分析………(19)
 第一节 贪污罪量刑规范化的研究基础…………………(19)
  一 问题的提出…………………………………………(20)
  二 样本的筛选…………………………………………(21)
  三 方法的选择…………………………………………(22)
 第二节 贪污罪量刑情节的适用现状……………………(22)

  一　贪污罪责任情节的司法认定 …………………………（23）
  二　贪污罪预防情节的司法认定 …………………………（25）
 第三节　贪污罪量刑情节的功能评价 ……………………………（31）
  一　贪污罪责任情节与宣告刑的关联性考察 ……………（31）
  二　贪污罪预防情节与宣告刑的关联性考察 ……………（33）
 第四节　贪污罪量刑规范化的完善建议 …………………………（38）
  一　切实贯彻二元量刑模式 ………………………………（38）
  二　适度调整具体量刑步骤 ………………………………（39）
  三　严格认定从宽量刑情节 ………………………………（41）
  四　逐步推行量刑深度说理 ………………………………（43）
  五　全面实现量刑实质均衡 ………………………………（44）

第三章　受贿罪中贿赂范围的界定：立足于集合法益视角的分析 ……………………………………………（47）

 第一节　问题的提出 ………………………………………………（47）
 第二节　我国理论界关于贿赂范围的争议及评析 ………………（48）
  一　主要观点之争 …………………………………………（48）
  二　比较与评析 ……………………………………………（50）
 第三节　特殊"贿赂"的分析 ……………………………………（54）
  一　不动产作为贿赂的问题 ………………………………（54）
  二　无形财产作为贿赂的问题 ……………………………（56）
  三　权利文书、证件作为贿赂的问题 ……………………（57）
  四　人体器官作为贿赂的问题 ……………………………（58）
  五　伪劣商品作为贿赂的问题 ……………………………（59）
  六　违禁品作为贿赂的问题 ………………………………（60）
  七　商业机会作为贿赂的问题 ……………………………（61）
  八　性服务作为贿赂的问题 ………………………………（63）

第四章　受贿罪的死刑适用标准研究：以97《刑法》颁布以来省部级高官案件为切入点 …………（68）

第一节　问题的提出 ………………………………………（68）
第二节　受贿罪死刑适用中责任情节的认定 ……………（72）
　　一　犯罪数额 …………………………………………（73）
　　二　犯罪手段 …………………………………………（78）
　　三　危害结果 …………………………………………（80）
第三节　受贿罪死刑适用中预防情节的认定 ……………（83）
　　一　自首、立功和坦白 ………………………………（84）
　　二　认罪、悔罪和退赃、退缴 ………………………（85）
　　三　特别宽宥制度 ……………………………………（86）
第四节　受贿罪死刑适用标准的体系化构建 ……………（91）
　　一　准确评价极其严重的受贿罪的量刑责任 ………（91）
　　二　科学构建受贿罪的死刑适用标准的体系 ………（95）

第五章　贪污受贿犯罪的终身监禁适用标准研究：刑法教义学视野下的体系性构建 ………………………（99）

第一节　问题的提出 ………………………………………（99）
第二节　贪污受贿犯罪死刑适用标准的界定 ……………（106）
　　一　死刑适用的思维逻辑应当由轻到重 ……………（107）
　　二　"罪行极其严重"只能涉及行为本身严重性的评价 ………………………………………………（108）
　　三　贪污受贿犯罪罪行极其严重的判断资料主要包括结果要素 ………………………………………（109）
　　四　贪污受贿罪犯人身危险性的评价方法需要借助实质解释 ………………………………………（111）
第三节　贪污受贿犯罪终身监禁适用标准的展开 …………（113）

一　终身监禁的实践功能…………………………………（113）
　　二　终身监禁的适用对象…………………………………（116）
　　三　终身监禁的判断根据…………………………………（119）
　第四节　贪污受贿犯罪死刑适用标准的体系性构建………（126）
　第五节　简短的结论…………………………………………（130）

第六章　巨额财产来源不明罪的证明责任研究：刑事
　　　　推定的有限适用……………………………………（132）
　第一节　问题的提出…………………………………………（132）
　第二节　本罪被告人是否负有证明责任……………………（134）
　　一　刑法解释的合理结论…………………………………（135）
　　二　证明责任的分配逻辑…………………………………（136）
　　三　保障人权机能的坚守…………………………………（137）
　第三节　本罪是否实行了证明责任倒置……………………（138）
　　一　说明财产来源不是行使辩护权………………………（140）
　　二　履行说明义务即承担证明责任………………………（140）
　第四节　本罪的认定是否属于有罪推定……………………（143）
　　一　有罪推定是无罪推定的例外…………………………（145）
　　二　有罪推定具有有限性、非经常性和不确定性的
　　　　特点……………………………………………………（146）
　　三　有罪推定不是"非人道""不公正"的标签………（147）

第七章　利用影响力受贿罪的客观方面研究：以
　　　　"公正性说"为根据的解读…………………………（148）
　第一节　问题的提出…………………………………………（148）
　第二节　"利用影响力"的认定 ……………………………（150）
　　一　影响力的含义…………………………………………（151）

二　影响力的利用方式……………………………………（153）

第三节　"通过职务行为为请托人谋取不正当利益"的
　　　　　认定………………………………………………（158）

　　一　其他国家工作人员的职务行为……………………（158）

　　二　为请托人谋取不正当利益…………………………（160）

第四节　"有其他较重情节"的认定………………………（164）

　　一　其他较重情节的内容………………………………（164）

　　二　既、未遂标准………………………………………（165）

第八章　国际追逃追赃视野中的特别没收程序：法律属性、
　　　　对象范围与证明规则……………………………（169）

第一节　问题的提出…………………………………………（169）

第二节　特别没收程序法律属性的界定……………………（171）

　　一　法律体系之考察……………………………………（173）

　　二　法律规定之考察……………………………………（174）

　　三　域外法制之考察……………………………………（175）

第三节　特别没收程序对象范围的明确……………………（177）

　　一　违法所得的认定……………………………………（177）

　　二　其他涉案财产的认定………………………………（178）

第四节　特别没收程序证明规则的解析……………………（182）

　　一　特别没收程序的证明范围…………………………（182）

　　二　特别没收程序的证明标准…………………………（185）

第九章　境外在逃人员自首制度司法适用研究：实质根据、成立
　　　　条件与量刑规则……………………………………（190）

第一节　问题的提出…………………………………………（190）

　　一　限期自首制度的效果质疑…………………………（191）

二　限期自首措施的认定难题…………………………………(193)
　　三　限期自首的量刑不够规范…………………………………(196)
第二节　限期自首的实质根据………………………………………(199)
　　一　刑事政策与刑法之间的应然关系…………………………(199)
　　二　限期自首与法定自首的协调尝试…………………………(201)
第三节　限期自首的成立条件………………………………………(204)
　　一　投案自动性的缓和认定……………………………………(204)
　　二　投案接受主体的适度扩展…………………………………(206)
　　三　投案时间的具体判断………………………………………(207)
第四节　限期自首的量刑规则………………………………………(209)
　　一　劝返承诺的量刑限制路径…………………………………(209)
　　二　劝返承诺的量刑规则构建…………………………………(211)

第十章　反贿赂合规计划出罪功能的本土化探索：以单位贿赂犯罪的预防模式为视角……………………………………(215)

第一节　问题的提出…………………………………………………(215)
第二节　反贿赂合规计划与单位贿赂犯罪处罚原理………………(221)
　　一　单一模式下的反贿赂合规计划……………………………(222)
　　二　复合模式下的反贿赂合规计划……………………………(225)
　　三　我国反贿赂合规计划的应然模式…………………………(228)
第三节　反贿赂合规计划与单位贿赂犯罪构成理论………………(232)
　　一　反贿赂合规计划与犯罪论体系……………………………(233)
　　二　反贿赂合规计划与单位贿赂犯罪的出罪路径……………(236)

主要参考文献………………………………………………………(247)

后　记………………………………………………………………(260)

第 一 章

腐败犯罪的量刑基准研究：
以贪污罪为中心

现行《刑法》第 61 条仅仅规定了量刑的一般原则，没有设置大陆法系国家刑法中的原理性量刑基准；《关于常见犯罪的量刑指导意见》（以下简称《量刑指导意见》）罗列了量刑的指导原则，[①] 也没有完全采纳英美法系国家刑法中的指南式量刑基准。对此，本章将以作为腐败犯罪典型样态的贪污罪为例，试图提出建立腐败犯罪量刑基准的设想，以纠正腐败犯罪的量刑偏差，全面助推量刑规范化改革，增强人民法院的司法公信力，进一步提升我国刑事法治的水平。

第一节 问题的提出

党的十八大以来，中央高度重视党风廉政建设和反腐败斗争，把反腐败工作提到了前所未有的高度。党的十八届三中全会《中共中央关于全面深化改革若干重大问题的决定》中明确指出，健全反

[①] 2021 年 6 月 17 日印发的《量刑指导意见》第 1 条延续了依法量刑原则、罪责刑相适应原则、宽严相济原则和量刑均衡原则的规范，只是在第三个原则中增设了确保裁判"政治效果"。

腐倡廉法规制度体系，完善惩治和预防腐败等方面法律法规，加强反腐败斗争的制度建设。贪污受贿是最主要的腐败犯罪，一直是我国刑事法律规制的重点。[①] 例如，2020年，我国检察机关受理各级监委移送职务犯罪19760人，已起诉15346人，不起诉662人，不起诉率同比增加0.5个百分点；退回补充调查4013人次，退查率同比减少12.4个百分点。对赵某某等12名原省部级干部提起公诉。赖某某受贿数额特别巨大、罪行极其严重，提出判处死刑的公诉意见，判决予以采纳。用好法定特别程序，力促追逃追赃。对逃匿、死亡贪污贿赂犯罪嫌疑人启动违法所得没收程序；首次适用缺席审判程序，对潜逃境外19年的贪污犯罪嫌疑人程某某提起公诉。立案查办司法工作人员利用职权实施的侵犯公民权利、损害司法公正犯罪1421人，同比上升63.1%。[②] 我国审判机关审结贪污贿赂、渎职等案件2.2万件2.6万人，其中被告人原为中管干部的12人，对赵某某判处死缓、终身监禁，对赖某某判处并执行死刑，彰显了党中央惩治腐败的坚强决心。积极配合反腐败国际追逃追赃工作，审理追逃追赃、没收违法所得等案件316件，裁定没收"红通人员"姚某某等164人违法所得11.5亿元和位于多国的不动产，让腐败分子无处藏身、违法所得无处隐匿。[③] 然而，由于立法规定、司法理念、量刑方法、程序设置等方面的缺憾，我国在运用刑事法律防控腐败犯罪的过程中，存在较为明显的量刑偏差问题，这突出

---

① 参见沈德咏主编《〈刑法修正案（九）〉条文及配套司法解释理解与适用》，人民法院出版社2015年版，第375—376页。

② 参见张军《最高人民检察院工作报告》（2021年3月8日），载"最高人民检察院官网"：https://www.spp.gov.cn/spp/gzbg/202103/t20210315_512731.shtml，最后访问时间：2021—07—09。

③ 参见周强《最高人民法院工作报告》（2021年3月8日），载"最高人民法院官网"：http://www.court.gov.cn/zixun-xiangqing-290831.html，最后访问时间：2021—07—09。

表现在两个方面：一是对贪污受贿犯罪的量刑失衡；[①] 二是对职务犯罪的量刑过轻。[②] 腐败犯罪的量刑偏差不仅有悖于刑罚公正，不利于实现预防犯罪的目的，而且违反了刑法保障人权的目标，从根本上无助于构建社会主义和谐社会。因此，在全国正在如火如荼地推行量刑规范化改革的背景下，应当将腐败犯罪的量刑纳入规范化量刑的轨道，以实现责任报应与预防犯罪的协调，惩罚犯罪与保障人权的并重。

实际上，原理性量刑基准与指南式量刑基准各有所长。前者侧重定性分析和逻辑推演，后者侧重定量分析和实证研究。若能把它们都吸收进我国的量刑法中，既能促进量刑立法体系的完善，又能促进量刑实践水平的提高。综观当今刑法学界关于量刑基准概念的争论，无不都是围绕定性版的量刑基准和定量版的量刑基准而展开的。其中，"广义说"主张，罪刑相适应原则实际上主要是量刑原则，即提供量刑基准（社会危害性与人身危险性）的原则。在此意义上，量刑原则与量刑基准的含义大体相同。[③] "狭义说"则主张，量刑基准是对已确定适用一定幅度法定刑的抽象个罪，在不考虑任何量刑情节的情况下仅依其构成事实所应判处的刑罚量。[④] 在此意义上，量刑基准表现为抽象个罪的基本刑量，但其与具体个罪的基本刑量的区别可能在于，前者注重量刑的相对均衡，后者则关注量

[①] 参见宋云苍《贪污受贿案件量刑均衡问题研究》，载陈兴良主编《刑事法评论》（第19卷），北京大学出版社2007年版，第365页以下；王刚《我国贪污受贿罪量刑存在的问题和完善建议——以200份贪污受贿案件判决书的实证分析为基础》，载《湖北社会科学》2016年第11期，第122页以下。

[②] 参见李卫东、维英《职务犯罪量刑适用的实证分析》，载《人民检察》2008年第21期，第55页以下；田立文《职务犯罪量刑轻缓化分析探讨》，载《河南社会科学》2010年第3期，第16页以下。

[③] 参见张明楷《新刑法与并合主义》，载《中国社会科学》2000年第1期，第108页及注⑤。

[④] 周光权：《量刑基准研究》，载《中国法学》1999年第5期，第128页。

刑的绝对均衡。[①] 笔者认为，鉴于量刑基准论在整个量刑理论体系中的核心地位，研究腐败犯罪的量刑规范化问题，必须从构建腐败犯罪的量刑基准着手。这种量刑基准应该是抽象性和具体性的统一、定性和定量的统一、思辨性和实证性的统一。

第二节 腐败犯罪原理性量刑基准的完善

原理性的量刑基准即为广义的量刑基准，作为能够适用于所有犯罪的量刑准则，一般被规定在各国的刑法典总则中。所以，探讨如何完善腐败犯罪原理性的量刑基准，有必要从回顾德国、日本等大陆法系国家刑法中的量刑基准立法开始。

一 立法规定

现行《德国刑法典》第 46 条非常接近 1962 年草案第 60 条，在 1969 年 6 月 25 日颁布的第一部刑法改革法（Erstes Gesetz zur Reform des Strafrechts）中被规定在第 13 条，1969 年 7 月 4 日颁布的第二部刑法改革法（Zweites Gesetz zur Reform des Strafrechts）对其未做修改，一直沿用至今。第 46 条的全文为："行为人的责任是量刑的基础。量刑时应考虑刑罚对行为人将来的社会生活所产生的影响。法庭在量刑时，应衡量对行为人有利和不利的情况。特别应注意下列事项：行为人的行为动机和目的，尤其是涉及种族歧视、仇外或者其他类似动机和目的，行为所表露的思想和行为时的意图，违反义务的程度，行为的方式和行为结果，行为人的履历、人身和经济情况，及行为后的态度，尤其是行为人为了补救损害所作

[①] 参见［德］汉斯-约格·阿尔布莱希特《重罪量刑——关于刑量确立与刑量阐释的比较性理论与实证研究》，熊琦等译，法律出版社 2017 年版，第 17—25 页；［英］安德鲁·阿什沃斯《量刑与刑事司法》（第六版），彭海青、吕泽华译，中国社会科学出版社 2019 年版，第 122—129 页。

的努力。属于法定构成要件特征的情况，可不予考虑。"①

德国的量刑立法对日本、瑞士、奥地利等国产生了深远影响，加快了其量刑基准法定化的进程。例如，尽管日本很早就启动了全面修订刑法典的工作，至今却仍在适用 1907 年 4 月 24 日颁布的刑法典。现行《日本刑法典》没有规定量刑基准，反而是 1974 年 5 月 29 日决定提交给法务大臣的《日本改正刑法草案》中的第 48 条颇为引人注目。该条规定："刑罚应当根据犯罪人的责任量定。在适用刑罚时，应当考虑犯罪人的年龄、性格、经历和环境、犯罪的动机、方法、结果和社会影响，犯罪后犯罪人的态度及其他情况，并应当以有利于抑制犯罪和促进犯罪人的改善更生为目的。死刑的适用应当特别慎重。"

此外，《瑞士刑法典》第 63 条、《奥地利刑法典》第 32 条、《意大利刑法典》第 133 条、《俄罗斯刑法典》第 60 条、《澳门刑法典》第 40 条等都将量刑基准纳入了刑事法制的框架，不仅为指导量刑情节的适用创设出具有可操作性的准则，而且为完善我国的量刑规范提供了值得借鉴的范本。

二 理论争议

德国、日本刑法理论的通说认为，在以实施的犯行的严重性（责任程度）为"基础"的同时，还要加入预防的考虑后，决定最终的刑量。② 这一理念被充分贯彻到两国量刑基准的立法过程中。

对于《德国刑法典》第 46 条，包含各草案和理由书的"第一报告书"和"第二报告书"指出，关于第 1 款前段的责任和第 1 款后段的特别预防之间的关系，虽然刑罚可以高于或低于责任的程

---

① 《德国刑法典》，徐久生译，北京大学出版社 2019 年版，第 19—20 页。如无特别说明，本书引用的法条均来自该版本的译文。
② 参见［日］小池信太郎《量刑中的犯行均衡原理和预防性考虑——以日德最近诸见解的研究为中心》(1)，载《庆应法学》2006 年第 6 号，第 12 页。

度，但是不允许失去对责任的正当均衡，抑制责任刑的形成并远离责任。不仅应当承认特别预防的优位，而且在根据特别预防的观点低于责任的程度时，法官"应当互相权衡特别预防、法秩序的确保、法的平等性的各种要求"。关于第 2 款，它提供了量刑的具体指针，排除了不应当归责于行为人的情节存在的危险。[①]

不过，《日本改正刑法草案》第 48 条并未完全沿袭《德国刑法典》第 46 条的内容和精神，原因在于，它是日本政府在《日本宪法》的理念指引下，对刑法典进行全面修订过程中的又一成果，其具有的谋求彻底的责任主义的立场以及计划对刑罚和其他刑事上的处分再次进行全面研究这两个特点，[②] 值得高度重视。对此，草案说明书也指出，要考虑量刑中的责任主义的价值和预防犯罪的作用。第 1 项中的"责任"不是单纯的行为责任，至少融合了部分人格责任的内容。第 2 项尽管将两种预防并举，但一般预防及隔离的必要性经常优先于改善的必要性。在第 1 项和第 2 项的关系中，犯人的责任程度是量刑的最基本要素，刑事政策的目的只能在基于责任量刑的范围内考虑。[③]

可见，围绕量刑基准规范背后的理论争议，主要集中在如何界定"责任""预防"和怎样协调二者之间的关系上。这对修正我国《刑法》第 61 条及扩大《量刑指导意见》对常见犯罪量刑的规制范围，具有重要的启示意义。

三 完善建议

总体而言，我国《刑法》第 61 条规定主要存在以下不足：其

[①] 转引自［日］阿部纯二《刑的量定的基准》（上），载《法学》1976 年第 40 卷第 3 号，第 27—29 页。

[②] 参见［日］大谷实《刑法讲义总论》（新版第 4 版），成文堂 2012 年版，第 33 页。

[③] 转引自［日］平场安治、平野龙一编《刑法改正的研究 I 概论·总则》，东京大学出版会 1972 年版，第 252—253、257—259 页。

一，根据不明。该条未能明确社会危害性这一主要的量刑根据和人身危险性这一次要的量刑根据，没有展现责任和预防的关系，不具备量刑原则应有的宏观指导作用。其二，概念不清。"情节"是指定罪情节，还是指量刑情节，容易让人误解。若理解为定罪情节，则与"犯罪的事实"重复；若理解为量刑情节，则显得多余。其三，逻辑混乱。"犯罪的事实"包括"犯罪的性质"，属于包容关系；它又与定罪"情节"同义，属于重合关系，而被量刑"情节"包含，属于相包容关系；"对于社会的危害程度"表面上是"犯罪的事实"或"情节"中的一种，实际上是从量刑根据上对前三者的归纳。量刑规范中的要素应是相互排他的关系，否则不利于合理量刑；同一条文的量刑要素之间存在多种关系，只会令法官无所适从。

对此，我国学者主要从借鉴德国、日本量刑基准立法的角度，提出了完善我国《刑法》第61条的方案。例如，有学者指出，首先，明确规定刑罚目的及责任主义之指导原则；其次，明确规定全面评价原则；再次，明确规定禁止重复评价原则；最后，明确规定应予特别注意的量刑事项。那么，我国有关量刑基准的规定可修改为：（第5条）刑罚的轻重，不得逾越行为责任之程度，并应考虑对犯罪人未来社会生活所可期待发生之影响。（第61条）对于犯罪人决定刑罚的时候，不得反复利用法定构成事实及其以外量刑因素，而应综合考虑对犯罪人有利与不利之一切因素，尤应注意下列事项：犯罪动机与犯罪目的；主观罪过之强弱；犯意形成的状况；犯罪的时间和地点；犯罪手段（或方法）；犯罪后果；犯罪对象；责任能力程度；行为人之品行；犯罪后的表现；行为人之生活状况；行为人之知识程度；行为人之身份。[①] 还有学者主张，刑事责

---

① 参见韩光军《量刑基准研究》，法律出版社2010年版，第185—210页。

任由行为刑事责任与性格刑事责任组成，前者产生的原因是社会危害性，后者产生的原因是人身危险性。两者的界分与结合既兼顾了报应和预防，又贯彻了并合主义。《刑法》第61条的规定应当简洁，可以将其修改为："对于犯罪分子决定刑罚的时候，应当以犯罪的社会危害程度为基础，并考虑刑罚对犯罪人的教育和改造作用，依照本法的有关规定判处。"[1]

笔者认为，后一种方案较为可取，主要理由有：（1）我国刑法理论中的"刑事责任"与大陆法系国家刑法理论中的"责任"或"罪责"既有联系又有区别，所以不宜直接援用"责任"的概念。（2）根据《刑法》有关具体量刑制度的规定对罪犯科刑，属于罪刑法定原则的题中应有之义，所以，无须在第61条中重申"依照本法的有关规定判处"。（3）《刑法》及相关司法解释已对量刑情节的范围作出了较为全面的规定，不必效仿《德国刑法典》第46条和《日本改正刑法草案》第48条，再逐一列举各种量刑情节。当然，该方案的不足之处在于，缺乏对死刑裁量基准的考量以及对《刑法》第48条和第61条关系的批判性反思。因此，《刑法》第61条应作如下修改："对于犯罪分子决定刑罚的时候，应当以犯罪的社会危害性为基础，并考虑犯罪分子的人身危险性，决定判处的刑罚（第一款）。严格控制和慎重适用死刑。死刑只适用于罪行极其严重、主观恶性极深，且人身危险性极大的犯罪分子（第二款）。"相应地，《刑法》第48条第一款前段应予以删除。这意味着，在对贪污犯罪分子量刑时，应当以贪污罪的社会危害性为基础，并考虑其人身危险性；只有当其贪污罪行极其严重、实施贪污犯罪的主观恶性极深，且其人身危险性极大时，才能适用死刑。

---

[1] 参见王良顺《论量刑根据——兼及刑法第61条的立法完善》，载《法学家》2009年第5期，第76—82页。

第三节　腐败犯罪指南式量刑基准的增设

指南式的量刑基准即为狭义的量刑基准。除了原理性量刑基准的宏观指导，还需指南式量刑基准的细致规范，才能对法官的量刑活动提供全面的适用准则。考虑到以往量刑时单纯采用定性分析法的弊端，最高司法机关在进行量刑规范化改革的过程中，吸收英美量刑指南制度的合理成分，将定量分析法引入《量刑指导意见》中。实践证明，引入定量分析法进行量刑，具有准确性、透明性、可检验性和高效性等优点。[①] 问题在于，尽管《量刑指导意见》解决了23种常见犯罪的量刑问题，基本涵盖了绝大部分全国法院审结的一审刑事案件，却未将贪污受贿、渎职侵权等腐败犯罪纳入其中，显然不能适应当前严厉打击严重腐败犯罪的需要。所以，下一阶段在完善《量刑指导意见》时，有必要增设常见腐败犯罪的量刑规范。

一　司法解释

尽管《刑法》第383条以数额大小和情节轻重为标准，精心配置了贪污罪的法定刑，但数额和情节各自对量刑的影响程度不甚明确，且判断情节轻重的标准缺位。所以，该条规定难以为法官量刑提供具有可操作性的准则，即使某些司法解释作出了零散规定，也未能从根本上改变这一局面。

首先，根据最高人民检察院《关于人民检察院直接受理立案侦查案件立案标准的规定（试行）》（以下简称《检察院立案标准规定》）中对贪污案立案标准的规定，国家工作人员涉嫌下列情形之

[①] 参见熊选国主编《〈人民法院量刑指导意见〉与"两高三部"〈关于规范量刑程序若干问题的意见〉理解与适用》，法律出版社2010年版，第18页。

一的，应予立案：1. 个人贪污数额在 5000 元以上的；2. 个人贪污数额不满 5000 元，但具有贪污救灾、抢险、防汛、防疫、优抚、扶贫、移民、救济款物及募捐款物、赃款赃物、罚没款物、暂扣款物，以及贪污手段恶劣、毁灭证据、转移赃物等情节的。[①] 可见，除了贪污的数额，贪污的对象、手段及后续表现都是追究贪污罪刑事责任时必须考虑的因素。

其次，根据最高人民法院《关于贯彻宽严相济刑事政策的若干意见》中的政策要求，对于严重的贪污贿赂犯罪，要依法从严惩处。这里的从"严"，主要是指对于罪行十分严重、社会危害性极大，依法应当判处重刑或死刑的，要坚决地判处重刑或死刑；对于社会危害大或者具有法定、酌定从重处罚情节，以及主观恶性深、人身危险性大的被告人，要依法从严惩处。在对严重刑事犯罪依法从严惩处的同时，对被告人具有自首、立功、从犯等法定或酌定从宽处罚情节的，还要注意宽以济严，根据犯罪的具体情况，依法应当或可以从宽的，都应当在量刑上予以充分考虑。因此，在以贪污罪的社会危害性为首要基准，以其人身危险性为次要基准量刑时，应当高度关注从严量刑情节，并全面考虑从宽量刑情节。

再次，根据最高人民法院《关于处理自首和立功若干具体问题的意见》中对从宽处罚幅度的规定，对具有自首、立功情节的被告人是否从宽处罚、从宽处罚的幅度，应当考虑其犯罪事实、犯罪性质、犯罪情节、危害后果、社会影响、被告人的主观恶性和人身危险性等。虽然具有自首或者立功情节，但犯罪情节特别恶劣、犯罪后果特别严重、被告人主观恶性深、人身危险性大，或者在犯罪前即为规避法律、逃避处罚而准备自首、立功的，可以不从宽处罚。

[①] 由于《刑法修正案（九）》重构了贪污受贿犯罪的定罪量刑标准，上述追诉标准已失去可操作性。

显然，对具有自首、立功情节的贪污被告人从宽处罚时应当考虑的因素，也是衡量行为的社会危害性程度时应当考虑的因素。而且，当数个情节逆向竞合时，从宽量刑情节也许不能降低刑量，即特别预防的必要性让位于一般预防的必要性，这再次印证了量刑时应以行为的社会危害性为基础的观点。

最后，根据最高人民法院《关于办理贪污贿赂刑事案件适用法律若干问题的解释》（以下简称《贪污贿赂罪解释》）中对死刑适用标准的规定，贪污、受贿数额特别巨大，犯罪情节特别严重、社会影响特别恶劣、给国家和人民利益造成特别重大损失的，可以判处死刑，即死刑立即执行的适用标准。符合上述情形，但具有自首，立功，如实供述自己罪行、真诚悔罪、积极退赃，或者避免、减少损害结果的发生等情节，不是必须立即执行的，可以判处死刑缓期二年执行，即死刑缓期执行的适用标准。符合第一种情形的，根据犯罪情节等情况可以判处死刑缓期二年执行，同时裁判决定在其死刑缓期执行二年期满依法减为无期徒刑后，终身监禁，不得减刑、假释，即死缓终身监禁的适用标准。所以，虽然最高立法机关已对贪污贿赂犯罪构建了完整的死刑适用标准体系，但这些标准仍然处于社会危害性和人身危险性的关系框架中。而且，贪污贿赂犯罪定罪量刑标准的修改及其完善并不意味着指南式量刑基准的确立，因为数额和情节的相互作用完全可以使司法解释设置的数额区间、情节组合更加多样和更为复杂。

二 典型案例

上述司法解释中的规定成为司法实践中对贪污犯罪分子量刑的规范性依据，并被体现在若干典型案例的判决中。

（一）"褚某某贪污案"①

一审法院认为，被告人褚某某等利用职务之便，私分公款3551061美元，折合人民币2870万元，其行为已构成贪污罪，且数额特别巨大，情节特别严重。其在共同犯罪中起决定、组织的作用，系主犯，应对组织、参与的全部犯罪负责，论罪应依法判处死刑。但鉴于其有自首和重大立功表现，以及赃款全部追回，经济损失已被挽回和其他情节，依法应当减轻处罚。遂对其所犯贪污罪判处无期徒刑。在此，贪污数额、被告人在共同犯罪中的作用、自首、重大立功表现、全部追回赃款和挽回经济损失是主要的量刑情节。其中，自首和重大立功表现侧重体现行为人的人身危险性程度，贪污数额等情节则共同体现了行为的社会危害性程度。同时，前者对降低最终的刑量发挥了实质作用，体现了预防刑情节对责任刑情节的调节功能。

（二）"马某某贪污案"②

一审法院认为，被告人马某某利用职务便利，伙同他人共同侵吞公款美元12万元（折合人民币993352元），数额巨大，其行为已构成贪污罪。其在共同贪污中起主要作用，系主犯。其虽有坦白情节，但犯罪数额特别巨大，情节特别严重，影响极为恶劣，其犯罪未坦白部分已折合人民币400余万元之巨，故不应对其从轻处罚。遂对其所犯贪污罪判处无期徒刑。在此，贪污数额、被告人在共同犯罪中的作用、坦白是主要的量刑情节。其中，因为贪污数额和主犯作用决定了行为的社会危害性极大，所以坦白所体现的人身危险性情节不足以减轻行为人的刑事责任。

---

① 参见云南省高级人民法院（1998）云高刑初字第1号刑事判决书。褚某某还犯有巨额财产来源不明罪，此处仅探讨其贪污罪的量刑基准问题。

② 参见江苏省南京市中级人民法院（2001）宁刑初字第110号刑事判决书。马某某还犯有受贿罪、挪用公款罪、巨额财产来源不明罪，此处仅探讨其贪污罪的量刑基准问题。

(三)"李某贪污案"[①]

一审法院认为,被告人李某与他人勾结,共同侵吞公共财产共计人民币 2967 余万元,其从中分得财物共计人民币 270 余万元,其行为已构成贪污罪。贪污数额特别巨大,情节特别严重,应依法惩处。其不仅是贪污犯罪的犯意提起者,还积极参与策划非法占有公共财物,3 人相互配合,作用相当。鉴于其对贪污犯罪有自首情节,依法对其贪污犯罪可从轻处罚。遂对其所犯贪污罪判处死缓。在此,贪污数额、被告人在共同犯罪中的作用和自首是主要的量刑情节。其中,由于贪污数额和主犯作用对应的责任刑很重,所以,自首情节对责任刑的影响有限,被告人最后仍被判处死缓。

(四)"黄某某贪污案"[②]

一审法院认为,被告人黄某某利用职务便利,伙同他人骗取本单位公款人民币 308 万元,个人分得 120 万元,已构成贪污罪。其伙同他人共同贪污数额巨大,情节严重,且系主犯,应依法严惩。遂对其所犯贪污罪判处有期徒刑 15 年。在此,贪污数额、被告人在共同犯罪中的作用是主要的量刑情节。这里没有体现被告人人身危险性小的情节,所以,在不存在特别严重情节的情况下,仅根据贪污数额和主犯作用对其判处 15 年有期徒刑,可以认为实现了罪刑均衡。

(五)"许某某贪污案"[③]

一审法院认为,被告人许某某利用担任公司董事长的职务便利,侵吞国有资产共计 5359.44 余万元,其行为已构成贪污罪。其

[①] 参见《中华人民共和国最高人民检察院公报》2004 年第 4 期,第 21—27 页。李某还犯有受贿罪,此处仅探讨其贪污罪的量刑基准问题。

[②] 参见《中华人民共和国最高人民检察院公报》2010 年第 4 期,第 25—27 页。黄某某还犯有受贿罪,此处仅探讨其贪污罪的量刑基准问题。

[③] 参见浙江省高级人民法院(2011)浙刑二终字第 66 号刑事裁定书。许某某还犯有受贿罪、滥用职权罪,此处仅探讨其贪污罪的量刑基准问题。

归案后检举他人违纪违法线索，经查，其检举线索均未查证属实，不构成立功。遂对其所犯贪污罪判处死缓。在此，贪污数额是唯一的量刑要素，不存在其他增加行为的社会危害性或减少行为人的人身危险性的情节，据此对其判处死缓，也基本做到了罪责刑相适应。

（六）武某某贪污案①

一审法院认为，被告人武某某利用担任天津市公安交通管理局局长，天津市公安局副局长、局长，天津市政协副主席等职务上的便利，通过其实际控制的公司非法占有公共财物共计人民币3.42亿余元。鉴于其到案后，能够如实供述自己罪行，并主动交代了办案机关尚未掌握的部分受贿事实，认罪悔罪，积极退赃，有提供线索得以侦破其他案件的立功表现，具有法定、酌定从轻处罚情节，依法可以对其从轻处罚。遂对其以贪污罪判处死刑，缓期二年执行，剥夺政治权利终身，并处没收个人全部财产，在其死刑缓期执行二年期满依法减为无期徒刑后，终身监禁，不得减刑、假释。在此，贪污数额作为反映社会危害性的情节承担了从严处罚功能，而坦白、立功、认罪悔罪、积极退赃作为反映人身危险性的情节承担了从宽处罚功能，尽管具有多个从轻处罚情节，但由于责任刑几乎被推至顶点，预防刑难以起到明显的向下调节作用。

三　增设建议

从以上判例可以发现：第一，法官在判决书中基本上明确了原理性的量刑基准，这明显区别于日本的判例。正如本章第一节所述，社会危害性和人身危险性作为原理性的量刑基准，提供了量刑

---

① 参见佚名《天津市政协原副主席、公安局原局长武长顺一审被判死缓》，载"中共中央纪律检查委员会 中华人民共和国国家监察委员会官网"，https://www.ccdi.gov.cn/yaowen/201705/t20170527_147474.html，最后访问时间：2021—07—09。武某某还犯有受贿罪、挪用公款罪、单位行贿罪、滥用职权罪和徇私枉法罪，此处仅探讨其贪污罪的量刑基准问题。

时的指导原理和适用准则。在贪污犯罪案件中，正是贪污数额、被告人在共同犯罪中的作用、自首、立功等量刑情节共同体现的社会危害性程度和人身危险性程度，成为最终决定宣告刑的依据。而日本的判例很少表明对量刑基准的态度，[①] 仅在个别判决中阐明了量刑基准。[②] 这是我国判决优于日本判决之处。第二，尽管明确原理性量刑基准的内容，但没有完全解决社会危害性和人身危险性的二律背反问题。[③] 换言之，当社会危害性体现的一般预防必要性与人身危险性体现的特别预防必要性发生冲突时，法官应当基于什么标准进行处理，从判决书中找不到确定答案。有时特别预防优先于一般预防，实际上降低了责任刑（如案例1、案例3）；有时一般预防优先于特别预防，责任刑成为最终的宣告刑（如案例2、案例6）。日本的判例也存在同样的问题，[④] 这是我国判决与日本判决存在的共同缺陷。第三，各个量刑情节所占的刑罚比重不清，是造成量刑失衡的主要原因之一。例如，同为贪污数额巨大，且都系共同犯罪中的主犯，马某某（案例2）的犯罪数额较少，尚有坦白情节，却被判处无期徒刑；黄某某（案例4）的犯罪数额较多，没有任何从

[①] 参见［日］小池信太郎《量刑中消极责任主义的再构成》，载《庆应法学》2004年第1号，第234页。

[②] 例如，有名的"永山事件"第一次上告审判决就明确了死刑的适用基准，即在保留死刑制度的现行法制下，综合考察犯行的罪质、动机、样态——特别是手段方法的顽固性、残虐性、结果的严重性——特别是被害人数、遗族的被害感情、社会的影响、犯人的年龄、前科、犯行后的情况等各方面的情况时，其罪责极其严重，无论从罪刑均衡的观点还是从一般预防的观点，都不得不承认是极刑的场合，应当允许选择死刑（最判昭和58·7·8刑集第37卷第6号第609页）。这一判决对后来的量刑理论和量刑实务产生了巨大的影响。

[③] 参见张明楷《责任刑与预防刑》，北京大学出版社2015年版，第94—99页；李冠煜《量刑基准的研究——以责任和预防的关系为中心》，中国社会科学出版社2014年版，第207—221页。

[④] 例如，最判昭和23·10·6刑集第2卷第11号第1275页记载的一起强盗案判决就没有明确特别预防和一般预防的关系，以及责任起到的作用（参见［日］正田满三郎《基于犯情的科刑差异及宪法第14条的解释——不当的长期拘留监禁后自白的意义》，载［日］刑事判例研究会编《刑事判例评释集 第10卷》，有斐阁1953年版，第11页）。

宽处罚情节，只被判处 15 年有期徒刑。这不禁使人产生疑问：贪污数额特别巨大是否是选择责任刑（10 年以上有期徒刑或无期徒刑）时的决定性因素？如果不是，存在何种情节时才能升格责任刑的幅度？如果是，存在何种情节时才能降低责任刑的幅度？这些疑问都是原理性的量刑基准无法解答的。

因此，在惩罚腐败犯罪的过程中，需要增设指南式的量刑基准以弥补原理性量刑基准在情节量化和微观调适方面的不足。这里需要注意三点：其一，指南式的量刑基准应以《量刑指导意见》中常见罪名量刑规范的面目出现，以形成与《刑法》总则规定的原理性量刑基准的对应和互补。其二，必须符合常见罪名量刑规范的条文结构，在进行充分统计分析的基础上明确量刑起点的幅度、影响基准刑的情节范围和量刑情节的调节比例。[①] 其三，不得逾越《刑法》规定的法定刑范围，并尽量与有关司法解释保持协调。所以，对贪污罪可增设如下量刑规范。

"1. 构成贪污罪的，可以根据下列不同情形在相应的幅度内确定量刑起点：

（1）达到数额较大起点或者有其他较重情节的，在二年以下有期徒刑、拘役幅度内确定量刑起点。

（2）达到数额巨大起点或者有其他严重情节的，在三年至五年有期徒刑幅度内确定量刑起点。

（3）达到数额特别巨大起点或者有其他特别严重情节的，在十年至十二年有期徒刑幅度内确定量刑起点。依法应当判处无期徒刑以上刑罚的除外。

[①] 参见张清芳、王瑞剑《贪污罪自由刑量刑的地区差异实证研究》，载《时代法学》2019 年第 1 期，第 99 页以下；陈磊《贪污受贿犯罪量刑均衡问题实证研究》，载《政法论坛》2020 年第 1 期，第 89 页以下；章桦《贪污罪"数额与情节"关系实证研究——基于全国 18392 例量刑裁判》，载《法学》2020 年第 6 期，第 175 页以下；樊祜玺、先德奇《四川省贪污罪量刑实证研究》，载《四川警察学院学报》2021 年第 2 期，第 43 页以下。

2. 在量刑起点的基础上，可以根据贪污的数额、次数、手段、财物用途、在共同犯罪中的作用①等其他影响犯罪构成的犯罪事实增加刑罚量，②确定基准刑。

3. 构成贪污罪的，根据贪污的数额、次数、手段、危害后果等犯罪情节，综合考虑被告人缴纳罚金的能力，决定罚金数额。

4. 构成贪污罪的，综合考虑贪污的数额、次数、手段、危害后果、退赃退赔等犯罪事实、量刑情节，以及被告人主观恶性、人身危险性、认罪悔罪表现等因素，决定缓刑的适用。"

在制定其他腐败犯罪的量刑规范时，也可参照上述模式。

第四节 余论

量刑是建立在体系性思考（保持量刑论与犯罪论的贯通）、基于刑事政策选定的量刑基准之上的。刑罚既要考虑被告人的罪责，也要考虑预防必要性。③ 据此，完善原理性量刑基准和增设指南式量刑基准，固然有助于严惩腐败犯罪，但要想切实发挥体系化的量刑基准的作用，还有赖于相关制度的改革。

第一，应当进一步完善《量刑指导意见》中的量刑步骤、量刑

---

① 在上文所举的案例中，除了案例五、案例六是单独犯罪外，其余的皆为共同犯罪。所以，鉴于腐败犯罪的"窝案"特征，对贪污犯罪分子的量刑，必须重视其在共同犯罪中所起的作用。

② 对此，可以参考《检察院立案标准规定》中关于贪污罪、受贿罪立案标准的规定。即对于贪污行为，涉嫌下列情形之一的，应予立案：1. 个人贪污数额在5000元以上的；2. 个人贪污数额不满5000元，但具有贪污救灾、抢险、防汛、防疫、优抚、扶贫、移民、救济款物及募捐款物、赃款赃物、罚没款物、暂扣款物，以及贪污手段恶劣、毁灭证据、转移赃物等情节的。对于受贿行为，涉嫌下列情形之一的，应予立案：1. 个人受贿数额在5000元以上的；2. 个人受贿数额不满5000元，但具有下列情形之一的：（1）因受贿行为而使国家或者社会利益遭受重大损失的；（2）故意刁难、要挟有关单位、个人，造成恶劣影响的；（3）强行索取财物的。此外，《贪贿贿赂罪解释》第1条至第3条也分别明确了贪污受贿犯罪"数额+情节"的二元标准，也有必要将其充实到今后修订的《量刑指导意见》之中。

③ 周光权：《刑法公开课》第2卷，北京大学出版社2020年版，第221页。

情节的适用方法、量刑起点的幅度以及量刑情节的调节比例等规定，将量刑规范化改革继续引向深入。

第二，应当进一步完善《刑法》总则中的刑罚体系和刑罚适用规定，保证分则中的个罪的法定刑配置均衡、合理、协调。

第三，应当进一步完善刑事案例指导制度，为明确量刑情节范围、判断量刑情节功能和评价量刑情节分量提供权威性参考。

第四，应当进一步加强刑事裁判文书对量刑活动过程、量刑的法律依据和量刑理由等内容的说理，引导法官适当行使刑罚裁量权。

第五，应当进一步完善人民陪审员制度，在借鉴德国的参审制和日本的裁判员制度的基础上，促进陪审员量刑权的实质化，维护司法民主，捍卫司法公正，防止司法腐败。

第 二 章

贪污罪量刑规范化的中国实践：
基于《刑法修正案》（九）生效后的
案例分析

《刑法修正案（九）》（以下简称《修正案（九）》）生效后的贪污罪判例实证研究表明，该罪的量刑规范化程度有待提高。贪污犯罪数额和其他不法结果与责任刑、宣告刑之间存在较强的关联性。责任刑裁量阶段只在狭小范围内对少数情节进行判断，具有简洁性特征。传统预防情节和特别宽宥制度都同预防刑、宣告刑之间存在较大的关联性。预防刑裁量阶段囊括多种情节，呈现复杂性局面。其中，责任和预防的关系不协调是影响贪污罪量刑规范化程度的根本原因。对此，本章从量刑法教义学的高度，探讨该罪量刑规范化的完善路径，以证明贪污罪量刑实践是一个具有可验证性、可限制性、可预测性的过程。

第一节 贪污罪量刑规范化的研究基础

2017年10月18日，习近平总书记在中国共产党第十九次全国代表大会上作报告时指出，要坚持无禁区、全覆盖、零容忍，坚持重遏制、强高压、长震慑。2018年1月11日，他在中国共产党第十九届中央纪律检查委员会第二次全体会议上进一步明确，深化标本兼治，构建不敢腐、不能腐、不想腐的体制机制。同年12月13日，习近平总书记又在中共中央政治局第十一次集体学习时强调，在新的起点上持续深化党的纪律检查体制和国家监察体制改革，推进反腐败工作法治化、规范化。可见，严厉惩治腐败犯罪是推进全面从严治党的重要举措，这一政策精神早已被贯彻到《修正案（九）》和《关于办理贪污贿赂刑事案件适用法律若干问题的解释》（以下简称《贪污贿赂罪解释》）中，并体现在贪污罪的量刑实践中。

一 问题的提出

尽管"严厉反腐"成为刑事政策的现实选择，但上述政策目标的变化过程明显表现出我国腐败治理从政策反腐到法治反腐、从治标策略到治本方略、从短效机制到长效机制的转变，以此指导腐败犯罪量刑实践，不得违背现代刑事法治精神。一方面，腐败犯罪刑事政策应当符合宽严相济刑事政策，不能片面追求从严惩处或宽大处理；另一方面，它必须符合罪刑法定等刑法基本原则，不能一味追求重刑的威慑效应或轻刑的改造作用。

然而，贪污罪量刑实证研究发现，腐败犯罪刑事政策的适用情况并不理想，虽然它较为忠实地执行了从"严"政策，但对从"宽"和"相济"政策要求的把握出现了偏差，导致该罪的量刑规范化程度有待提高，具体表现在：（1）没有完全改变"唯数额论"的量刑模式；（2）没有准确区分责任刑裁量阶段与预防刑裁量阶段；（3）没有严格认定从宽处罚情节；（4）没有进行充分的量刑说理；（5）没有全面实现量刑均衡。

对此，应当首先运用定性分析法，假设贪污罪量刑情节都与宣告刑存在某种关联性；其次在梳理其量刑现状的基础上，检验责任情节、预防情节对量刑结果的不同影响；最后根据实证研究结论进行教义学上的展望，探寻该罪量刑规范化的完善路径，从量刑机制上逐步校正当下腐败犯罪刑事政策，彻底实现其与宽严相济刑事政策的价值契合。

二 样本的筛选

笔者选取的样本来源为"中国裁判文书网""北大法宝""聚法案例"等网站，搜索的关键词为"贪污罪"，设置的时间跨度为"2015年11月2日至2017年6月30日"，一共获得28份裁判文书。[①] 根据前述研究目的，可以从整体上把握贪污罪的量刑全貌（见表2—1）。

表2—1　　　　贪污罪的法定刑、宣告刑与犯罪人

法定刑	宣告刑	罪犯人数	所占比例（%）
——	免于刑事处罚	1	3.57
3年以下有期徒刑或者拘役	6个月拘役至2年6个月有期徒刑	14	50.00
3年以上10年以下有期徒刑	3年有期徒刑至8年有期徒刑	8	28.57
10年以上有期徒刑或者无期徒刑	10年有期徒刑至11年有期徒刑，无期徒刑	4	14.29
无期徒刑或者死刑	死缓，终身监禁	1	3.57

可见，在刑种分布上，各罪犯所判刑罚涵盖了从拘役到死刑的四种主刑；在刑量分布上，各罪犯所判刑罚包括了从免于刑事处罚到死缓且终身监禁的各个量刑幅度，其中，"3年以下有期徒刑或者拘役"的适用率最高（50.00%），"3年以上10年以下有期徒刑"的适用率次之（28.57%），依次排列下去，最轻的刑事制裁

[①] 之所以样本数量较少，是因为贪污罪的犯罪率本来就远远低于受贿罪。

和最重的刑事制裁的适用率均为最低（3.57%）。这充分表明，作为本次研究对象的样本具有全面性、广泛性和代表性。

三 方法的选择

之所以选择定性分析法而非定量分析法，主要理由在于：第一，现有研究成果大多使用统计分析软件对职务犯罪量刑失衡问题进行定量研究，[①] 但缺乏从方法论层面探讨具体情节同量刑结果之间的规范关联。第二，如果没有量刑方法论的指导，就无法阐释量刑情节对量刑结果的影响作用。因为定性分析是定量分析的前提，没有定性分析的指导，定量分析的结论不仅容易引发伦理危机，其科学性也存在疑问。第三，裁判文书一般只列举了影响量刑的显性变量，而它们同量刑结果仅存在较大关联而非全部关联。[②] 即定量分析不能完全揭示二者之间的经验关联，需要定性分析进行价值关联上的补充。

因此，结合贪污罪量刑定量研究在事实维度所描绘的因果图像，笔者在对全样本案例进行分类、比较、归纳等定性研究的基础上，以责任和预防的关系为主线，反思《关于常见犯罪的量刑指导意见》（以下简称《量刑指导意见》）的方法论不足，意图在规范维度构建起合目的性的理论框架。

第二节 贪污罪量刑情节的适用现状

责任主义是刑法的基本原则之一，量刑时也要遵守责任主义；

[①] 参见白建军《刑法规律与量刑实践——刑法现象的大样本考察》，北京大学出版社2011年版，第227页以下；王刚《我国贪污受贿罪量刑存在的问题和完善建议——以200份贪污受贿案件判决书的实证分析为基础》，载《湖北社会科学》2016年第11期，第121页以下。

[②] 蔡曦蕾：《量刑失衡的克服：模式与选择》，载《中外法学》2014年第6期，第1614页。

功利主义是刑法的主要机能之一，量刑时需要追求目的理性。只有正确认定量刑情节的内涵、外延，才能合理评价其对量刑结果的贡献度。

一 贪污罪责任情节的司法认定

《修正案（九）》颁布之前的司法实践一直将犯罪数额作为贪污罪量刑最重要的必备情节，《修正案（九）》颁布之后的司法实践则顺应政策调整和立法变化，基本按照"数额+情节"的二元标准量刑，但数额因素对责任刑的支配力依然较大。在抽取的样本中，除了韩某某、黄某某、李某某、泽仁某某、武某某五人的犯罪数额达到特别巨大（分别为632万余元、425万余元、9400万余元、360万余元、3.42亿元）外，其他罪犯的犯罪数额都属于"数额较大"或"数额巨大"。其中，贪污数额较大的有10人，占罪犯总数的35.71%；贪污数额巨大的有13人，占罪犯总数的46.43%（见表2—2）。

表2—2　　　　　　贪污数额的适用现状

贪污数额区间	3万元以上不满20万元	20万以上不满300万元		300万元以上
宣告刑	3年以下有期徒刑或者拘役	3年以下有期徒刑或者拘役	3年以上10年以下有期徒刑	10年以上有期徒刑、无期徒刑或者死刑
罪犯人数	10人	5人	8人	5人
所占比例	35.71%	17.86%	28.57%	17.86%

28个案例大多正确认定了数额性质，清楚区分了贪污数额与其他数额。如在"金某某贪污案"中，二审法院认为，被告人侵吞公共财物9万余元，但案发前退出部分贪污赃款，案发后退缴涉案

赃款，可酌情从轻处罚。① 而在"田某某贪污案"中，二审法院认为，被告人侵吞公共财物 99 万余元，但鉴于其有自首情节，已退清全部赃款，并主动缴纳罚金，依法应减轻处罚。②

而作为衡量结果不法的核心要素，危害结果尤其是构成要件之外的结果也是必不可少的责任情节，它可能导致责任刑增加，需要明确其含义。

其一，贪污行为造成的其他不法结果独立于贪污数额。鉴于以往"唯数额论"量刑模式过于僵化的弊端，又出于对"唯情节论"量刑模式灵活有余的忧虑，《修正案（九）》创制了"数额+情节"的二元标准体系，并通过《贪污贿赂罪解释》明确数额区间和情节内容，进一步构建了"概括数额+抽象情节"的定罪量刑结构。例如，"武某某贪污案"③ 和"泽仁某某贪污案"④ 均未混淆贪污犯罪数额与其他量刑结果。

其二，贪污行为造成的其他不法结果不包括社会影响。我国司法机关在处理受贿罪案件时，习惯于将"社会影响恶劣"作为适用死刑的主要情节之一，但问题是，它与犯罪数额、危害结果、严重情节之间是什么关系？日本审判实践曾对社会影响进行类型化分析，认为其主要内容有两方面：一是使公民产生社会不安感；二是犯罪样态的模仿性强。⑤ 贪污犯罪之所以社会影响恶劣，要么是因为多次贪污，要么是因为后果严重，要么是因为动机卑劣。社会影响缺乏实体内容，本身不是独立的责任情节，只是间接反映了罪行

---

① 参见江苏省高级人民法院（2015）苏刑二终字第 00029 号刑事判决书。
② 参见贵州省高级人民法院（2015）黔高刑二终字第 95 号刑事判决书。
③ 参见佚名《天津市政协原副主席、公安局原局长武长顺一审被判死缓》，载"中共中央纪律检查委员会 中华人民共和国国家监察委员会官网"：https://www.ccdi.gov.cn/yaowen/201705/t20170527_147474.html，最后访问时间：2021—07—10。
④ 参见西藏自治区昌都市中级人民法院（2015）昌刑初字第 18 号刑事判决书。
⑤ 参见［日］大阪刑事实务研究会编著《量刑实务大系 关于犯情等的诸问题》（第 2 卷），判例タイムズ社 2011 年版，第 283 页。

轻重程度。① 一审法院在"李某某贪污案"中仅认定被告人属于"贪污数额特别巨大",未同时认定其"社会影响特别恶劣",从而避免适用死刑,② 是值得称道的。

其三,贪污行为造成的其他不法结果仅限于物质性损失。尽管《修正案(九)》把"给国家和人民利益造成特别重大损失"规定为适用无期徒刑或死刑的必要条件之一,但《贪污贿赂罪解释》没有阐明其内容。不过,《关于办理渎职刑事案件适用法律若干问题的解释(一)》第1条规定,国家机关工作人员滥用职权或玩忽职守,造成一定人身伤亡结果、经济损失30万元以上或具备其他致使公共财产、国家和人民利益遭受重大损失的情形的,就满足渎职犯罪的结果要件。当行为人造成的其他不法后果超过这一标准时,理应作为责任情节。考虑到渎职犯罪和贪污罪同属职务犯罪,倘若将前者的结果内容限定为职能管理活动被妨害的物质体现和组成部分,③ 那么,后者的结果内容只应涵盖贪污行为直接造成的财产损失(如无法追缴款项的本金、利息)、人身伤亡后果(如贪污特定款物而致人重伤、死亡)、在追缴过程中而支付的合理费用等(如为追回外逃贪官转移到境外的违法所得)。在"泽仁某某贪污案"中,一审法院认为,被告人贪污公共财物360万余元,数额特别巨大,并将贪污的公共财物大都用于赌博活动,案发后也没有积极退赔,给国家造成巨大损失,正是适例。

二 贪污罪预防情节的司法认定

由于笔者将样本选取的时间起点设定在《修正案(九)》生效后,预计贪污罪量刑实务中传统预防情节的使用频度会有所降低,

---

① 当然,在某些案件中,社会影响也能间接反映预防必要性。
② 彭新林:《李华波案、王国强案定罪量刑评析》,载《人民法院报》2017年1月25日第6版。
③ 马克昌主编:《百罪通论》(下卷),北京大学出版社2014年版,第1220页。

但事实并非如此，法官依然十分青睐自首、立功、坦白、认罪、悔罪、退赃、退赔、积极缴纳罚金等传统预防情节。而且，虽然《修正案（九）》第44条第3款规定了特别宽宥制度，要求适用时严格把握，每个要件必须具备，但是，《贪污贿赂罪解释》第4条第2款改变了特别宽宥的必备条件，将其规定为选择要件，由此造成司法实践中的各种乱象。

（一）传统预防情节的判断

根据不同预防情节之间的组合形式，可分为四种类型。

第一种类型为："一个法定预防情节＋一个酌定预防情节"。即自首、立功、坦白三种法定预防情节往往择一适用，再与一个酌定情节组合起来（见表2—3）。

表2—3　　　　　第一种类型预防情节的适用现状

姓名	法定预防情节	酌定预防情节	贪污数额	起点刑	情节功能	宣告刑
杨某某	立功	积极退清全部赃款赃物	3万余元	6个月有期徒刑或1个月拘役	从轻处罚	6个月有期徒刑
泽仁某某	自首	认罪态度较好	360万余元	10年有期徒刑	从轻处罚	11年有期徒刑
陈某某	自首	积极退赔全部赃款	34万余元	3年有期徒刑	从轻处罚	3年有期徒刑，3年缓刑
韩某某	坦白	案发前主动退还部分赃款，案发后退还全部赃款	8万余元	6个月有期徒刑或1个月拘役	从轻处罚	1年6个月有期徒刑
牛某某	坦白	退出部分赃款	28万余元	3年有期徒刑	从轻处罚	3年6个月有期徒刑
冯某某	立功	退出部分赃款	25万余元	3年有期徒刑	减轻处罚	2年有期徒刑

第二种类型为："一个法定预防情节+多个酌定预防情节"。即认罪、悔罪、退赃、退赔、积极缴纳罚金等几种酌定预防情节时常搭配出现，再同一个法定情节形成组合（见表2—4）。

表2—4　　　　第二种类型预防情节的适用现状

姓名	法定预防情节	酌定预防情节	贪污数额	起点刑	情节功能	宣告刑
金某某	坦白	案发前退出部分贪污赃款，案发后退缴涉案赃款	9万余元	6个月有期徒刑或1个月拘役	从轻处罚	1年6个月有期徒刑
黄某某	自首	认罪、悔罪	425万余元	10年有期徒刑	从轻处罚	10年有期徒刑
杨某某	自首	认罪悔罪，积极退赃，赃款赃物已全部追缴	27万余元	3年有期徒刑	从轻处罚	3年有期徒刑
杨某某	坦白	所得赃款全部退缴，有悔罪表现	8万余元	6个月有期徒刑或1个月拘役	从轻处罚	1年有期徒刑
叶某某	坦白	提起公诉前其家人代为退缴部分赃款且在审理阶段积极缴纳罚金	12万余元	6个月有期徒刑或1个月拘役	从轻处罚	6个月拘役
田某某	自首	已退清全部赃款，并主动缴纳罚金	99万余元	3年有期徒刑	减轻处罚	2年6个月有期徒刑

第三种类型为："多个法定预防情节+多个酌定预防情节"。即自首、立功等法定预防情节与认罪、悔罪等酌定预防情节同时得到认定（见表2—5）。

表 2—5　　　　　第三种类型预防情节的适用现状

姓名	法定预防情节	酌定预防情节	贪污数额	起点刑	情节功能	宣告刑
武某某	自首 坦白 立功	认罪悔罪，积极退赃	3.42亿余元	无期徒刑或死刑	从轻处罚	死缓，终身监禁
王某某	自首 坦白	认罪悔罪，积极退缴全部赃款赃物	79万余元	3年有期徒刑	减轻处罚	1年6个月有期徒刑

第四种类型为："一个酌定预防情节或数个酌定预防情节"。即认罪、退赃、退缴三种酌定预防情节有时择一适用，有时并列适用（见表2—6）。

表 2—6　　　　　第四种类型预防情节的适用现状

姓名	酌定预防情节	酌定预防情节	贪污数额	起点刑	情节功能	宣告刑
韩某某	侦查阶段退出部分赃款	×	632万余元	10年有期徒刑	——	11年有期徒刑
曹某某	归案后退出部分赃款	×	224万余元	3年有期徒刑	——	6年有期徒刑
张某	退出赃款	×	19万余元	6个月有期徒刑或1个月拘役	从轻处罚	1年9个月有期徒刑
李某某	退出赃款	×	19万余元	6个月有期徒刑或1个月拘役	从轻处罚	1年9个月有期徒刑
丁某某	退出赃款	×	11万余元	6个月有期徒刑或1个月拘役	从轻处罚	1年有期徒刑
张某某	认罪态度好	已退缴全部赃款	28万余元	3年有期徒刑	——	3年有期徒刑

续表

姓名	酌定预防情节	酌定预防情节	贪污数额	起点刑	情节功能	宣告刑
朱某某	认罪态度较好	提起公诉前退缴部分赃款，案发后退缴部分赃款	194万余元	3年有期徒刑	——	5年有期徒刑

（二）特别宽宥制度的适用

这一新设制度适用特点有：一是选择性，四个条件无须同时具备也可适用；二是重复性，个别案件中自首情节与特别宽宥同时适用；三是有限性，只有5份裁判文书明确将修正后的《刑法》第383条第3款作为法律依据；四是类型性，有限个案仍然涵盖了三种变通适用方式（见表2—7）。

表2—7　　　　特别宽宥制度的适用现状

姓名	提起公诉前如实供述自己罪行	真诚悔罪	积极退赃	避免、减少损害结果的发生	制度功能	宣告刑	类型
刘某某	×	×	√	×	从轻处罚	7年有期徒刑	混用型
吴某某	×	×	√	×	从轻处罚	1年有期徒刑	套用型
崔某某	√	√	√	×	——	免于刑事处罚	并用型
杨某某	×	√	√	×	减轻处罚	2年6个月有期徒刑	混用型
王某某	√	√	√	×	减轻处罚	2年6个月有期徒刑	并用型

其中,"混用型"方式是指法官将自首等同于"提起公诉前如实供述自己罪行",且对有关预防情节都给予形式上的从宽处罚。例如,在"刘某某贪污案"中,二审法院认为,上诉人贪污134万余元,具有自首情节,且归案后全部退赃,根据其犯罪数额及情节,均可从轻处罚,并依照《刑法》第383条第3款、第67条第2款等规定,以贪污罪判处其有期徒刑7年。① 另外,"杨某某贪污案"(贪污数额为54万余元)中也有一个从轻或减轻处罚情节(自首)和一个从轻处罚情节(特别宽宥)。② 而"套用型"方式是指法官在特别宽宥明显不成立的情况下,把某一预防情节嵌入其中,使该情节具有了特别宽宥的制度功能。例如,在"吴某某贪污案"中,二审法院认为,上诉人贪污11万余元,退出全部赃款,可酌情从轻处罚,并依照《刑法》第383条第3款等规定,以贪污罪判处其有期徒刑1年。③ "并用型"方式则有所不同,是指法官分别认定自首和特别宽宥的成立,且对二者都分别予以从宽处罚。例如,在"崔某某贪污案"中,二审法院认为,上诉人贪污5万余元,自动投案,如实供述自己的罪行,是自首,且在提起公诉前如实供述自己罪行、真诚悔罪、积极退赃,可依法免除处罚,并依照《刑法》第383条第3款、第67条第1款等规定,以贪污罪对其免于刑事处罚。④ 同样,"王某某贪污案"(贪污数额为40万余元)中也有一个减轻处罚情节(自首)和一个从轻处罚情节(特别宽宥)。⑤

---

① 参见山东省高级人民法院(2015)鲁刑二终字第97号刑事判决书。
② 参见新疆维吾尔自治区昌吉回族自治州中级人民法院(2017)新23刑终8号刑事判决书。
③ 参见江苏省南通市中级人民法院(2016)苏06刑终198号刑事判决书。
④ 参见山东省菏泽市中级人民法院(2016)鲁17刑终452号刑事判决书。
⑤ 参见合肥铁路运输法院(2016)皖8601刑初47号刑事判决书。

第三节 贪污罪量刑情节的功能评价

量刑应当以责任为基础，责任情节决定了责任刑的区间和宣告刑的上限；量刑还应考虑预防犯罪必要性，预防情节也决定了预防刑的高低和宣告刑的轻重。对于这一基本论断，应当通过分别考察典型情节和量刑结果的规范关联予以验证。

一 贪污罪责任情节与宣告刑的关联性考察

实证研究表明，贪污犯罪数额、其他不法结果两种责任情节与责任刑、宣告刑之间存在较强的关联性，一般作为增加责任刑的情节，进而导致宣告刑向着相应法定刑的上限变化。责任刑裁量阶段只在狭小范围内对少数情节进行判断，具有简洁性特征。

详言之，一方面，贪污数额仅在特定范围内与责任刑存在正比例关系。如表2—2所示，贪污数额在300万元以上的罪犯均被判处10年以上有期徒刑，贪污数额在3万元以上不满20万元的罪犯均被判处3年以下有期徒刑（含免除处罚1人），而贪污数额在20万元以上不满300万元的罪犯的宣告刑横跨"3年以下有期徒刑或者拘役"以及"3年以上10年以下有期徒刑"两个量刑幅度，没有呈现正态分布，且极不均匀。这既是因为"20万元以上不满300万元"的数额区间太大，难以确定与之对应的责任刑幅度；也是由于每起案件中都存在一些预防情节，它们在责任主义的限制下会维持或减少责任刑。因此，法官在量刑思维上不宜过于重视贪污数额与宣告刑之间的单向关联。而且，贪污数额与其他数额的区分有助于情节功能的正确评价。在量刑法教义学中，贪污数额能够说明行为不法性的程度，属于责任情节；退赃、退缴数额则无法回溯性地减小贪污罪的法益侵害性，仅仅反映了悔罪态度，属于预防情节。

那么，法官在量刑判断时不可轻易忽视退赃、退缴数额与宣告刑之间的逆向关联。另外，贪污数额与宣告刑的关联性受到其他情节的制约。部分罪犯的宣告刑之所以偏离法定刑，是因为受到贪污数额之外情节的影响，其中既有责任情节，也有预防情节。例如，在"王某某贪污案"中，一审法院认为，被告人非法占有国有财物79万余元，但鉴于其到案后如实供述自己的罪行，主动交代办案机关尚未掌握的贪污犯罪事实，认罪悔罪，积极退缴全部赃款赃物，具有法定从轻、减轻处罚情节和酌定从轻处罚情节，依法可以从轻、减轻处罚，遂以贪污罪判处其有期徒刑1年6个月。① 可见，司法机关在适用自首和特别宽宥制度后，用预防刑减轻责任刑。再如，在"田某某贪污案"和"朱某某贪污案"中，二人通过虚构工程项目、虚报工程量等手段套取国家民生资金，属于法定从重处罚情节，在各自犯罪数额对应的责任刑幅度内能发挥增加责任刑的作用，再通过与自首、退赃等减少预防刑情节相抵消，最终被分别判处有期徒刑2年6个月、5年。以上个案其实都说明了情节对数额的"涵摄关系"，二者本质相同，都反映了行为的社会危害性程度，即数额就是一种特殊的情节。② 所以，法官在量刑过程中应该重视贪污数额以及同类情节的认定，先用最低数额确定起点刑（暂不考虑情节），再用其他情节增加刑罚量（不再顾及数额），尽量避免数额与情节的交叉。

另一方面，贪污行为造成的其他不法结果与责任刑的关联性不如贪污数额显著。数额与情节的相对分离意味着，行为人既可能因为贪污数额远远超过入罪门槛而在没有造成其他结果时被加重责任刑（如"武某某贪污案"），也可能因为贪污数额、其他结果均大

---

① 参见新华社南昌《中石化集团公司原总经理王天普受贿贪污案一审宣判》，载《检察日报》2017年1月25日第4版。

② 参见钱小平《贿赂犯罪情节与数额配置关系矫正之辨析》，载《法学》2016年第11期，第46页。

大高于定罪要求而提高责任刑（如"泽仁某某贪污案"）。实际上，只要不是构成要件（规范）保护范围内的结果，就不是非构成要件结果，不得纳入量刑的考察范围。①《贪污贿赂罪解释》第4条第1款将"贪污、受贿数额特别巨大""社会影响特别恶劣"等情节并列规定为死刑适用的判断对象，存在重复评价之嫌。贪污罪的性质也决定了数额与情节的关系定位，"计赃论罪"的属性也否定将二者等量齐观。贪污罪的责任刑基本上只由贪污数额决定，量刑结果仅例外地成为增加责任刑的情节。

二 贪污罪预防情节与宣告刑的关联性考察

实证研究也显示出，无论是传统预防情节还是特别宽宥制度都同预防刑、宣告刑之间存在较大的关联性，通常作为减少预防刑的情节，并且造成宣告刑向着相应法定刑的下限变化，甚至突破法定量刑幅度。预防刑裁量阶段囊括多种情节，呈现复杂性局面。

（一）传统预防情节与宣告刑的关联性考察

对应不同的组合类型，预防情节与宣告刑的关联性程度存在差异。

第一，一个法定情节与一个酌定情节的组合，足以将宣告刑确定在接近量刑幅度的下限之处。之所以如此，主要原因可能是：其一，较之酌定情节的单独适用，法定情节与酌定情节的配合适用会产生更明显的从宽处罚效果。如表2—3所示，除了冯某某被减轻处罚外，另外五人均在相应的责任刑幅度内被从轻处罚，且其宣告刑都在责任刑的下限附近。这不仅符合法教义学的理论构想，也为

---

① 参见［日］小池信太郎《论量刑中构成要件外结果的客观范围》，载《庆应法学》2007年第7号，第50页以下。

司法实务所反复验证。① 其二，量刑说理欠缺，从宽处罚功能的选择不够严谨。尽管六人均被从宽处罚，但裁判文书并未予以详细论证。例如，在"杨某某贪污案"中，虽然二审法院对预防情节分别进行了认定（归案后，积极退清全部赃款赃物，依法可以从轻处罚；检举他人非法持有枪支、弹药的事实成立，构成一般立功，依法可以从轻处罚），② 但没有解释为什么两个预防情节的同向竞合不能产生减轻处罚的后果。再如，在"陈某某贪污案"中，一审法院仅仅简单地指出，鉴于被告人能够自动投案，并如实供述罪行，系自首，可依法从轻处罚；其积极退赔全部赃款，可酌情从轻处罚，③ 却没有说明为什么自首、积极退赔全部赃款与缓刑适用之间存在对应关系。而在"牛某某、冯某某贪污案"中，二审法院更为扼要地写到，原审被告人牛某某到案后如实供述自己的罪行，系坦白，退出部分赃款，依法可以从轻处罚。冯某某有立功情节，退出部分赃款，依法可以减轻处罚，④ 同样没有阐明为什么情节相似的两人却受到了不同从宽处罚原则的"优待"。

第二，尽管若干酌定情节同向竞合可能累积释放从宽效应，但即使再加上一个法定情节，一般也只能把宣告刑确定在靠近量刑幅度的下限区域。相比表2—3 中的六名罪犯，表2—4 中的六名罪犯都多了一个或两个酌定预防情节，减轻预防刑的幅度本应更大，但只有田某某被减轻处罚。这表明，在贪污数额相差不大的前提下，酌定预防情节的增加和预防刑的减少之间存在一定关联，但同宣告刑之间并不存在密切关联。例如，表2—3 中的韩某某与表2—4 中

---

① 参见王林林《贪污、受贿犯罪后情节适用的规范化研究——基于200 例贪污、受贿判决文本的实证分析》，载《法律适用》2016 年第 9 期，第103—106 页；徐贵勇《检视与校验：贪污罪量刑规范化司法规则的构建——以 5478 件涉贪污案件为样本的分析》，载左卫民主编《中国法律实证研究》（第 1 卷），法律出版社 2017 年版，第 218 页。

② 参见贵州省高级人民法院（2015）黔高刑二终字第63 号刑事判决书。

③ 参见北京市门头沟区人民法院（2017）京 0109 刑初 6 号刑事判决书。

④ 参见安徽省阜阳市中级人民法院（2016）皖 12 刑终 479 号刑事判决书。

的金某某贪污数额非常接近，二人都有坦白情节，可后者比前者多了一个退缴赃款情节。量刑实务一般认为，退赃是被告人的主动行为，可以体现其悔罪态度及人身危险性大小，而追缴是司法机关的职权行为，与被告人的悔罪态度及人身危险性大小无关（积极配合的除外），退赃和追缴的量刑意义有所区别。[①] 韩某某的一个退赃情节（整体来看）应该比金某某的一个部分退赃情节、一个部分退缴情节具有更大的从宽比例，但二人的宣告刑相同，这意味着，法官的确考虑了退缴赃款对减小特殊预防必要性的作用，只是没有在罪刑均衡的框架内体现出来。以上推论同样适用于"牛某某贪污案"和"杨某某贪污案""泽仁某某贪污案"和"黄某某贪污案"的对比分析。上述个案仅仅表明了酌定预防情节对预防刑的减少功能及其对宣告刑的微弱影响，却无法归纳出数个预防情节叠加时的适用规则，即行为人具有多个从轻处罚功能的预防情节时，未必会被减轻处罚；即便其被减轻处罚，其中也有法定预防情节的贡献。"冯某某贪污案"和"田某某贪污案"恰好是减轻处罚的特例。总之，通过对预防情节两种组合类型的比较发现，虽然在量刑步骤、方法上存在一些共性特征，但第二种类型对酌定预防情节适用的论理性强于第一种类型。

第三，多个法定、酌定预防情节的同向竞合并未带来预期的减轻处罚效果。如表2—5所示，武某某同时具有自首、坦白、立功三个法定预防情节和认罪、悔罪、积极退赃三个酌定预防情节，一审法院仅对其从轻处罚。整体来看，法官在认定其贪污3.42亿余元的基础上，做出死缓且终身监禁的判决，表明预防必要性不大对严重罪行的影响力有限。不过，关于贪污罪死缓的判断对象，《修正案（九）》第44条第3款、第4款和《贪污贿赂罪解释》第4条

[①] 熊选国主编：《〈人民法院量刑指导意见〉与"两高三部"〈关于规范量刑程序若干问题的意见〉理解与适用》，法律出版社2010年版，第158页。

第 2 款、第 3 款之间还存在不协调之处，且终身监禁的适用标准模糊。这不仅会使预防情节与宣告刑的关联性考察缺少说服力，也会导致量刑不均衡。比起武某某，王某某只少了一个立功情节却被减轻处罚，有疑问的是，为何本案中的数个从轻处罚情节能"升格"为一个减轻处罚情节？可见，预防情节的个别化评价更多地依赖于法官的自由裁量。在当下刑事立法、司法解释精细化程度不高的情况下，必须完善配套机制以规范刑罚裁量权。

第四，某一种或某几种酌定预防情节都可以将宣告刑确定在量刑幅度的下限周围。如表 2—6 所示，七名罪犯都没有法定预防情节，且其中四人的从宽处罚幅度不清，不得不从宣告刑反推其可能被从轻处罚。至于裁判文书载明从轻处罚的其余三人，可以确认退赃情节同宣告刑之间的明显关联。例如，在"韩某某贪污案"中，二审法院认为，上诉人身为国家出资企业中的国家工作人员，利用职务之便，伙同他人非法占有公共财物数额特别巨大，在案件侦查阶段退出部分赃款，遂以贪污罪判处其有期徒刑 11 年。[①] 尽管本案二审判决书中没有出现"从轻处罚"的表述，但他的贪污数额约为 300 万元的 2.1 倍，对应的责任刑幅度是 10 年以上 15 年以下有期徒刑，仅有一个酌定预防情节而无其他量刑情节，最后在高于起点刑 1 年的地方被确定宣告刑，只能被推定为从轻处罚。再如，在"丁某某贪污案"中，二审法院认为，上诉人在共同犯罪中起主要作用，是主犯，退出贪污赃款，可酌情对其从轻处罚，遂以贪污罪判处其有期徒刑 1 年。[②] 实际上，与其贪污数额相差不大的张某、李某某只有一个退赃情节，最后被从轻处罚，丁某某还多了一个增加责任刑情节（主犯），最后同样被从轻处罚，表明责任刑相当时（"19 万余元"对应的责任刑幅度 ≈ "11 万余元 + 主犯"对应的责

[①] 参见河南省高级人民法院（2015）豫法刑一终字第 72 号刑事判决书。
[②] 参见江苏省南通市中级人民法院（2016）苏 06 刑终 192 号刑事判决书。

任刑幅度），退赃情节减少的预防刑也相当。还如，在"张某某贪污案"中，二审法院认为，上诉人身为国家工作人员，利用职务上的便利，通过授意他人虚开发票等方式，侵吞、骗取公款，认罪态度好，并已退缴全部赃款，遂以贪污罪判处其有期徒刑 3 年。[1] 虽然他的贪污数额超出"数额巨大"的定罪标准 8 万元，属于增加责任刑的情节，但认罪、退缴两个减少预防刑的情节没有进一步提升宣告刑，反而将其确定在量刑幅度的最低点。因此，当法定预防情节缺位时，酌定预防情节反而起到明显的从宽处罚作用，实质上取代了法定预防情节。

（二）特别宽宥制度与宣告刑的关联性考察

由于部分样本降低了特别宽宥的成立条件，严重损害了其适用规范性，过于宽松地认定了特别宽宥同宣告刑之间的关联性，进而给予不必要的从宽处罚。具言之，"混用型"案件中的自首情节实质上依附于特别宽宥制度，二者被强行混搭在一起，可能过分强调它们减少预防刑的作用，存在重复评价之嫌。"套用型"案件则对一个退赃情节赋予了本应四个情节共存时的法律效果，存在类推适用之嫌。尽管"并用型"案件正确适用了自首情节，且完全满足特别宽宥制度的前三个条件，但随意省略了"避免、减少损害结果的发生"这一条件，存在不当扩大解释之嫌。立法机关创设特别宽宥制度的初衷本是基于"常见酌定情节法定化"的考虑，司法实践却表现出"法定情节酌定化"的倾向。这或许源于法官没有准确理解作为分则型情节的特别宽宥与作为总则型情节的自首之间的关系，导致规范评价尺度不一和量刑失衡风险加剧。

---

[1] 参见贵州省高级人民法院（2015）黔高刑二终字第 107 号刑事判决书。

第四节　贪污罪量刑规范化的完善建议

本章第二、三节的研究现状、评价表明，贪污罪量刑实践中出现的有关量刑标准、步骤、情节、说理和结果等缺陷，都是量刑规范化程度不高的标志，根源在于责任和预防的关系不够协调。责任和预防是量刑的两大基准，量刑时必须处理好二者之间的关系。[1]为推进我国量刑规范化改革持续深入下去，应当对本次实证研究做进一步的展望，围绕责任和预防的关系，提出贪污罪量刑规范化的完善建议，使刑法最大限度恪守法治理性，以构建现代化的反腐刑事政策。[2]下列方案不仅与现行立法具有较大的兼容性，而且与当前实践具有较强的整合性。

一　切实贯彻二元量刑模式

考虑到法官对贪污数额的重视和《修正案（九）》《贪污贿赂罪解释》的规定一致，应当坚持"数额+情节"的二元模式，但要进一步根据案件实际分布状态调整数额标准和设定配刑比例，[3]防止数额对量刑的决定功能失效。这既有利于贯彻宽严相济刑事政策，也会提高《量刑指导意见》等文件的精细化程度。《量刑指导意见》及其实施细则应当在积累足够多生效裁判的基础上，对其进行统计分析，明确量刑起点的幅度、影响基准刑的情节范围和量刑情节的调节比例，并参照职务侵占罪增设贪污罪的量刑规范。详言之，确定量刑起点的幅度要与法定刑的区间相适应，原则上不得超

---

[1] Vgl. Maurach/Zipf, Strafrecht, Allgemener Teil, Teiband 1, 5. Auflage, 1977, S. 94ff；[德] C. Roxin：《刑法中的责任和预防》，宫泽浩一监译，成文堂1984年版，第115页以下。

[2] 参见何荣功《"重刑"反腐与刑法理性》，载《法学》2014年第12期，第107页。

[3] 参见陈兴良《贪污贿赂犯罪司法解释：刑法教义学的阐释》，载《法学》2016年第5期，第68—69页。

出相应法定刑的上下限；确定影响基准刑的情节范围要同现行立法解释、司法解释相协调，原则上不能规定实证研究描述的常态情形之外的罕见情形；确定贪污犯罪数额的调节比例要以城镇居民人均可支配收入、居民消费指数、经济发展水平、通货膨胀程度为根据，原则上不可比职务侵占数额宽松；确定其他不法结果的调节比例要以贪污犯罪数额的调节比例为基础，原则上不应赋予其更大比重；确定传统预防情节的调节比例要和常见量刑情节的适用状况相一致，原则上不能作为减轻处罚情节；确定特别宽宥制度的调节比例要以腐败犯罪的刑事政策为导向，原则上不得给予比传统预防情节更大的从宽幅度。

二 适度调整具体量刑步骤

我国曾有学者建议，通过借鉴"幅的理论"来加强责任刑对预防刑的限制以及二者的技术区分。[①] 这一思路与日本学者不谋而合。[②] 然而，该理论既无法确定责任刑幅度的上下限，也无法将预防刑限制在责任刑的范围内，导致量刑缺少可估算性与可预见性，因此，它已被德国量刑实践所放弃。[③] 与其吸收这一实用性不强的理论，不如引入一种贴近实务的量刑限制理论，即通过重构量刑步骤，在量刑的每个重要阶段分别划定法定刑、起点刑、责任刑、预防刑和宣告刑的界限。即使不采取"幅的理论"，也能准确区分责

---

① 参见冉巨火《经验而非逻辑：责任主义量刑原则如何实现》，载《政治与法律》2015年第6期，第121—122页；王林林《多元刑事司法模式共存语境中的量刑基准研究》，载《政法论坛》2016年第3期，第56—57页。

② 参见［日］城下裕二《量刑理论的现代课题》（增补版），成文堂2009年版，第239页以下；［日］原田国男《执行犹豫与幅的理论》，载《庆应法学》2017年第37号，第1页以下。

③ Vgl. Bernd Schünemann, Tatsächliche Strafzumessung, gesetzliche Strafdrohungen und Gerechtigkeits – und Präventionserwartungen der Öffentlichkeit aus deutscher Sicht, in: H. J. Hirsch (Hrsg.), Krise des Strafrechts und der Kriminalwissenschaften?, 2001, S. 338 – 345；［德］汉斯－约格·阿尔布莱希特：《重罪量刑——关于刑量确立与刑量阐释的比较性理论与实证研究》，熊琦等译，法律出版社2017年版，第42—47页。

任刑裁量阶段与预防刑裁量阶段。在《量刑指导意见》规定的量刑步骤的基础上,贪污罪的量刑步骤宜调整为:(1)根据具体犯罪构成,确定相应的法定刑幅度。选择法定刑幅度只考虑与犯罪构成要件的实现直接相关的情况,这种做法类似于确定起点刑的预备活动,对于贪污罪而言,只需考虑犯罪数额或其他结果即可。(2)根据基本犯罪构成事实并参考同类判例,在相应的法定刑幅度内确定起点刑。起点刑同时受到法定刑幅度和同类判例的约束,有利于从源头上防止量刑失衡,尤其是对贪污罪这样的数额犯,会进一步缩小责任刑的区间。(3)根据责任情节,在起点刑的基础上增加刑罚量确定责任刑。所谓责任刑,是与行为责任相对应的刑罚幅度;[①]行为责任是量刑责任的本质,决定其不法性、有责性的程度。此时,只能由各地高级人民法院确定起点刑之外增加的贪污犯罪数额或其他不法结果对应的刑罚量。(4)根据预防情节并适度从严把握,确定预防刑。量刑时不能直接考虑一般预防,这会导致犯罪人沦为实现预防目的的工具,侵犯人的尊严。所谓预防刑,是预防再犯所需要的刑罚,所以,实现预防目的需要的刑量独立于责任刑。[②]这里同样需要各地高级人民法院明确预防情节的调节比例,尤其是对酌定情节和特别宽宥严格认定。(5)根据预防刑对责任刑的修正幅度,参照类似判例确定宣告刑。消极的责任主义要求,预防刑不能高于责任刑上限,因此,宣告刑必须低于责任刑顶点。调整后的贪污罪量刑步骤不仅没有脱离现行量刑步骤的"大框架",而且个别步骤已为许多地区司法机关所采纳。例如,湖北省《〈量刑指导意见〉实施细则》在确定基准刑之后、宣告刑之前增加了一个步骤:"根据量刑情节调节基准刑,拟定宣告刑。"[③] 这大致对应于上

---

① Vgl. Hans-Jürgen Bruns, Das Recht der Strafzumessung, 2. Aufl., 1985, S. 245ff.
② Vgl. Andrew von Hirsch/Nils Jareborg, Strafmaß und Strafgerechtigkeit, 1991, S. 31f.
③ 此外,北京市、天津市、山东省、辽宁省、四川省等地制定的《〈量刑指导意见〉实施细则》中均有相同规定。

述步骤的第四步和第五步,只是有些抽象而已。显然,科学的量刑步骤既是对司法工作经验的积极回应和主动选择,也能避免贪污罪量刑的宽严失据和张弛无度。

三 严格认定从宽量刑情节

相比贪污罪责任刑的裁量而言,该罪预防刑裁量的挑战更大。这里要解决两个问题:1. 正确认定预防情节的性质;2. 科学评价预防情节的功能。

对于第一个问题,应当根据目前腐败犯罪刑事政策对预防情节进行实质判断。在新常态下,我国惩治贪污罪刑事政策越发接近"又严又厉"的模式。在此模式下贯彻宽严相济精神,要依法认定贪污罪的预防情节。[1] 区别对待、个别考察的政策主张必然要求对其进行实质判断。综观全体样本发现,相比自首、立功、坦白三种法定预防情节,认罪、悔罪、退赃、退赔、积极缴纳罚金等酌定预防情节的适用频率更高,应当避免形式判断导致的量刑失衡。其中,认罪有主动认罪和被动认罪之分,对此要赋予不同的调节比例。悔罪比认罪更能反映其人身危险性小。退赃、退赔、积极缴纳罚金都与罪行本身的轻重程度无关,只是作为是否真诚悔罪的判断资料,用于认定其预防必要性是否减小。[2] 当行为人既悔罪又退赃、退赔或积极缴纳罚金时,不宜将其视为两个量刑情节,只需认定其具有悔罪情节,否则就是重复评价。

对于第二个问题,需要根据预防情节的整体评价以决定从宽处罚幅度。即使某一预防情节与宣告刑之间存在明显关联,但数个预防情节的同向竞合未必会强化减少预防刑的效应。其一,若具有一

---

[1] 参见孙国祥《我国惩治贪污贿赂犯罪刑事政策模式的应然选择》,载《法商研究》2010年第5期,第102页以下。

[2] 参见张明楷《责任刑与预防刑》,北京大学出版社2015年版,第357页。

个可以型从轻处罚情节（如自首）和一个可以型免除处罚情节（如特别宽宥）的，可以考虑减轻处罚。当行为人构成自首时，本身就说明其为恢复法秩序所做的努力，可以推测将来保证忠于法律的态度，[①]而特别宽宥进一步反映其再犯可能性减小，综合评价后，宜根据《刑法》第63条第2款酌定减轻处罚。其二，若具有一个可以型从轻处罚情节（如特别宽宥）和另一个可以型减轻处罚情节（如自首）的，也可以考虑减轻处罚。当行为人具有一个法定减轻处罚情节时，就可以下降一个量刑幅度判处刑罚，再加上另一个法定从轻处罚情节，应根据《刑法》第63条第1款减轻处罚。其三，若具有一个法定从轻处罚情节（如立功）和一个酌定从轻处罚情节（如部分退赃）的，能否对其减轻处罚，司法实践并不统一，需要具体分析。其四，若不完全符合特别宽宥成立条件的，只能认定其他法定预防情节（如自首）或酌定预防情节（如退赃），彻底纠正司法认定的异化现象，防止随意进行减轻处罚。《量刑指导意见》规定，对于当庭自愿认罪的，根据犯罪的性质、罪行的轻重、认罪程度以及悔罪表现等情况，可以减少基准刑的10%以下。依法认定自首、坦白的除外。上海市《〈量刑指导意见〉实施细则》也强调，当同一行为或情况涉及不同量刑情节时，一般不得重复评价，应选择对罪犯从重或从轻幅度最大的情节适用。以上规则同样适用于特别宽宥，也预留了统一量刑情节计算幅度的空间。整体评价法不仅细化了《量刑指导意见》及其实施细则的有关规定，而且延续了《关于办理职务犯罪案件认定自首、立功等量刑情节若干问题的意见》《办理职务犯罪案件严格适用缓刑、免于刑事处罚若干问题的意见》秉持的政策立场。

---

① 参见［德］Wolfgang Frisch《联邦普通法院判例中的刑罚构想、量刑事实和量刑基准——一种批判性及建设性的评价》，冈上雅美译，载《法政理论》2002年第3号，第87页以下。

四 逐步推行量刑深度说理

从规范法官量刑权的角度出发,量刑说理应该包括对量刑建议的采纳、量刑情节的认定、量刑步骤的运行予以说明、分析和论证,符合裁判文书说理的形式向度、实质向度、程序向度,坚持合逻辑性(强化事实认定、证据采信、法律适用等关键要素的说理)、合融通性(实现事理、法理、学理、情理、文理的统一)、合交互性(追求权威化与大众化、专业性与朴素性、规范性与通俗性相互平衡的氛围)。[①] 研究样本主要使用了三种说理方法,各具特点。

一是"整体评价法"。即在列举各种情节之后,根据以往量刑经验确定处罚原则,特点是不区分责任情节和预防情节,不对每个情节进行分别评价。"张某某贪污案""姜某某贪污案""韩某某贪污案"等50%左右的案件均属此类。这并不符合量刑说理的实质向度、程序向度,合融通性、合交互性差。不对个别情节进行准确评价,就不可能对整体情节进行科学评价。

二是"个别涵摄法"。即在列举每种情节的同时,说明其性质及功能,特点与第一种方法相反,重视对量刑情节的单独判断。"叶某某贪污案""韩某某贪污案""刘某某贪污案"等部分案件属于此类。这较好地弥补了"整体评价法"的不足,但在形式向度(合逻辑性)即单个情节功能的选择与实质向度(合融通性)即最终量刑结果的推演上还有待深入。

三是"深度推演法"。即不仅列举各个量刑情节,而且进一步明确其性质、功能和根据,特点是对量刑情节的微观探析和对量刑过程的宏观把握相结合,量刑说理更为透彻。"杨某某贪污案""丁某某贪污案""吴某某贪污案"等个别案件属于这类。虽然目

[①] 参见王明辉《裁判文书说理应坚持"三原则"及"三向度"》,载《人民法院报》2015年10月30日第5版。

前这种方法尚未得到完全运用,但正以最高人民法院研究机构认可的典型案例评析方式进行呈现。[1] 部分评析严格按照《量刑指导意见》及其实施细则的有关规定,逐步推进量刑过程,对常见情节进行定量分析,全面考虑责任刑和预防刑的关系后确定宣告刑。[2] 一旦贪污罪被纳入《量刑指导意见》,就应采取这一说理方法,明示具体情节对基准刑的调节比例,逐步扩大适用范围,在遵循刑事政策的同时,加强形式理性对实质理性的约束。

五 全面实现量刑实质均衡

现代量刑基准理论主张,量刑均衡应是相对的均衡、消极的均衡和规范的均衡。相对的均衡要求,在与其他犯行相比较的意义上确定某种犯行处罚的均衡性。这不是犯罪本身轻重的问题,因而不存在绝对的均衡。[3] 消极的均衡是指,作为界限原理,消极地排斥同犯行严重性不均衡的刑罚。因为不仅实务中无法穷尽所有犯罪的轻重序列,还要在其中考虑预防必要性,所以不可能积极地追求同犯行严重性相均衡的刑罚,作为决定原理的积极的均衡没有实践价值。[4] 规范的均衡主张,作为价值判断原理,责任幅度上限和下限的利用次数可能不同。宪法比例原则和刑法责任主义不会使量刑停留在经验性摸索的层面,反而通过预防刑对责任刑的影响以实现宣

---

[1] 王瑞君:《量刑情节的规范识别和适用研究》,知识产权出版社 2016 年版,第 213 页。

[2] 参见最高人民法院中国应用法学研究所编《量刑规范化典型案例》(1),人民法院出版社 2011 年版,第 6—9、34—37、115—120 页。在某种程度上,目前的做法也达到了《关于加强和规范裁判文书释法说理的指导意见》关于"裁判文书释法说理,要阐明事理、法理和文理"(第 2 条)、"对宣告无罪、判处法定刑以下刑罚、判处死刑的案件,应当强化释法说理"(第 8 条)的要求。

[3] 参见[德]Christian Jäger《在对通常案例处理方法特别考虑下的构成要件与量刑的相关关系——以及考察为量刑提供方向的解释意义》,野泽充译,载《法政研究》2018 年第 4 号,第 1103 页以下。

[4] 参见[日]小池信太郎《量刑中的犯行均衡原理和预防性考虑——以日德最近诸见解的研究为中心》(1),载《庆应法学》2006 年第 6 号,第 79—81 页。

告刑的实践合理性。① 因此，观念上预想的"重罪重判、轻罪轻判"并没有忠实再现责任和预防的关系。就责任刑的裁量而言，刑罚不能超过责任刑的上限；就宣告刑的确定而言，由于特殊预防的需要完全可能突破责任刑的下限。显然，与责任相适应的刑罚是非对称性的。既然责任刑都不存在经验上的、对称性的均衡，宣告刑就更不存在这种意义上的均衡。站在量刑公正的立场上，刑罚应当遵照犯罪相对严重性的等级。② 量刑均衡不仅是形式上的均衡，更是实质上的均衡。

在大幅度提升作为量刑标准的贪污数额后，普通民众期待的绝对均衡的刑罚并未出现，相反，法官经常通过考虑预防情节以缓解对报应正义的积极追求。事实证明，近期贪污罪量刑实践给人以"重罪轻判"（如"李某某贪污案"）、"轻罪轻判"（如"杨某某贪污案"）之感，传统的量刑经验也许不再适用，有必要对量刑均衡采取新的分析方法。在摒弃"幅的理论"、践行量刑限制理论的同时，行为等比性理论提供了一个较好的框架条件。它认为，社会侵害性程度，也就是不法程度，以及犯罪能量的强度，也就是严格行为责任意义下的典型罪责，形成一个依据行为相当性准则决定刑罚范围的核心比较事项。这对一般大众是可以理解的，也是潜在行为人事前可以预测的，因为从刑度可以获知犯罪行为的非价，以及相对的被破坏利益的价值。刑罚只有在满足有根据预防这个前提下才是必要的，但刑罚也要根据罪责来确定，而且要尽可能地降低对犯罪人社会化所造成的影响。刑法从罪责报应向从预防以及法益保护来获得正当性，对罪责进行分类的意义仅限于其限制性功能。总体来看，以犯罪行为作为量刑的出发点又受到了重视，应当明显减少

---

① 参见［德］Franz Streng《德国的量刑——其概要与现代课题》，井田良、小池信太郎译，载《庆应法学》2007 年第 8 号，第 143—147 页。

② ［德］Andreas von Hirsch：《均衡模式的量刑论》，松泽伸译，成文堂 2021 年版，第 26 页。

刑罚个别化的适用，它和再社会化的思考与量刑罪责观念紧密联系在一起。[1] 其实，《量刑指导意见》根据职务侵占的数额确定相应的量刑幅度、起点，已经具有"行为等比"的初步思维。[2] 鉴于职务侵占罪与贪污罪的罪质相似，贪污罪行的轻重结构应成为量刑重点，犯罪数额、不法结果等"核心比较事项"因内容确定而具有可说明性，自首、认罪、特别宽宥等情节蕴含的特殊预防必要性因目的明确而具有可控性。

---

[1] Vgl. Bernd Schünemann, Die Akzeptanz von Normen und Sanktionen aus der Perspektive der Tatproportionalität, in: Frisch/von Hirsch/Albrecht (Hrsg.), Tatproportionalität, Heidelberg 2003, S. 185 – 197；[德] 汉斯－约格·阿尔布莱希特：《重罪量刑——关于刑量确立与刑量阐释的比较性理论与实证研究》，熊琦等译，法律出版社2017年版，第57—59页。

[2] 职务侵占罪的量刑规范为：1. 构成职务侵占罪的，根据下列情形在相应的幅度内确定量刑起点：(1) 达到数额较大起点的，在一年以下有期徒刑、拘役幅度内确定量刑起点。(2) 达到数额巨大起点的，在三年至四年有期徒刑幅度内确定量刑起点。(3) 达到数额特别巨大起点的，在十年至十一年有期徒刑幅度内确定量刑起点。依法应当判处无期徒刑的除外。2. 在量刑起点的基础上，根据职务侵占数额等其他影响犯罪构成的犯罪事实增加刑罚量，确定基准刑。3. 构成职务侵占罪的，根据职务侵占的数额、危害后果等犯罪情节，综合考虑被告人缴纳罚金的能力，决定罚金数额。4. 构成职务侵占罪的，综合考虑职务侵占的数额、手段、危害后果、退赃退赔等犯罪事实、量刑情节，以及被告人主观恶性、人身危险性、认罪悔罪表现等因素，决定缓刑的适用。

第 三 章

受贿罪中贿赂范围的界定：立足于集合法益视角的分析

在受贿现象日益滋生、愈演愈烈，受贿犯罪手段日益多样化的今天，对于受贿罪的对象——贿赂加以研究具有理论和实践上的重要意义。本章认为，"财产性利益说"是可取的，贿赂包括财物和财产性利益。不动产、无形财产、权利文书、证件、人体器官、伪劣商品、违禁品、商业机会这些特殊"贿赂"在一定条件下都可以成为受贿罪的对象。贿赂的外延需要扩大，应当拓宽受贿罪的处罚界限，有必要将性贿赂行为独立成罪，进一步完善受贿犯罪体系。

第一节 问题的提出

司法实践中曾发生过这样的案例：被告人王某为A市B区住宅发展局综合计划科科长，负责本区内新建住宅配套费征收、管理等工作。被告人李某为其妻子。2005年10月，星际公司在该区开发"星际公寓"，王某利用职务之便，向星际公司索要"星际公寓"房产销售代理业务，星际公司表示同意后，王某即联系了民生房产经纪有限公司与星际公司签订"星际公寓"代理销售合同，并要求民生公司扣除成本后，所得利润给予李某。后李某即组织民生公司销售人员销售至 2006 年 10 月，并承担了销售人员的工资、奖金和个税。楼盘销售期间，星际公司支付销售费用共计人民币 65 万余元，李某在扣除销售成本后将其中的 20 余万元存入自己的账户。

在本案中，王某和李某是否构成受贿罪，关键在于能否认定王某利用职务之便索取的房产销售代理业务属于贿赂，即其索取的"商业机会"是否属于贿赂。进一步而言，《刑法》规定的作为受贿罪对象的"财物"之外的财产性利益及部分非财产性利益能否归入贿赂的范畴？尽管我国对腐败犯罪采取了从严惩处、重在预防的刑事政策，但受贿犯罪仍然屡禁不止，不仅极大地妨碍了党风廉政建设，败坏了社会风气，而且严重阻碍了我国社会主义市场经济的健康发展，损害了国家、集体和人民的利益。此外，由于受贿犯罪案件的复杂性，司法机关在办案过程中面临着不少问题，贿赂范围的界定就是其中之一。因此，正确界定贿赂的本质和外延，在《刑法》和司法解释中完善有关受贿罪的定罪量刑标准，适当扩大贿赂的处罚范围，对于有效打击和预防受贿罪具有重要的理论意义和现实价值。

第二节　我国理论界关于贿赂范围的争议及评析

贿赂是连接受贿者和行贿者的纽带，没有作为受贿罪对象的贿赂，就无所谓受贿罪。不过，关于什么是贿赂，如何界定其范围，学界一直有不同的看法。

一　主要观点之争

我国理论界关于贿赂范围的争议，主要有以下三种观点：

（一）财物说

该说将贿赂的范围严格限定为财物，即包括金钱和物品，主要理由是：第一，从历史上看，我国自古以来均将贿赂解释为财物，如《说文解字》一书将"赇"解释为"以财物枉法相谢也"。这里的"赇"即指贿赂，就是以财物相酬谢。第二，按现行法律规定，对受贿罪的处罚，是计赃定罪量刑，受贿数额是量刑的重要依据。如果把财物以外的利益也视为贿赂的话，司法机关就难以掌握定罪量刑的标准。第三，按照罪刑法定原则，应当对贿赂进行严格解释，不能任意扩大其范围。第四，若扩大贿赂的范围，会使受贿罪成为"口袋罪"，把一般违法违纪行为或其他犯罪行为都当作受贿罪处理，势必会扩大受贿罪的范围，混淆罪与非罪、此罪与彼罪的界限。[1]

（二）财产性利益说

该说认为，贿赂不仅指财物，还包括提供房屋装修、含有金额的会员卡、代币卡（券）、旅游费用，设定债权、免除债务、提供担保、降低利息等可以用金钱计算的财产性利益，主要理由在于：其一，虽然传统观点认为贿赂仅仅是财物，但贿赂的含义和范围是可以随着时代的发展而变化的，不能拘泥于传统而放弃对一部分受贿行为的惩罚。其二，改革开放以来，社会不断发展，以财产性利益贿赂的现象大量存在，其危害性与以财物为贿赂并无本质区别，甚至有过之而无不及。其三，受贿罪的危害程度主要取决于对国家机关正常活动和信誉，以及国家、集体、公民利益的损害程度，至于贿赂的数量，不能在主要方面反映受贿行为的社会危害程度。其四，其他国家的立法经验可资借鉴。[2]

（三）利益说

该说主张贿赂既包括财物，也包括财产性利益，还包括非财产性利益。即凡是能够满足人的物质或精神需求的一切有形或无形

---

[1] 参见高铭暄主编《刑法专论》（第二版），高等教育出版社2006年版，第776—777页。
[2] 王俊平、李山河：《受贿罪研究》，人民法院出版社2002年版，第2—3页。

的、物质或非物质的、财产或非财产性的利益，都应该被视为贿赂。因为受贿罪与非罪的根本界限不在于收受了什么性质的贿赂，而在于行为的社会危害性是否达到了应受刑罚惩罚的程度。受贿人无论是接受了财产性的贿赂，还是接受了非财产性的贿赂，如迁移户口、介绍工作、提职晋级、入党入团、提供性服务等，都已侵害了受贿罪的客体，符合受贿罪的本质特征，而且财产性利益和非财产性利益之间没有绝对的界限，两者之间可以相互转化。不仅如此，已有一些国家和地区的立法如德国、日本、意大利、中国香港等，将贿赂的范围界定为利益。①

二 比较与评析

上述三种观点关于贿赂范围的界定由窄到宽，而且都不否认贿赂的范围包括财物，分歧主要集中在贿赂是否包括财产性利益和非财产性利益。

（一）贿赂是否包括财产性利益

所谓财产性利益，是指具有管理可能性、可以通过金钱计算的经济利益。②从表面上看，现行《刑法》第385条将贿赂严格限定为财物，但司法解释对"财物"进行了扩大解释，使之包括了财产性利益，如《关于办理受贿刑事案件适用法律若干问题的意见》、《关于办理商业贿赂刑事案件适用法律若干问题的意见》以及《关于办理贪污贿赂刑事案件适用法律若干问题的解释》（以下简称《贪污贿赂罪解释》）。③笔者认为，把财产性利益作为受贿罪的对象是必要且可行的，主要原因在于：一是受贿人无论收受的是财物

---

① 周振想主编：《公务犯罪研究综述》，法律出版社2005年版，第196页。
② 张明楷：《刑法学》（下　第六版），法律出版社2021年版，第1590页。
③ 例如，《贪污贿赂罪解释》第12条规定，贿赂犯罪中的"财物"，包括货币、物品和财产性利益。财产性利益包括可以折算为货币的物质利益如房屋装修、债务免除等，以及需要支付货币的其他利益如会员服务、旅游等。后者的犯罪数额，以实际支付或者应当支付的数额计算。

还是财产性利益,性质都是相同的,都是作为公权力的对价,均表现为物质财富的增加,只不过收受财产性利益也可导致必要支出的减少。二是在司法实践中,将贿赂限定为财物已经对惩治受贿罪产生了消极影响,大量收受财产性利益的受贿行为的危害程度与收受财物的受贿行为的危害程度不相上下,都严重侵犯了国家工作人员职务行为的不可收买性,却仅仅由于立法的限制而难以被制裁,这对于有效惩治新型贿赂犯罪十分不利。三是财产性利益可以用金钱计算数额,在现行主要以赃计罪的立法框架下,不会给量刑带来困难。四是根据俄罗斯、美国、加拿大等国的刑事立法,收受贿赂也包括收受财产性利益,这对我国的立法和司法实践具有积极的启示意义。

(二) 贿赂的范围是否还应当包括非财产性利益

所谓非财产性的利益,是指除财物、财产性利益之外,能够满足人的某种精神或待遇上欲望的非物质性利益。例如,提供出国经济担保,招生招工、调动工作、帮助子女出国留学、晋职、晋级、提供性服务等。[①] 然而,有不少学者主张,应当将贿赂的范围扩大到性贿赂等非财产性利益,因为一方面,这些利益严重损害国家工作人员职务的廉洁性,符合以权谋私的腐败本质特征,且在实践中具有相当的普遍性,给反腐倡廉建设带来了严峻挑战;另一方面,假如彻底改变现行立法、司法实践中存在的对受贿罪主要"以赃论罪"的不合理规定和做法,对非财产性的利益设置独立的判断标准,就能克服其难以评价的技术障碍。[②] 这种见解大有成为通说的

[①] 参见郑泽善《受贿罪的保护法益及贿赂之范围》,载《兰州学刊》2011年第12期,第67—68页。

[②] 参见彭新林《我国腐败犯罪刑法立法完善建议》,载《法学杂志》2021年第3期,第70—71页。

趋势。① 不过，考虑到罪刑法定原则的刚性束缚、受贿罪的保护客体、处罚的合理性以及司法可操作性，对此应当持否定态度。首先，"利益说"违反了罪刑法定原则。法治原则是用以反对不根据法律进行任意和无法预知的惩罚，或者用以反对在不确定的或溯及既往的法律基础上进行的惩罚。在传统上，它在"禁止"中表现的作用可以分为四种：禁止类推（严格的罪刑法定）、禁止作为刑罚根据和使刑罚严厉的习惯法（书面的罪刑法定）、禁止溯及既往效力（事先的罪刑法定）以及禁止不确定的刑法和刑罚（确实的罪刑法定）。② 因此，罪刑法定原则基于保障人权的价值取向，不允许进行不利于被告人的类推解释，要求刑罚法规的内容必须具体、明确。而"非财产性利益"显然不在"财物"的最大语义范围之内，除非对"财物"进行类推解释，否则在现行法律框架下无法贯彻此说。其次，尽管理论上和实务中仍有争议，但受贿罪侵犯的是国家工作人员职务行为的不可收买性这一观点已为大多数学者所接受。③不同类型的贿赂，对职务行为不可收买性的侵犯程度并不相同，对此，需要通过明确这一集合法益的构造及其攻击方式予以认定。由于非财产性利益难以用货币衡量，不具备财产性和物质性的特征，收受非财产性利益对职务行为不可收买性的侵害并不明显，只能采取有别于收受财物、财产性利益的整体评价标准。实践中确实可能存在行为人收受非财产性利益，致使公共财产、国家和人民利益遭受重大损失的情况，但这类行为侵犯的客体主要不是职务行为的不可收买性，而是其他社会关系，结合行为特征和危害后果，可以渎

---

① 参见《刑法学》编写组编《刑法学》（下册·各论），高等教育出版社2019年版，第267—268页。

② 参见［德］克劳斯·罗克辛《德国刑法学总论》（第1卷），王世洲译，法律出版社2005年版，第77—80页。

③ 参见张明楷《受贿犯罪的保护法益》，载《法学研究》2018年第1期，第149页以下；阎冬《贿赂规制与刑事法理论》，成文堂2021年版，第88页以下。

职罪或受贿罪的酌定从重量刑情节论处。最后，把非财产性利益当作贿赂，容易扩大受贿罪的处罚范围，混淆罪与非罪的界限。作为与个人人格、身份、地位等密切联系的非财产性利益，含义不够明确，外延过于宽泛，既可以是人的精神感官刺激，也可以是人的政治追求，容易将一些现行《刑法》中不构成犯罪的行为当作犯罪来处理，不符合刑法谦抑的精神。例如，性贿赂与某些腐败分子的"性泛滥"交织在一起，难以划定法律和道德的界限，若法律涉及道德问题，有时会侵犯无辜者的隐私权。[①] 其实，根据宽严相济的刑事政策，对收受非财产性利益的行为没有必要一律认定为受贿罪，通过纪检监察制度及其他刑罚法规，也能实现预防犯罪的目的。最后，目前把非财产性利益当作贿赂缺乏可操作性，即使将来通过修法予以解决，也恐怕要付出很大的代价。现行《刑法》以及《贪污贿赂罪解释》已经对受贿罪的处罚采取了新的"数额＋情节"二元模式，而非财产性利益无法用金钱衡量，不能适用上述规定。除了有关该罪的罪刑规范外，同属于贿赂犯罪的单位受贿罪、利用影响力受贿罪、行贿罪、对单位行贿罪的罪状都规定了"财物"，倘若将受贿罪的对象扩充为包括非财产性的利益，那么以上犯罪的对象均要做相应的修改，为了保证罪名体系的协调一致，不得不对相关犯罪的罪刑规范进行统一调整。

综上所述，贿赂是指国家工作人员利用职务上的便利，为他人谋取利益，所收受或者索取的财物和财产性利益，即"财产性利益说"是可取的。根据我国的国家性质、政权结构、立法规定和受贿罪的客体，贿赂的本质应当是作为国家工作人员职务上的不正当报酬的利益。贿赂是受贿人和行贿人之间的肮脏交易，是双方某种利益的等价交换。对于受贿人来说，贿赂的收受是其出卖职务的目

---

① 参见周光权《刑法各论》（第四版），中国人民大学出版社 2021 年版，第 554 页。

的；对于行贿人来说，贿赂的付出是达到自己某种目的的手段。据此，贿赂具有以下特征：1. 贿赂的财产性。即贿赂必须是财物或者是可以用金钱衡量的财产性利益，不包括任何非财产性利益。2. 贿赂与职务的关联性。即贿赂必须是行为人利用职务之便所收受或索取的财物或财产性利益，如果是由于职务以外的原因，如朋友关系、亲戚关系、同乡关系、师生关系等所获得的财物或财产性利益，则不能被认定为贿赂。3. 贿赂与职务行为的对价性。贿赂是一种利益，但这种利益是以职务上的不正当报酬的形式出现的。贿赂与职务行为之间必须具有对价关系，这种对价关系具有针对一定职务行为的回报性质。4. 贿赂的中介性。受贿罪是权力与利益的交换，贿赂是双方交换的筹码，能同时满足双方的某种需要。5. 贿赂的非法性。贿赂作为一种财物或财产性利益，本身并无合法、非法之分，但当其被用作收买职务行为的给付时，就违反了法律对职务行为不可收买性的要求，具有了违法性；当贿赂的价值以及职务行为的不当行使达到一定的程度时，就具有了刑事违法性。这是站在形式的法益观的立场上，对受贿罪对象进行的实定法解读，但并不影响从实质的法益观的视角切入，对受贿罪对象展开实定法之外的考察。

第三节　特殊"贿赂"的分析

根据"财产性利益说"，贿赂包括财物和财产性利益，即能够实现物质利益、具有使用价值的一般等价物，以及能够进行货币量化的、具有经济内容的、满足人们财产需要的利益。以下将着重对司法实践中贿赂认定的若干疑难问题加以分析。

一　不动产作为贿赂的问题

根据民法理论，物可以分为动产和不动产。其中，不动产又可分为两类：一是绝对不动产，即具有永久固定性，一旦移动就会损害其经济用途或价值的，如土地、房屋等；二是相对不动产，即可根据物主的意思来决定是否在一定期限内相对固定，即使移动，一般也不会损害其经济价值的，如树木等。相对不动产和动产一样，都可以成为受贿罪的对象。绝对不动产能否成为受贿罪的对象，在刑法理论上曾存在争议。不过，随着受贿罪的行为方式日趋多样化，从严惩腐败犯罪的现实需要出发，认为绝对不动产可以成为受贿罪对象的观点也逐渐获得理论界和实务界认同。[1] 的确，在特定情况下，绝对不动产可以成为受贿罪的对象。因为它能用金钱计量，具有财物的属性，将其作为受贿罪的对象，根据实际价值予以定罪量刑，具有可操作性。但是，由于不动产所有权转移的特殊性，不能一概认为收受绝对不动产的行为都构成本罪。其中，最突出的就是行为人收受房屋和土地的问题。

行为人收受房屋一般有以下几种情形：第一，请托方将自己的住房或专门出资购买的房屋无偿供行为人使用，行为人只有使用权，所有权仍然属于对方。第二，请托方将自己的住房无偿送给行为人或者出资为行为人购买住房，但是尚未办理过户手续或者还没有办理完毕即案发。第三，请托方将住房已经过户到行为人名下，或者为行为人购买的住房已经以行为人或者其指定的其他特定关系人的名义办好了房产证。在上述后两种情形中，行为人无疑构成受贿罪。那么，在第一种情形中，行为人是否构成受贿罪呢？此时的回答是否定的。首先，动产一经交付就意味着所有权发生了转移，而房屋所有权的转移必须经过法定程序。在行为人仅获得房屋使用权而对方也没有表示放弃所有权的情况下，并不存在权钱交易关系，认定其构成受贿罪不妥当，即房屋使用权不属于本章界定的财

---

[1] 参见林亚刚《刑法学教义》（分论），北京大学出版社2020年版，第634页。

物或财产性利益。其次，司法实践中也确实存在行为人长期无偿占用他人房屋而未取得产权的现象，对于这类行为完全可用其他方式处理，如以违纪论处或认定为财产犯罪、渎职犯罪。最后，此处的"房屋使用权"仅限于行为人所享有的单纯利用房屋的权利，如居住、办公、度假、学习等。如行为人在占有房屋期间内，将其出租、进行其他营利活动或从事非法活动，对方一开始就知情或事后默认的，只要能够认定所得收益与请托事项有关，就符合受贿罪的特征，应以本罪论处。

根据《民法典》关于所有权、用益物权的规定，土地等自然资源属于国家或集体所有，个人只享有占有、使用、收益的权利。①但是，这些权利与单纯的房屋使用权不同。详言之，一旦行为人在收受土地时已经办理了使用权转移手续，或者虽未办理法定手续，但请托方在案发前有办理的意思表示或行动，或者行为人以实际行动排除对方的使用权（如在土地上建造房屋、修缮建筑物、铺设电线、电缆、水管、暖气和燃气管线等，而对方没有反对的意思表示或行动的），就都可以被认定为受贿罪。

二 无形财产作为贿赂的问题

有形财产是指占有一定空间，能为人的感官所感觉到的财产。但无形财产能否成为受贿罪的对象，以及哪些无形财产可以作为贿赂？

无形财产是指不具有物理形态，但能为人们带来某种收益的财

---

① 例如，《民法典》第249条至第251条规定，城市的土地，属于国家所有。法律规定属于国家所有的农村和城市郊区的土地，属于国家所有。森林、山岭、草原、荒地、滩涂等自然资源，属于国家所有，但是法律规定属于集体所有的除外。法律规定属于国家所有的野生动植物资源，属于国家所有。第330条、第331条规定，农村集体经济组织实行家庭承包经营为基础、统分结合的双层经营体制。农民集体所有和国家所有由农民集体使用的耕地、林地、草地以及其他用于农业的土地，依法实行土地承包经营制度。土地承包经营权人依法对其承包经营的耕地、林地、草地等享有占有、使用和收益的权利，有权从事种植业、林业、畜牧业等农业生产。

产。有学者认为，我国没有明确规定电、热、声、光等无形财产可以成为经济犯罪的对象，但从财产的含义来看，电力等无形财产应该包括在内。从《刑法》的规定来看，盗窃罪与受贿罪的犯罪对象都是指财物，因此，既然无形财产可以成为盗窃对象，理所当然，无形财产也能作为受贿罪的犯罪对象。[①] 诚然，判断某种物能否成为受贿罪的对象，并不取决于该物是否在空间上具有物理形态，而是取决于该物是否具有可控制性和可使用性，并且能否用货币加以衡量。无形财产具有实用性，又能为人力所控制，而且能用金钱衡量，显然可以成为贿赂。而且，这在实务中也不会产生量刑上的障碍。当行为人无偿使用电力、煤气或天然气等无形财产而由请托方付费的，只要能确定这种利益是作为职务上的不正当报酬，就应当以受贿罪论处。无论是从无形财产的特点考虑，还是从贿赂的本质出发，都没有理由将无形财产排除在贿赂的范围之外。

三 权利文书、证件作为贿赂的问题

权利文书、证件是指记载某种权利或证明某种关系存在的有关凭据。从记载的内容来看，又可以分为财产性权利文书、证件和非财产性权利文书、证件。由于非财产性权利文书、证件并不代表某项财产性利益，不符合贿赂的特征，因而不能成为受贿罪的对象。这里重点讨论财产性权利文书、证件。

财产性权利文书、证件是指记载证明其财产所有权或使用权的文书凭证以及反映债权债务关系的有关凭据。虽然它们不是传统刑法意义上的财产，却是财产租赁权、使用权、经营权的法律依据。通过对以上权利的行使，可以获取一定的物质财富，使无形财产转化为有形财产。[②] 易言之，行为人收受或索取财产性权利文书、证

[①] 参见肖介清《受贿罪的定罪与量刑》，人民法院出版社2000年版，第97页。
[②] 毕志强：《论职务侵占罪的犯罪对象》，载《法律适用》2001年第10期，第38页。

件，意味着其取得证明某一财产所有权、使用权、收益权、处分权、经营权、管理权等权利的相关凭据。有此凭据，就可以证明自己对某一财产获得某项权利；无此凭据，就可能丧失对某一财产享有该项权利。实际上，这些文书、证件蕴含着某种经济价值，只不过这种经济利益的表现形式和实现方式与物质利益不同而已。随着市场经济的发展、商品交易的繁荣和财产内容的丰富，财产性权利文书、证件具备成为贿赂的条件。当然，并不是任何财产性权利文书、证件都可以成为贿赂。在司法实践中，作为贿赂的财产性权利文书、证件必须与一定财物或财产性利益的取得或丧失有直接关系，即有此文书、证件就能获得某项财产权利，无此文书、证件，就会丧失某种财物或财产性利益，以此限制受贿罪的处罚范围。

四 人体器官作为贿赂的问题

医学技术的进步和生活水平的提高促使人体器官的移植范围不断扩大，我国对人体器官移植的规范和管理也在不断加强和完善中。[①] 当器官通过技术手段从人体中分离之后，作为一种特殊的物，能否成为受贿罪的对象？

有学者认为，行为人索取或收受他人购买的人体器官的，应构成受贿罪，其数额按其购买价格认定。[②] 但是，人体器官能否成为受贿罪的对象，既要从经济学上考虑其财产性，又要在医学、伦理学和刑法学上全面考察追究行为人刑事责任的必要性与合理性。由于器官已脱离了人体，具有物的属性，它无疑是具有财产性的。然而，在一个崇尚生命、视生命为最高价值的现代社会，在认定人体

[①] 如 2003 年 8 月 22 日，深圳市出台了国内第一部关于器官捐献移植的地方性法规——《深圳经济特区人体器官捐献移植条例》。2006 年 3 月 16 日，卫生部颁布了《人体器官移植技术临床应用管理暂行规定》。2020 年 8 月 24 日，国家卫健委又印发了《人体器官移植技术临床应用管理规范》。

[②] 肖介清：《受贿罪的定罪与量刑》，人民法院出版社 2000 年版，第 102 页。

器官是否作为贿赂时，必须考虑到这一最高的伦理目标。如果行为人在濒临死亡时，接受他人捐赠的器官，事后出于报恩而为其谋取了利益的，此时假如按受贿罪处理，不仅不符合贿赂的本质，更是对行为人科以了过高的法律义务。简言之，此时国家无法期待一个具有正常理性和良知的行为人实施合法行为。因为法律不强人所难。期待可能性存在与否，可以作为法律非难可能的根据，没有期待可能性时，即使行为人认识到其危害性事实，也不能强求其遵守法律，故不能进行责任非难。① 不过，即使该行为不能纳入受贿罪构成要件的射程之内，也可以违纪行为或渎职犯罪论处。

因此，只有在特定情况下，人体器官才能成为受贿罪的对象。如果行为人因第三方需要器官移植，自己不通过正常合法的途径寻找供体，而以权力为对价索取或收受人体器官，并为提供方谋取利益的，则应按受贿罪处理，此时，人体器官就成为双方利益交换的筹码。

五　伪劣商品作为贿赂的问题

现实中也经常发生请托方用伪劣商品行贿的情况，这种伪劣商品能否被认定为贿赂？按照通说观点，贿赂必须具有财产性和可计算性。② 但是，客观而言，伪劣商品没有任何价值或只有很小的价值，而行为人在索取或收受时通常会误认为其具有较高价值。这就涉及对贿赂的财产性应当从何种立场来认识：若基于一般人的立场，则伪劣商品显然不具有财产性，不是贿赂；若从行为人的角度看，其不仅不认为这是伪劣商品，甚至当作优质商品予以接受，并"自愿"为请托方谋取利益，自然就属于贿赂。

---

① 马克昌、卢建平主编：《外国刑法学总论（大陆法系）》（第三版），中国人民大学出版社 2021 年版，第 202 页。

② 高铭暄、马克昌主编：《刑法学》（第九版），北京大学出版社、高等教育出版社 2019 年版，第 630 页。

其实，应当从行为人的立场出发并结合本罪客观构成要件来判断。因为受贿罪侵犯的客体是国家工作人员职务行为的不可收买性，立法者规定受贿罪，就是为了打击以权谋私、权钱交易的行为。行为人索取或收受对方赠送的商品，只要他认为该商品具有使用价值，并承诺、着手或实际为对方谋取利益的，就创设或实现了职务行为被收买的危险，具有了值得刑罚处罚的法益侵害性。此时，行为人在主观上具有受贿的故意，客观上又实施了索取或收受贿赂的行为，其行为已构成受贿罪。所以，伪劣商品能否作为贿赂，关键在于考察行为人是否认为该商品具有财产性，并判断其行为是否具有针对职务行为不可收买性的侵害关联，以剔除无须科处刑罚的价值低廉的伪劣商品。

六　违禁品作为贿赂的问题

违禁品是指被法律法规禁止持有或者使用的物品，可分为绝对禁止物和相对禁止物，前者如反动的宣传品、淫秽物品等，后者如枪支、弹药等。违禁品可以成为受贿罪的对象，理由如下：第一，违禁品是一种特殊的物，具有财产性。即使是绝对禁止物，事实上也存在着交易市场，耗费了一定的生产、制造成本，具有一定的财产价值。第二，无论在理论上还是实践上，违禁品都可以作为某些财产罪的对象。虽然法律禁止人们所有、占有违禁品，但是，没有经过必要的法律程序，任何个人都没有权利剥夺持有人的违禁品。[①] 其法理依据是缓解个人财产自由和整体财产秩序的紧张关系，通过保护一定范围内的财产自由秩序以达到两种价值目标的平衡。据此，《关于审理盗窃案件具体应用法律若干问题的解释》第 5 条第 8 项规定，盗窃违禁品，按盗窃罪处理，不计数额，根据情节轻重

[①] 谢望原、赫兴旺主编：《刑法分论》（第三版），中国人民大学出版社 2016 年版，第 258 页。

量刑。这表明，违禁品可以成为盗窃罪的对象，其财产性也满足作为贿赂的条件。① 第三，将违禁品作为贿赂并不存在量刑上的困难。违禁品并非不能计算数额，如枪支、弹药、爆炸物、毒品等都有生产、运输成本、进货价格、销售价格等，可以结合上述因素确定适当的数额标准。但是，应当明确的是，行为人在索取或收受违禁品的过程中，有可能触犯其他罪名，如非法持有枪支、弹药罪，持有假币罪，非法持有毒品罪等，此时，应当按照牵连犯的处理原则，对其从一重罪从重处罚。

七 商业机会作为贿赂的问题

现代社会是一个商业社会，掌握了一个商业机会，就意味着获得了一个增加财富的机会。于是，司法实践中就出现了一种新型的受贿方式，即行为人不直接索取财物，而改为向对方索取商业机会，再将商业机会交由指定方或自己运作，从中赚取利润。那么，能否将获取商业机会的行为认定为受贿罪？刑法的作用在于保障规范的效力，而规范的目的在于保护法益。规范服务于法益保护，国家则通过刑罚来保证该规范得到遵守。这种规范不仅禁止那些对法益造成侵害的行为，而且也禁止那些对法益产生危险的行为。② 换言之，只要某种行为违反了职务行为不可收买性的规范禁令，有悖于预防性国家法益保护的刑法目的，就有必要动用刑罚处罚。在本章第一节展示的案例中，王某、李某均构成受贿罪。表面上，王某利用职务之便索要的仅是房产销售代理业务这一商业机会，既有获

---

① 出于对财产罪保护法益及其财产关系的不同理解，也有学者主张，作为财产罪侵害对象的财物，理应是足以体现财产所有权关系的物，违禁品既然是法律禁止所有的物品，不能体现财产所有权，就不能成为财产罪的侵害对象（刘明祥：《财产罪专论》，中国人民大学出版社2019年版，第7页）。

② 参见［德］乌尔斯·金德霍伊泽尔《法益保护与规范效力的保障：论刑法的目的》，陈璇译，载《中外法学》2015年第2期，第550、558页。

利的可能，也有亏损的风险，但正是基于王某的职务行为，才使自己的妻子李某最终获取巨额利润。尽管李某确实投入了一定的成本，房屋代理销售合同形式上也符合《民法典》合同通则的规定，但这并不能掩盖王某职务行为与夫妻双方最终获利之间具有对价关系的不法实质。王某明知利用职务之便获取商业机会，并使自己的妻子获利的行为会侵害国家工作人员职务行为的不可收买性，仍然追求该结果的发生，客观上也利用职务之便实施了要求支配这一业务的行为，不仅制造且实现了职务行为被收买的禁止性危险。同时，李某作为国家工作人员的配偶，明知这一商业机会是利用职务之便获得的，仍然加以利用并从中获得巨额回报，既破坏了公平交易的市场经济秩序，也侵害了国家工作人员职务行为的不可收买性。可见，王某和李某相互存在意思联络，具有受贿的共同故意；在王某职权的影响下，双方行为均指向权钱交易的目的，基于受贿犯罪计划下的分工协作获得数额巨大的销售利润，具有了利益上的共同性。根据《刑法》以及相关司法解释的规定，[①]应当认定其构成受贿罪的共犯。

另外，倘若行为人利用职务之便假借收受或索取商业机会，实质上为获取财物的，应直接认定为受贿罪。假设在上述案例中，星

---

① 《刑法》第382条第3款规定："与前两款所列人员勾结，伙同贪污的，以共犯论处。"这一注意规定同样适用于受贿罪。《全国法院审理经济犯罪案件工作座谈会纪要》中关于"共同受贿犯罪的认定"指出，非国家工作人员与国家工作人员勾结，伙同受贿的，应当以受贿罪的共犯追究刑事责任。非国家工作人员是否构成受贿罪共犯，取决于双方有无共同受贿的故意和行为。国家工作人员的近亲属向国家工作人员代为转达请托事项，收受请托人财物并告知该国家工作人员，或者国家工作人员明知其近亲属收受了他人财物，仍按照近亲属的要求利用职权为他人谋取利益的，对该国家工作人员应认定为受贿罪，其近亲属以受贿罪共犯论处。近亲属以外的其他人与国家工作人员通谋，由国家工作人员利用职务上的便利为请托人谋取利益，收受请托人财物后双方共同占有的，构成受贿罪共犯。国家工作人员利用职务上的便利为他人谋取利益，并指定他人将财物送给其他人，构成犯罪的，应以受贿罪定罪处罚。这也可以视为是对上述贪污罪共犯注意规定的具体化。此外，《关于办理赌博刑事案件具体应用法律若干问题的解释》《关于办理受贿刑事案件适用法律若干问题的意见》《关于办理商业贿赂刑事案件适用法律若干问题的意见》《办理跨境赌博犯罪案件若干问题的意见》等司法解释均做出了类似规定。

际公司完全没有必要委托代销房屋,王某利用职务之便硬要代销,只是想通过形式上的商业运作达到索取财物的目的,这里的商业机会实际上就被固化为财物。同样,假如行为人利用职务之便,以明显低于或高于市场的价格索取商业机会,然后成功运作并获取高额利润的,也应当认定为受贿罪,因为这里的商业机会就代表了财产性利益,符合司法解释关于交易型受贿的规定。①

八 性服务作为贿赂的问题

本章第二节的研究表明,对于受贿罪对象进行的形式法益观下的实定法解释与实质法益观下的实定法外展望,实为两个不同层面的问题。因此,意图借助客观解释论和目的论解释以拓展"贿赂"外延的见解,② 显然是忽视了主观解释论的现实背景和文义解释的形式理性对不利于被告人的类推解释的方法论制约,不仅混淆了解释论问题和立法论问题,而且违反了罪刑法定原则。只有正视现行立法将贿赂限定为"财物"无法容纳非财产性利益之不足,确定将来通过修法将本罪对象扩大至"贿赂"并使之包容非财产性利益,③ 才是解决性贿赂能否入刑的正确之道。

第一,性贿赂入刑,具有目的正当性和手段正当性。修改贿赂犯罪的构成要件,必须经得起立法正当性的审查。由于法益概念充

---

① 《关于办理受贿刑事案件适用法律若干问题的意见》第1条旨在解决以交易形式收受贿赂的问题,即国家工作人员利用职务上的便利为请托人谋取利益,以下列交易形式收受请托人财物的,以受贿论处:(1)以明显低于市场的价格向请托人购买房屋、汽车等物品的;(2)以明显高于市场的价格向请托人出售房屋、汽车等物品的;(3)以其他交易形式非法收受请托人财物的。受贿数额按照交易时当地市场价格与实际支付价格的差额计算。前款所列市场价格包括商品经营者事先设定的不针对特定人的最低优惠价格。根据商品经营者事先设定的各种优惠交易条件,以优惠价格购买商品的,不属于受贿。

② 郑泽善:《受贿罪的保护法益及贿赂之范围》,载《兰州学刊》2011年第12期,第67页。

③ 彭新林:《我国腐败犯罪刑法立法完善建议》,载《法学杂志》2021年第3期,第71页。

其量只能从保护目的上着手对部分行为规范对象进行立法价值检验，其立法批判机能极其有限，[①]还要在法益保护原则之外借助比例原则，并从相关部门法的角度展开更为全面的保护方式考察，以确定刑罚投入的充要条件。易言之，对刑法规范的正当化而言，法益理论并不总是足够的，而是由特别的犯罪结构发展附加的可罚性界限，因而显示了犯罪结构补充法益原则的必要性。[②]为此，必须重视法益构造的分析，因为"分析法益的构造，是为分析法益的可能侵害方式，亦即为构成要件行为的设计铺路。……可能侵害才可能保护，可能保护才可能验证目的正当性与比例原则"。[③]如果性贿赂入刑，其无疑属于贿赂犯罪中的一员，保护客体也是职务行为的不可收买性，至于其保护方式，还需在吸收先进刑事立法经验的基础上，立足于本国国情、立法现状和实务特点再行确定。

第二，性贿赂入刑，是借鉴先进刑事立法经验的表现。一方面，我国于2003年8月17日批准加入的《联合国打击跨国有组织犯罪公约》第8条（腐败行为的刑事定罪）第1款[④]及2005年10月27日批准加入的《联合国反腐败公约》第15条（贿赂本国公职人员）、[⑤]第

[①] 也有不少学者否定法益概念的立法批判机能（参见［德］克努特·阿梅隆《法益侵害与社会损害性》，吕翰岳译，载方小敏主编《中德法学论坛》（第14辑·下卷），法律出版社2017年版，第13—16页；陈家林《法益理论的问题与出路》，载《法学》2019年第11期，第8—13页）。

[②]［德］Claus Roxin：《法益讨论的新发展》，许丝捷译，载《月旦法学杂志》2012年第211号，第273页。

[③] 钟宏彬：《法益理论的宪法基础》，元照出版公司2012年版，第260页。

[④] 该款规定："一、各缔约国均应采取必要的立法和其他措施，将下列故意行为规定为刑事犯罪：（一）直接或间接向公职人员许诺、提议给予或给予该公职人员或其他人员或实体不应有的好处，以使该公职人员在执行公务时作为或不作为；（二）公职人员为其本人或其他人员或实体直接或间接索取或接受不应有的好处，以作为其在执行公务时作为或不作为的条件。"

[⑤] 该条规定："各缔约国均应当采取必要的立法措施和其他措施，将下列故意实施的行为规定为犯罪：（一）直接或间接向公职人员许诺给予、提议给予或者实际给予该公职人员本人或者其他人员或实体不正当好处，以使该公职人员在执行公务时作为或者不作为；（二）公职人员为其本人或者其他人员或实体直接或间接索取或者收受不正当好处，以作为其在执行公务时作为或者不作为的条件。"

16条（贿赂外国公职人员或者国际公共组织官员）①均将贿赂定义为"不正当的好处"，所以，性贿赂入刑，意味着我国已切实履行了有关国际公约义务。另一方面，德国、日本等国的刑事立法并未将收受贿赂犯罪的对象限定为物质利益，相反还使用了更具包容性的概念，如《德国刑法典》第331条（受贿）②将贿赂规定为"利益"，《日本刑法典》第197条（受贿、受托受贿和事前受贿）③直接使用"贿赂"一语，使司法机关在处理受贿案件时不至于被立法规定所束缚，放纵了值得处罚的受贿犯罪，因此，性贿赂入刑，有利于践行从严惩治和事前预防的刑事政策。

第三，性贿赂入刑，不会显著扩大贿赂犯罪处罚范围。假如明确了性贿赂的保护客体及其手段，就能合理发挥法益的构成要件解释机能和构成要件的定型化机能，做到准确区分罪与非罪、此罪与彼罪。首先，尽管性贿赂的本质在于侵犯了职务行为的不可收买性，但这种集合法益的含义仍然相当抽象，且否定表达方式难以避免刑法通过对国家工作人员科以职务行为不得被收买的廉洁义务来填充保护客体的质疑。所以，需要进一步提高其明确性程度，剖析

---

① 该条规定："一、各缔约国均应当采取必要的立法和其他措施，将下述故意实施的行为规定为犯罪：直接或间接向外国公职人员或者国际公共组织官员许诺给予、提议给予或者实际给予该公职人员本人或者其他人员或实体不正当好处，以使该公职人员或者该官员在执行公务时作为或者不作为，以便获得或者保留与进行国际商务有关的商业或者其他不正当好处。二、各缔约国均应当考虑采取必要的立法和其他措施，将下述故意实施的行为规定为犯罪：外国公职人员或者国际公共组织官员直接或间接为其本人或者其他人员或实体索取或者收受不正当好处，以作为其在执行公务时作为或者不作为的条件。"

② 该条规定："（1）公职人员或对公务负有特别义务的人员，针对履行其职务行为而为自己或他人索要、让他人允诺或收受他人利益的，处3年以下自由刑或罚金刑。（2）法官或仲裁员以其已经实施或将要实施的裁判行为作为回报，为自己或他人索要、让他人允诺或接受他人利益的，处5年以下自由刑或罚金刑。犯本罪未遂的，也应处罚。（3）行为人让他人允诺或接受的利益，非其本人所要求的，而是主管当局在其职权范围内事先许可的或行为人事后立即报告而被主管当局追认的，不依第1款处罚。"

③ 该条规定："公务员就其职务上的事项，收受、要求或者约定贿赂的，处5年以下惩役；实施上述行为时接受请托的，处7年以下惩役。将要成为公务员的人，其将要担任的职务，接受请托，收受、要求或者约定贿赂的，在其成为公务员之时，处5年以下惩役。"

性贿赂的禁止规范凝结而成的制度本身所蕴含的共通利益。法秩序是各种制度的复合,制度是为人而存在的,① 这里的"人"既包括单一个人,也包括多数人的集合体,因此,只有能满足或有助于社会成员自由发展及其基本权利实现的公务员制度利益,才是性贿赂的保护法益。其次,在将性贿赂的保护客体具体化之后,还要精确描述其保护方式,借助犯罪对象、行为手段、罪量要素的组合以指明针对公务员制度利益的攻击路径,强化构成要件行为与法益之间的规范关联,凸显其"权性交易"而非"权钱交易"的不法内涵。即通过提升构成要件的明确性补充法益的要保护性,以实现构成要件与体现时代内涵法益的契合。② 鉴于《贪污贿赂罪解释》已经确立了更加科学、可行的"数额+情节"二元化定罪量刑标准,与改变传统的"计赃定罪"观念、建立以具体情节为主的标准体系的理论构想③不谋而合,在设计性贿赂的罪刑规范时,应当采取区分性贿赂行为表现、展现法益侵害层级关系的情节犯立法技术。

第四,性贿赂入刑,不代表要逐个修改贿赂犯罪对象。关于性贿赂入刑的方案,目前一种颇为有力的观点认为,性贿赂具有严重的法益侵害性,可以作为受贿罪的犯罪对象之一加以处罚,但即使将其纳入贿赂犯罪对象之中,也无法按照财产价值进行量化。④ 详言之,一旦直接将受贿罪对象从"财物"拓展为"贿赂",会造成贿赂判断标准的多元化(针对财物、财产性利益的数额标准和针对非财产性利益的情节标准并存),构成要件沦为不同犯罪成立条件的混合形式(规制财物、财产性利益的构成要件和规制非财产性利

---

① 参见[日]小田直树《论法益侵害说》,载《神户法学年报》2017年第31号,第24页以下。

② 参见马春晓《受贿罪构成要件与法益关系的检视与展开》,载《宁夏社会科学》2019年第2期,第66—67页。

③ 马克昌主编:《百罪通论》(下卷),北京大学出版社2014年版,第1176页。

④ 参见郑泽善《受贿罪的保护法益及贿赂之范围》,载《兰州学刊》2011年第12期,第69页;彭新林《我国腐败犯罪刑法立法完善建议》,载《法学杂志》2021年第3期,第70页。

益的构成要件并存），所以，不宜采取基于当前贿赂犯罪体系的附属立法模式。考虑到保护法益、犯罪对象、行为方式、罪过内容等方面的差异，应当在现行贿赂罪名体系之外采取单独立法模式。一是有利于维持受贿罪罪状的稳定性，防止对公务员垄断性、排他性地获取报酬的制度条件保护的泛化。[①] 二是有利于通过性贿赂构成要件的详细规定，合理限定该罪的处罚范围。三是有利于借助贿赂的性质、行为的社会危害性程度、对国家机关声誉及正常活动的破坏程度等因素进行整体考察，[②] 设立专门且可操作的情节评价体系。四是有利于避免按受贿罪及其加重情节、渎职罪规制不力的弊端，不至于引起贿赂犯罪体系的根本变化。

[①] 不能将受贿罪的法益界定为"公务员垄断性、排他性的报酬制度"（［日］和田俊宪：《贿赂罪的思考》，载［日］高山佳奈子、岛田聪一郎编集《山口厚先生献呈论文集》，成文堂2014年版，第374页），因为制度不具有实在性，无法通过法益概念的可损害性审查，必须将其修正为"公务员垄断性、排他性地获取报酬的制度条件"。

[②] 陈兴良、周光权：《刑法学的现代展开 I》（第二版），中国人民大学出版社2015年版，第557页。

第 四 章

受贿罪的死刑适用标准研究：以97《刑法》颁布以来省部级高官案件为切入点

尽管《刑法修正案（九）》（以下简称《修正案（九）》）对受贿罪的死刑适用标准进行了重大修改，《关于办理贪污贿赂刑事案件适用法律若干问题的解释》对此也予以了进一步的明确，但仍然存在某些明显缺陷，不利于受贿罪死刑适用的统一。因此，应当密切关注97《刑法》颁布以来省部级高官受贿罪死刑案件判决的动向，本章就以责任和预防的关系为主线，从量刑方法论的视角，分别探讨责任情节和预防情节的认定，旨在准确评价极其严重的受贿罪的量刑责任，科学构建受贿罪的死刑适用标准的体系。

第一节 问题的提出

2015年11月1日起施行的《修正案（九）》第44条取消了贪污罪、受贿罪定罪量刑的具体数额标准，改为数额与情节并列的二元标准。为正确适用上述标准，最高人民法院、最高人民检察院在充分论证经济社会发展变化和刑事司法实际情况的基础上，于2016年3月25日通过了《关于办理贪污贿赂刑事案件适用法律若干问题的解释》(以下简称《贪污贿赂罪解释》)。其中，第4条规定："贪污、受贿数额特别巨大，犯罪情节特别严重、社会影响特别恶劣、给国家和人民利益造成特别重大损失的，可以判处死刑。符合前款规定的情形，但具有自首、立功、如实供述自己罪行、真诚悔罪、积极退赃，或者避免、减少损害结果的发生等情节，不是必须立即执行的，可以判处死刑缓期二年执行。符合第1款规定情形的，根据犯罪情节等情况可以判处死刑缓期二年执行，同时裁判决定在其死刑缓期执行二年期满依法减为无期徒刑后，终身监禁，不得减刑、假释。"

但是，根据我国《刑法》第48条之规定，并结合97《刑法》颁布以来省部级高官受贿罪死刑案件的实证研究，《贪污贿赂罪解释》规定的受贿罪死刑适用标准可能存在以下几方面的问题：

第一，《修正案（九）》放弃对受贿罪定罪量刑起点数额的具体规定，建立数额和情节的二元标准，这意味着，对受贿犯罪分子量刑时必须同时兼顾数额和情节，但是，它没有明确数额因素和其他情节对量刑结果的影响比重，不利于统一受贿罪的量刑标准且合理限制法官的自由裁量权。这从表4—1、表4—2对《修正案（九）》颁布前后受贿罪量刑标准的对比就可以看出。

表4—1　　《修正案（九）》颁布之前对受贿罪判处无期徒刑和死刑的标准

数额	法定刑	情节	法定刑
10万元以上	处10年以上有期徒刑或者无期徒刑	特别严重	处死刑，并处没收财产
5万元以上不满10万元	处5年以上有期徒刑，可以并处没收财产	特别严重	处无期徒刑，并处没收财产

表4—2　《修正案（九）》颁布之后对受贿罪判处无期徒刑和死刑的标准

数额	情节	法定刑
特别巨大	并使国家和人民利益遭受特别重大损失	处无期徒刑或者死刑，并处没收财产
特别巨大	或者有其他特别严重情节	处10年以上有期徒刑或者无期徒刑，并处罚金或者没收财产

第二，《贪污贿赂罪解释》第3条第1款规定，受贿数额在300万元以上的，应当认定为"数额特别巨大"，可处以无期徒刑或死刑，不过，这一起点数额是否适当，仍有商榷的余地。对此，"肯定说"认为，上述数额标准的确定是建立在对我国当下经济社会状况及贪污受贿数额的社会危害程度认真调研把握之基础上的，是符合目前我国社会罪刑关系实际的。如此设置，给3年以上10年以下有期徒刑的适用以及10年有期徒刑以上刑罚的适用都留下了尽可能大的犯罪数额对应空间，有利于从根本上解决司法实践中长期存在的贪污受贿犯罪之量刑罪刑失衡、重刑集聚的现象，从而较好地贯彻了罪责刑相适应的刑法基本原则。[①] 而"否定说"指出，数额较大、数额巨大和数额特别巨大的标准应当科学设置，并且具有一定的实证根据，即某种犯罪的实际状态。上述数额标准在实行了若干年以后，当三个层次犯罪之间的比例发生重大变动时，就应当对数额标准进行适当的调整，而调整的根据仍然是实际案件的分布与比例。调整的结果既可能是数额标准的下移，也可能是数额标准的上升，这完全取决于案件变动的实际状态以及刑事政策上的需要。在这种情况下，只有刑罚分配的比例是人为确定的，因此也是可以商讨的。而具体数额标

---

① 赵秉志：《略谈最新司法解释中贪污受贿犯罪的定罪量刑标准》，载《人民法院报》2016年4月19日第3版。

准就不是主观设定的,而是根据案件的实际分布情况计算出来的。[①] 因此,300万元作为处死刑的起点数额是否过低?如果过低,如何科学确定处无期徒刑的起点数额和处死刑的起点数额?这些都是该解释中悬而未决的问题。

第三,现行《刑法》和《修正案(九)》均未明确受贿罪量刑时应当考虑的情节,《贪污贿赂罪解释》尽管对此在一定程度上进行了弥补,但仍然忽视了对影响责任刑情节(以下简称"责任情节")和影响预防刑情节(以下简称"预防情节")的区分,有所缺憾。例如,该解释第1条第3款规定:"受贿数额在1万元以上不满3万元,具有前款第2项至第6项规定的情形之一,或者具有下列情形之一的,应当认定为刑法第383条第1款规定的'其他较重情节',依法判处3年以下有期徒刑或者拘役,并处罚金:(1)多次索贿的;(2)为他人谋取不正当利益,致使公共财产、国家和人民利益遭受损失的;(3)为他人谋取职务提拔、调整的。"其中,"多次索贿的"既可能是责任情节,也可能是预防情节,这要视具体案情而定。而"为他人谋取不正当利益,致使公共财产、国家和人民利益遭受损失的"和"为他人谋取职务提拔、调整的"虽然在一般情况下是责任情节,但在量刑过程中很容易被第4条第1款中的"犯罪情节特别严重"或"社会影响特别恶劣"所吸收,造成重复评价,从而导致不必要的死刑。

因此,为了统一受贿罪的死刑适用标准,提高死刑案件的办案质量,在揭示我国目前受贿罪死刑适用问题的基础上,要分别讨论责任情节和预防情节对受贿罪死刑适用的影响,以期在方法论上归纳出受贿罪的死刑适用标准的体系。

[①] 陈兴良:《贪污贿赂犯罪司法解释:刑法教义学的阐释》,载《法学》2016年第5期,第68—69页。

第二节　受贿罪死刑适用中责任情节的认定

责任主义是刑法的基本原则之一，量刑时也必须遵守责任主义，所以，广义上的责任主义可分为归责中的责任主义和量刑中的责任主义。前者是指在狭义上至少意味着无故意或过失的行为不作为犯罪处罚，后者是指量刑论领域中刑罚的程度、分量依照责任的程度、分量。① 根据量刑中的责任主义，量刑时应当以责任为基础。例如，《德国刑法典》第 46 条第 1 款前段规定："行为人的责任是量刑的基础。"此外，《瑞士刑法典》第 63 条、《奥地利刑法典》第 32 条第 1 款、《日本改正刑法草案》第 47 条第 1 项等都作出了类似规定。再如，在德国的量刑活动中，与行为严重性相关的变量得到了高度重视，刑罚的预防性需求始终处于边缘化位置。② 日本的量刑实务同样以犯罪行为为基点，将与犯罪事实直接有关的情节作为量刑判断的中心。③

需要注意的是，这里的"责任"是指量刑责任。因为刑法上的责任意味着从事了违法行为（不法）的行为者所应承受的规范性非难或谴责，最终决定责任大小的就是违法性大小和有责性大小（狭义上的责任）相乘而得到的后果——即犯罪本身的轻重（广义的责任）。量刑必须服从罪刑法定主义以及尤其是罪刑均衡原则的支配。因此，刑罚的轻重首先要对应于犯罪的轻重。④ 那么，量刑责任就

---

① 参见［日］城下裕二《量刑基准的研究》，成文堂 1995 年版，第 109—110 页。
② 参见赵秉志、赵书鸿《论德国传统量刑理论中刑罚预防目的的边缘化——实证性检验与事实性说明》，载《江海学刊》2013 年第 1 期，第 132—140 页。
③ 参见［日］远藤邦彦《量刑判断过程的总论研究》（第 2 回），载《判例时报》2005 年第 1185 号，第 45 页。
④ 参见［日］曾根威彦《量刑基准》，王亚新译，载［日］西原春夫主编《日本刑事法的形成与特色》，李海东等译，法律出版社、成文堂联合出版 1997 年版，第 146—147 页。大多数学说重视责任原理的处罚制约机能，将其与体现预防目的的预防原理相对立，但也有论者主张把预防目的纳入责任非难的判断样式之中，将预防性考虑置于非难可能性的统制之下（参见［日］野村健太郎《量刑的思考论要》，成文堂 2020 年版，第 8 页以下）。

是对行为的违法性和行为人的有责性的综合评价。违法性和有责性能够反映行为的客观危害和行为人的主观恶性，体现的是罪行轻重，而社会危害性正是客观危害和主观恶性的有机统一，可以决定罪行轻重，所以，与责任相适应的刑罚就是与罪行相均衡的刑罚，责任情节既为影响罪行轻重的情节，也是反映社会危害性的情节。受贿罪死刑案件的实证研究表明，犯罪数额、行为方式、危害后果等是影响死刑适用的主要责任情节，司法机关对其如何认定存在分歧。此外，"犯罪情节特别严重""社会影响特别恶劣"能否作为判处死刑的独立因素，能否在不违反责任主义的前提下提升行为的危害性程度，也是值得深入探讨的问题。

一 犯罪数额

受贿数额是责任情节中的可量化因素，所以，可通过设置一定的标准作为定罪量刑的门槛，在司法实践中较易掌握。根据《贪污贿赂罪解释》的有关规定，受贿数额在 300 万元以上的，是判处死刑的必要条件之一，在认定过程中，必须把握以下几个方面。

（一）合理评价受贿数额特别巨大对适用死刑的作用

通过选取 97《刑法》颁布以来省部级高官受贿罪死刑案件为分析样本，并结合党的十八大前后已经审结、被判处无期徒刑以上刑罚的省部级高官受贿案件可以发现（如表4—3所示）：死缓已经成为极其严重受贿犯罪的刑罚适用基本方式，死刑立即执行仅仅是补充方式；当受贿数额达到一定标准后，犯罪数额与量刑结果之间就不存在明显的比例关系；[①] 受贿数额对适用死刑的作用并不如预想中的那么显著，有时甚至不如其他情节的影响力大。

---

① 参见孙超然《论贪污罪、受贿罪中的"情节"——以高官贪腐案中裁判考量因素的实证分析为切入点》，载《政治与法律》2015年第10期，第47—49页。

表 4—3　　97《刑法》颁布以来省部级高官受贿罪无期徒刑、死刑案件

序号	判决时间	姓名	受贿罪涉案金额	判决结果
1	2000 年 3 月	胡某某	544 余万元	死刑立即执行
2	2000 年 9 月	成某某	4109 余万元	死刑立即执行
3	2001 年 10 月	李某某	600 余万元	死刑缓期执行
4	2001 年 10 月	慕某某	661 余万元	死刑缓期执行
5	2001 年 10 月	马某某	976 余万元	死刑立即执行
6	2003 年 4 月	丛某某	936 余万元	死刑缓期执行
7	2003 年 6 月	李某某	1810 余万元	死刑缓期执行
8	2003 年 10 月	李某	814 余万元	死刑立即执行
9	2004 年 2 月	王某某	517 余万元	死刑立即执行
10	2005 年 7 月	马某	603 余万元	死刑缓期执行
11	2005 年 12 月	韩某某	702 余万元	死刑缓期执行
12	2006 年 1 月	徐某某	380 余万元	死刑缓期执行
13	2006 年 11 月	吴某某	607 余万元	死刑缓期执行
14	2006 年 12 月	王某某	634 余万元	死刑缓期执行
15	2007 年 1 月	王某某	704 余万元	死刑缓期执行
16	2007 年 5 月	郑某某	649 余万元	死刑立即执行
17	2007 年 11 月	李某某	562 余万元	死刑缓期执行
18	2007 年 12 月	何某某	841 余万元	死刑缓期执行
19	2007 年 12 月	王某某	683 余万元	死刑缓期执行
20	2008 年 10 月	刘某某	696 余万元	死刑缓期执行
21	2009 年 7 月	陈某某	19500 余万元	死刑缓期执行
22	2010 年 1 月	孙某某	910 余万元	死刑缓期执行
23	2010 年 1 月	陈某某	819 余万元	无期徒刑
24	2010 年 4 月	王某	1190 余万元	死刑缓期执行
25	2010 年 5 月	文某	1211 余万元	死刑立即执行
26	2010 年 5 月	米某某	628 余万元	死刑缓期执行
27	2010 年 7 月	陈某某	3000 余万元	死刑缓期执行
28	2010 年 8 月	皮某某	755 余万元	死刑缓期执行
29	2010 年 8 月	郑某某	826 余万元	死刑缓期执行
30	2010 年 9 月	王某某	771 余万元	死刑缓期执行

续表

序号	判决时间	姓名	受贿罪涉案金额	判决结果
31	2010 年 12 月	黄　某	954 余万元	死刑缓期执行
32	2011 年 1 月	宋　某	1022 余万元	死刑缓期执行
33	2011 年 5 月	许某某	3318 余万元	死刑缓期执行
34	2011 年 6 月	许某某	14336 余万元	死刑立即执行
35	2011 年 7 月	张某某	746 余万元	死刑缓期执行
36	2012 年 5 月	宋某某	1263 余万元	死刑缓期执行
37	2013 年 7 月	刘某某	6460 余万元	死刑缓期执行
38	2014 年 1 月	周某某	2464 余万元	死刑缓期执行
39	2014 年 7 月	王某某	1073 余万元	无期徒刑
40	2014 年 10 月	张某某	4718 余万元	死刑缓期执行
41	2014 年 12 月	刘某某	3558 余万元	无期徒刑
42	2015 年 3 月	吴某某	2020 余万元	无期徒刑
43	2015 年 12 月	静某某	2657 余万元	无期徒刑
44	2016 年 12 月	黄某某	8931 余万元	无期徒刑

例如，在"郑某某受贿案"中，一审法院认为，被告人受贿数额特别巨大（649 余万元），犯罪情节特别严重，社会危害性极大，且玩忽职守，破坏了国家对药品的监管秩序，造成严重后果和十分恶劣的社会影响，犯罪情节特别严重，故对其受贿罪判处死刑（案例 1）。[①] 显然，被告人受贿 649 余万元并非被判处死刑立即执行的决定性因素，其所具有的其他严重情节才是适用死刑的关键原因。与之形成鲜明对比的是，在"陈某某受贿案"中，一审法院认为，被告人受贿共折合人民币 1.95 余亿元，数额特别巨大，情节特别严重，论罪应当判处死刑。鉴于其具有某些法定、酌定从轻处罚情

---

① 参见北京市第一中级人民法院（2007）一中刑初字第 1599 号刑事判决书。

节，故对其判处死缓（案例2）。① 所以，被告人如此高额的受贿数额已经不可能把死刑从重刑序列中"过滤"出去，只是因为其具有若干从宽处罚情节，才最终排除了死刑的适用。此外，通过比较"米某某受贿案"（受贿数额628余万元）和"陈某某受贿案"（受贿数额3000余万元）也可以看出同样的问题：在进入数额特别巨大的区间后，犯罪数额并没有起到筛选死刑的"漏斗"作用，否则，无法说明为什么上述二人受贿数额差距如此悬殊，却都在相近时间内被判处了死缓。当然，"刘某某受贿案"、"吴某某受贿案"和"黄某某受贿案"中也存在相同的疑问。这既说明了《贪污贿赂罪解释》在对受贿罪判处死刑起点数额规定上仍不明确，只能通过司法实践来具体划分判处无期徒刑的数额区间和判处死刑的数额区间，又体现了通过典型案例解决疑难争议问题的迫切性。②

（二）正确区分索贿数额与挥霍数额、追缴、退赃数额

行为人在实施受贿犯罪的过程中，由于主观犯意和行为方式的影响，可能会产生不同数额的认定问题，如果错误地判定了数额性质，将导致量刑失衡。详言之，受贿罪的犯罪数额可分为索贿数额、挥霍数额、追缴数额和退赔数额。其中，索贿数额是指行为人利用职务上的便利，向他人索要的作为其谋取利益对价的财物数量，无疑属于责任情节。挥霍数额是指行为人已经随意浪费掉而无法返还的财物数额。但是，受贿罪的犯罪性质已经表明，行为人只要利用职务之便，收受他人财物达到一定数额或具有某一情节的，就可构成犯罪既遂，所以，挥霍数额的大小不影响对受贿罪社会危害性轻重的评价，显然属于预防情节。同理，追缴、退赃数额是指行为人被司法机关追还、收缴或主动退还的受贿犯罪财物数额，它

---

① 参见佚名《中石化原董事长陈同海受贿近两亿一审判死缓》，载《宁波晚报》2009年7月16日第A16版。

② 参见刘静坤《加强案例指导，持续深入推进量刑规范化》，载《人民法院报》2016年5月27日第2版。

是司法机关在国家工作人员职务行为的不可收买性受到侵害后采取的补救措施,不可能改变受贿罪行本身的轻重,但在一定程度上能表明行为人的悔罪态度,是判断其再犯可能性是否减少的资料,应该属于预防情节。①

例如,在"胡某某受贿案"中,二审法院认为,本案的全部赃款、赃物系司法机关依法扣押、冻结、追缴的,并非上诉人直接退赃所致。上诉人利用其职务上的便利,收受、索取他人财物折合人民币544.25万元,其中索取他人人民币2万元,数额特别巨大;还为他人谋取利益,造成国家财产的重大损失,已构成受贿罪,且情节特别严重,应依法严惩,故维持一审法院对其受贿罪的死刑判决(案例3)。② 再如,在"成某某受贿案"中,一审法院认为,被告人受贿数额特别巨大(4109余万元),其作为高级领导干部,所犯罪行严重破坏了国家机关正常工作秩序,侵害了国家工作人员职务的廉洁性,败坏了国家工作人员的声誉,犯罪情节特别严重,依法应予严惩。虽然受贿的赃款已被追缴,但不足以据此对其从轻处罚,故对其判处死刑(案例4)。③ 以上两个案例清楚地表明,索贿数额可以反映行为的违法性程度,而追缴、退赃数额等仅能说明行为人的再犯可能性大小,它们是不同性质的情节,不宜简单相加或直接抵销,而应根据责任主义,运用科学的量刑方法论对其进行全面评价。

(三)理性认识犯罪数额与其他情节之间的关系

根据文义解释,《贪污贿赂罪解释》第4条第1款规定的贪污受贿犯罪的死刑适用标准以"数额特别巨大"和"犯罪情节特别严重"为必备条件,即"数额"没有被包括在"情节"中,但我

---

① 参见张明楷《责任刑与预防刑》,北京大学出版社2015年版,第357页。
② 参见江西省高级人民法院(2000)赣刑二终字第02号刑事裁定书。
③ 参见北京市第一中级人民法院(2000)一中刑初字第1484号刑事判决书。

国司法实践却存在把犯罪数额作为"情节特别严重"认定依据的现象。

例如，在"吴某某受贿案"中，一审法院认为，被告人受贿数额特别巨大（607余万元），情节特别严重。但鉴于其被审查后，如实交代其所犯罪行，认罪悔罪，且受贿的赃款和赃物已大部分退缴，遂对其判处死缓（案例5）。① 再如，在"周某某受贿案"中，一审法院认为，被告人受贿数额特别巨大（2464余万元），情节特别严重，依法本应严惩，但鉴于其在被有关部门调查期间主动交代了办案机关未掌握的绝大部分受贿事实，认罪态度较好，案发后赃款已全部追缴，故对其判处死缓（案例6）。② 这两个案例都是在行为人不存在其他提高违法性和有责性情节的情况下，直接依据"数额特别巨大"得出了"情节特别严重"的结论，然后以"情节特别严重"为由判处死缓。虽然将"情节特别严重"与"罪行极其严重"等同视之，不会有多大争议，但仅仅因为"数额特别巨大"就认定为"情节特别严重"，未免有夸大数额作用和片面理解情节之嫌。因此，为了在对案件事实进行全面评价的同时，避免重复评价，防止判处不必要的死刑，应对《贪污贿赂罪解释》第4条第1款中的"犯罪情节"进行限制解释，使其外延中不包含受贿数额。只有这样，才有可能正确适用《修正案（九）》第44条第1款设置的"数额+情节"二元标准。

二 犯罪手段

根据《刑法》第385条和第386条的规定，受贿罪的行为方式有索取贿赂和收受贿赂两种，前者具有主动性、勒索性和交易性，

---

① 参见宗边《湖南高院原院长吴振汉受贿一审被判死缓》，载"中国法院网"：https：//www.chinacourt.org/article/detail/2006/11/id/224073.shtml，最后访问时间：2021—07—14。

② 参见《中华人民共和国最高人民检察院公报》2014年第4期，第30页。

不以"为他人谋取利益"为要件；后者具有被动性，以"为他人谋取利益"为要件。可见，索贿是比收受贿赂具有更大社会危害性的一种行为。[①] 正因如此，索贿才成为一种法定从重处罚情节。这意味着，当不存在其他情节或其他情节相同时，行为人实施的索贿行为可能起到明显提升刑罚幅度的作用。

例如，在"宋某某受贿案"中，一审法院认为，被告人受贿数额特别巨大（1263 余万元），且部分具有索贿情节，犯罪情节特别严重，论罪应当判处死刑。鉴于其在有关部门调查期间主动交代了组织不掌握的大部分受贿犯罪事实，有坦白情节，案发后赃款赃物已全部追缴，故对其判处死缓（案例7）。[②] 即受贿数额和索贿情节成为认定"犯罪情节特别严重"的依据，若没有索贿情节，则犯罪情节达不到特别严重的程度。然而，也存在相反的例子，在"陈某某受贿案"中，一审法院认为，被告人身为国家工作人员，利用职务便利，为他人谋取利益，非法索取、收受他人财物，折合人民币共计819 余万元。根据其受贿数额和情节，考虑到其能够坦白办案机关不掌握的大部分受贿事实并退缴了全部赃款赃物，故判处其无期徒刑（案例8）。[③] 在此，受贿数额和索贿情节被认为达到了与无期徒刑相当的责任程度，但尚未达到与死刑相当的责任程度，所以不属于"犯罪情节特别严重"的情况。不过，对比"孙某某受贿案"（受贿数额910 余万元）和"皮某某受贿案"（受贿数额755 余万元）可以发现，陈某某与孙某某、皮某某的受贿数额相差不大，且都实施了索贿行为，但前者没有被评价为"犯罪情节特别严重"，被判处无期徒刑；后两人却被认定为"犯罪情节特别严重"，被判处死缓。在"陈某某受贿案"中，索贿情节并未得到充分评

---

① 参见高铭暄主编《刑法专论》（第二版），高等教育出版社2006 年版，第785—788 页。
② 参见山东省泰安市中级人民法院（2012）泰刑三初字第1 号刑事判决书。
③ 参见《中华人民共和国最高人民检察院公报》2010 年第2 期，第29 页。

价；而在"孙某某受贿案"和"皮某某受贿案"中，索贿情节被认为显然加重了行为不法的程度，这符合《刑法》《贪污贿赂罪解释》的有关规定。

三 危害结果

除了受贿数额特别巨大，《修正案（九）》第 44 条第 1 款第 3 项还将"使国家和人民利益遭受特别重大损失"作为适用死刑的必要条件之一，但是，受贿犯罪造成特别重大损失的内涵和外延并不清楚。对此，有学者建议，《关于办理渎职刑事案件适用法律若干问题的解释（一）》（以下简称《渎职罪解释》）对渎职犯罪中"致使公共财产、国家和人民利益遭受重大损失"的认定进行了详细的规定。贪污受贿犯罪和渎职罪同属于腐败犯罪的范畴，可以参考其认定标准，以司法解释的形式予以列举，如受贿行为造成的人身伤亡、经济损失、社会影响等标准，使得受贿罪死刑适用的标准能够相对明确，有助于量刑的统一和死刑的司法控制。[①] 这一见解的思路值得肯定，但关于受贿罪"使国家和人民利益遭受特别重大损失"的具体内容，还要进一步讨论。

（一）特别重大损失是否包括严重的伤亡后果

从受贿罪的直接客体来看，对此似乎难以做出肯定的回答。一般认为，受贿罪侵犯的客体是国家工作人员职务行为的廉洁性；它不同于贪污罪的直接客体，后者侵犯的是国家工作人员职务行为的廉洁性和公私财产所有权；它更区别于滥用职权罪等渎职犯罪的客体，在表面上看，后者的危害结果似乎涉及多种法益，但其"重大损失"的后果实际上是职能管理活动被妨害的物质体现和组成部

[①] 参见赵秉志主编《〈中华人民共和国刑法修正案（九）〉理解与适用》，中国法制出版社 2016 年版，第 334 页。

分，所以，滥用职权罪的直接客体仅为国家机关的正常管理职能。[①]不过，由于"廉洁性说"对清廉义务的界定过于宽泛，而"不可收买性说"能够揭示贿赂行为破坏职务行为无报酬性的本质，有助于通过保护职务行为的不可收买性进而保护职务行为的纯洁性，受贿罪的保护客体应为国家工作人员职务行为的无偿性、不可交换性。[②]行为人利用职务之便，索取或收受他人财物的行为，不可能直接造成他人伤亡的结果；一旦行为人在实施职务行为过程中，发生致人重伤、死亡结果的，则是其主动超越职权或不认真履行职责的表现，应当构成滥用职权罪、玩忽职守罪等渎职犯罪。例如，在警察故意不阻止他人杀人的场合，被害人的死亡结果显然系由他人的杀人行为直接造成，而非不阻止杀人的行为直接引起。易言之，在此过程中，国家机关工作人员只是没有履行自己应当履行的职责，并切断他人的杀人行为与被害人死亡结果之间的因果流程，而并非直接致人死亡，因而不具有杀人的实行行为性。[③]

由于构成要件的结果影响有关犯罪的保护法益，达到了对其侵害或使其危险化的程度，[④]如此一来，严重的伤亡后果就不处于受贿罪规范的保护目的之内。

（二）特别重大损失是否包括恶劣的社会影响

我国司法机关在处理受贿案件时，习惯于将"社会影响恶劣"作为适用死刑的主要情节之一。例如，在"马某某受贿案"中，一审法院认为，被告人身为国家工作人员，利用职务便利及职权和地

---

① 参见马克昌主编《百罪通论》（下卷），北京大学出版社2014年版，第1167—1169、1132、1218—1220页。

② 参见［日］川端博《贿赂罪的理论》，成文堂2016年版，第90—99页；张明楷《外国刑法纲要》（第三版），法律出版社2020年版，第697—700页。

③ 陈洪兵：《渎职罪理论与实务中的常见误读及其澄清》，载《苏州大学学报（法学版）》2015年第4期，第69页。

④ ［日］小池信太郎：《论量刑中构成要件外结果的客观范围》，载《庆应法学》2007年第7号，第20页。

位形成的便利条件,为他人谋取利益,索取、收受贿赂数额特别巨大(976余万元),情节特别严重,影响极为恶劣,其犯罪未坦白部分已达折合人民币400余万元之巨,故不应对其从轻处罚,遂对其受贿罪判处死刑(案例9)。① 再如,在"许某某受贿案"中,二审法院认为,被告人归案后虽有坦白及赃款赃物已追缴的情节,但其受贿数额特别巨大(14336余万元),且具有索贿情节,犯罪情节特别严重,且已造成恶劣的社会影响,不足以对其从轻处罚,故维持一审法院对其受贿罪的死刑判决(案例10)。② 对此,《贪污贿赂罪解释》第4条第1款也予以了确认。但是,正如"受贿数额特别巨大"与"犯罪情节特别严重"之间的关系需要重构一样,"社会影响特别恶劣"同"特别重大损失"之间的关系同样耐人寻味。

其实,社会影响的具体内容有两方面:一是使一般公民产生社会不安;二是犯罪样态的模仿性强。③ 司法实践中以社会影响为酌定情节的事实宽泛,包括发案地群众及村干部反映、被害人家属上访闹事、有关宗教组织说明、当地恶性暴力案件多发、当地群众普遍同情、当地党政和司法机关说明。④ 关于社会影响的作用,笔者曾经主张,在责任主义和特别预防的双重约束下,即便量刑时考虑犯罪的社会影响,也不大可能产生极端严厉的刑罚。⑤ 可令人担忧的是,假如在责任情节和预防情节之外单独考虑恶劣的社会影响,要么加重量刑责任,要么提高预防必要性,最终很可能适用不必要的死刑。所以,社会影响不是独立的量刑情节,它已经被体现在行

---

① 参见江苏省南京市中级人民法院(2001)宁刑初字第110号刑事判决书。
② 参见浙江省高级人民法院(2011)浙刑二终字第66号刑事裁定书。
③ [日]水岛和男:《犯罪的社会影响与量刑》,载《判例时报》2006年第1206号,第29页。
④ 参见周金刚《酌定量刑情节的泛化现象研究》,载张仁善主编《南京大学法律评论》(总第33期),法律出版社2010年版,第170—175页。
⑤ 李冠煜:《量刑基准的研究——以责任和预防的关系为中心》,中国社会科学出版社2014年版,第168页。

为手段、危害结果、犯罪动机等责任情节或前科、自首、拒不悔改等预防情节中,即社会影响的评价与罪行轻重、犯罪预防的评价存在重合之处。《贪污贿赂罪解释》将"社会影响特别恶劣"与其他情节并列规定,不仅曲解了情节性质,而且极易导致重复评价,其正当性值得反思。在对受贿犯罪分子决定是否适用死刑时,即使其行为已经造成特别重大损失,也不得再以社会影响特别恶劣为由,不考虑其他从宽处罚情节,直接判处死刑立即执行。

第三节 受贿罪死刑适用中预防情节的认定

量刑时不仅要以责任为基础,还要考虑预防犯罪的目的。例如,《德国刑法典》第46条第1款后段就规定:"量刑时应考虑刑罚对行为人将来的社会生活所产生的影响。"这是指特别预防的观点。因为刑法不是为了一般地改善生活条件,刑罚的"效果"只能指防止将来实施犯罪行为。[①] 所以,量刑时应当主要考虑特殊预防,而不必过于重视一般预防。否则,会导致犯罪人沦为实现预防目的的工具,不仅侵犯人的尊严,而且可能产生积极的责任主义,容易回到绝对报应刑论的老路上去。[②]

值得强调的是,特殊预防必要性反映了人身危险性大小,与特殊预防相适应的刑罚就是特殊预防刑;影响特殊预防刑的情节就是影响人身危险性的情节,也是预测犯罪人改造难易程度的情节。受贿罪死刑案件的实证研究表明,自首、立功、坦白、认罪、悔罪、积极退赃等是影响死刑适用的主要预防情节,司法机关对其作用大小认识不一。此外,如何理解《修正案(九)》第44条第3款新设

[①] [德]汉斯·海因里希·耶赛克、托马斯·魏根特:《德国刑法教科书》(总论),徐久生译,中国法制出版社2001年版,第1049页。

[②] 参见李冠煜《对积极的一般预防论中量刑基准的反思及其启示》,载《中南大学学报(社会科学版)》2015年第1期,第59页以下。

的特别宽宥制度，《刑法》总则规定的部分量刑情节以及《贪污贿赂罪解释》第4条第2款细化的从宽处罚情节是否与之协调，也是无法回避的问题。

一 自首、立功和坦白

《刑法》总则规定的自首、坦白和立功三种法定从宽处罚情节一直是司法机关办理职务犯罪案件时的常用情节，《关于处理自首和立功具体应用法律若干问题的解释》（以下简称《自首立功解释》）、《关于办理职务犯罪案件认定自首、立功等量刑情节若干问题的意见》、《关于处理自首和立功若干具体问题的意见》（以下简称《自首立功意见》）、《关于常见犯罪的量刑指导意见》（以下简称《量刑指导意见》）等规范性文件也就其适用问题做出了详细规定。但是，在行为人实施了极其严重的受贿犯罪的场合，司法机关是否肯定以上情节对预防刑的减轻作用，存在非常明显的不一致现象。

例如，在"张某某受贿案"中，一审法院认为，被告人受贿数额特别巨大（4718余万元），情节特别严重，依法应予惩处。其所犯受贿罪罪行极其严重，论罪应当判处死刑，鉴于其因涉嫌受贿被调查后，主动交代了办案机关尚不掌握的大部分受贿事实，认罪、悔罪，赃款、赃物已全部追缴，故对其判处死缓（案例11）。[①] 可见，被告人不仅具有坦白情节，还具有认罪、悔罪、退赃、退缴等情节，这些情节竞合到一起，才产生了减轻预防刑的作用，使法官做出了"不是必须立即执行"死刑的判断。近年来，类似限制死刑的判决已趋于常态化。[②] 反之，倘若行为人只具有自首、立功或坦

[①] 参见北京市第二中级人民法院（2013）二中刑初字第1530号刑事判决书。
[②] 参见孙国祥《受贿量刑中的宽严失据问题——基于2010年省部级高官受贿案件的研析》，载《法学》2011年第8期，第142页。

白中的某一种情节，则很有可能对降低预防刑无法产生实质影响，还是有可能被判处死刑，如案例9就是明证。

总之，由于责任主义要求，对犯罪预防的考虑不得超出罪刑均衡的范围，[①] 所以，当受贿犯罪分子的罪行极其严重时，法官一般也不会通过考虑单一的从轻处罚预防情节，而在责任刑以下宣告刑罚。然而，这并不意味着，只要受贿犯罪分子同时具有自首、立功、坦白、认罪、退赃等情节的，就一定会得到死缓的"优待"。对其是否立即执行死刑，最终取决于各种死刑裁量情节的具体分析与综合评价。

二 认罪、悔罪和退赃、退缴

修订前的《刑法》曾经规定，个人受贿数额在5000元以上不满10000元，犯罪后有悔改表现、积极退赃的，可以减轻处罚或者免予刑事处罚，由其所在单位或者上级主管机关给予行政处分。《量刑指导意见》也将其作为常见的量刑情节，并确定了较大的减轻基准刑比例。例如，对于当庭自愿认罪的，根据犯罪的性质、罪行的轻重、认罪程度以及悔罪表现等情况，可以减少基准刑的10%以下。对于退赃、退赔的，综合考虑犯罪性质，退赃、退赔行为对损害结果所能弥补的程度，退赃、退赔的数额及主动程度等情况，可以减少基准刑的30%以下。显然，在受贿罪的法益侵害性已成为不可改变的事实的情况下，行为人事后实施的上述行为只能说明其再犯可能性减小，即特殊预防必要性减少。

例如，在"张某某受贿案"中，一审法院认为，被告人受贿数额特别巨大（746余万元），情节特别严重，论罪应当判处死刑，

[①] 参见［德］Franz Streng《德国的量刑——其概要与现代课题》，井田良、小池信太郎译，载《庆应法学》2007年第8号，第130页以下；［日］小池信太郎：《量刑中的犯行均衡原理和预防性考虑——以日德最近诸见解的研究为中心》（1），载《庆应法学》2006年第6号，第12页以下。

鉴于其在庭审中认罪态度较好,案发后赃款赃物全部追缴,故对其判处死缓(案例12)。① 本案中的被告人是因为认罪态度较好,且赃款赃物全部被追缴,所以减轻了预防刑,从而在责任刑本来是与死刑相当的情况下,最终被判处了死缓。但是,在"王某某受贿案"中,一审法院认为,被告人受贿犯罪数额特别巨大(517余万元),其中索取贿赂数额亦特别巨大,索取贿赂后将绝大部分用于阻止有关部门对其犯罪的查处,犯罪情节特别严重,且在确凿的证据面前,百般狡辩,拒不认罪,态度极为恶劣,应依法严惩,故对其受贿罪判处死刑(案例13)。② 与上例截然相反的是,本案中的被告人拒不认罪这一情节发挥了极其明显的加重预防刑的作用,从而在责任刑本来是与无期徒刑或死缓相当的情况下,最终被判处了死刑立即执行。

实际上,司法解释的有关规定早已表明,认罪、悔罪情节与退赃、退缴情节之间存在紧密联系,在认定时,不仅要侧重从客观上进行把握,而且要注重其实质。具言之,积极退赃或许并不是真正的量刑情节,而是判断行为人是否悔罪、再犯罪可能性是否减少的资料。就核准死刑而言,即使责任刑是死刑立即执行,但只要特殊预防必要性减少(如真诚悔罪、真心忏悔),即使客观上不能赔偿被害人损失,即便被害人并不谅解,也不应当核准死刑。③

三 特别宽宥制度

《修正案(九)》第44条第3款规定:"犯第1款罪,在提起公诉前如实供述自己罪行、真诚悔罪、积极退赃,避免、减少损害

---

① 参见河北省沧州市中级人民法院(2011)沧刑初字第68号刑事判决书。
② 参见山东省济南市中级人民法院(2003)济刑二初字第32号刑事判决书。
③ 张明楷:《论犯罪后的态度对量刑的影响》,载《法学杂志》2015年第2期,第7页。当然,不核准死刑的前提是,行为人至少在客观上为退赃、退缴、赔偿损失做出了真诚的努力。

结果的发生,有第2项规定情形的,可以从轻、减轻或者免除处罚;有第2项、第3项规定情形的,可以从轻处罚。"立法者做出这一特殊规定的目的在于:考虑到国家反腐败工作的形势,对腐败犯罪的打击要充分体现宽严相济的刑事政策,既加大对严重腐败犯罪的打击力度,又要对有悔改表现的予以适当从宽处罚。[1] 其创新性表现在:其一,突破了《刑法》总则关于坦白只能从轻或减轻处罚的原则;其二,继续沿用并扩大酌定情节法定化的范围。所以,它也被称为"特别宽宥"。[2]

受贿犯罪从宽处理必须同时符合以下条件:一是在提起公诉前。"提起公诉"是人民检察院对公安机关移送起诉或检察机关自行侦查终结认为应当起诉的案件,经全面审查,对事实清楚,证据确实充分,依法应当判处刑罚的,提交人民法院审判的诉讼活动。二是如实供述自己罪行、真诚悔罪、积极退赃。这些是并列条件,要求全部具备。实践中,有些犯罪分子虽然如实供述了自己的罪行,但没有积极退赃,表明不具有真诚悔罪的表现,不符合本款的适用条件。三是避免、减少损害结果的发生。即犯罪分子真诚悔罪、积极退赃的表现,必须达到避免或减少损害结果发生的实际效果。[3] 仅从文义解释和当然解释的角度分析,本款的适用似乎不存在什么争议,但从体系解释和实质解释的角度来看,对本款的理解要重视以下三个方面。

(一)特别宽宥与坦白并不存在不协调之处

诚然,在形式上,特别宽宥突破了坦白只能从轻或减轻处罚的

---

[1] 沈德咏:《〈刑法修正案(九)〉条文及配套司法解释理解与适用》,人民法院出版社2015年版,第385页。

[2] 参见钱叶六《贪贿犯罪立法修正释评及展望——以〈刑法修正案(九)〉为视角》,载《苏州大学学报(哲学社会科学版)》2015年第6期,第97—98页。

[3] 参见雷建斌主编《〈中华人民共和国刑法修正案(九)〉释解与适用》,人民法院出版社2015年版,第220—221页。

原则，但是，它们的适用条件有着明显区别：前者中的"如实供述自己罪行、真诚悔罪、积极退赃"表明行为人的人身危险性显著降低，"避免、减少损害结果的发生"则表明行为的客观危害性大大减少；而后者中的"如实供述自己罪行"只是反映行为人的人身危险性在一定程度上得到了降低，"避免特别严重后果发生"虽然也是减轻责任刑的情节，但其适用门槛更高。比较而言，对于受贿数额较大或有其他较重情节的行为人，适用特别宽宥制度的效果是"可以从轻、减轻或者免除处罚"，从宽幅度大于适用坦白制度后果的"可以从轻处罚"，这是因为前者的量刑责任较轻，且具有更多的预防情节。对于受贿数额巨大或有其他严重情节、受贿数额特别巨大或有其他特别严重情节、受贿数额特别巨大，并使国家和人民利益遭受特别重大损失的行为人，适用特别宽宥制度的效果是"可以从轻处罚"，从宽幅度与适用坦白制度的后果相同，这是因为前者的量刑责任很重，尽管具有较多的预防情节，也不宜在责任刑以下量刑。当然，如果受贿犯罪分子不仅"如实供述自己罪行、真诚悔罪、积极退赃，避免、减少损害结果的发生"，而且"避免特别严重后果发生"，则直接适用坦白制度"可以减轻处罚"。[1] 按照上述解释，就能有效避免特别宽宥与坦白形式上的冲突。而且，在被告人事后实施的某些行为不符合特别宽宥条件时，径行认定为坦白或其他从宽处罚情节，既不会导致《刑法》总则关于法定量刑情节规定的虚置，也有利于《刑法》整体的有机统一。

（二）特别宽宥与《贪污贿赂罪解释》中的一般死缓适用条件也不存在矛盾之处

该司法解释第4条第2款将"如实供述自己罪行、真诚悔罪、积极退赃，或者避免、减少损害结果的发生"规定成择一关系，而

---

[1] 欧阳本祺：《论〈刑法〉第383条之修正》，载《当代法学》2016年第1期，第17页。

《修正案（九）》第44条第3款将"如实供述自己罪行、真诚悔罪、积极退赃，避免、减少损害结果的发生"设置成并列关系，二者表面上不一致，但实际上前者包含了特别宽宥，后者则仅限于特别宽宥的场合。详言之，《贪污贿赂罪解释》第4条第2款之所以列举了多个预防情节，是为了提醒法官：当行为人的受贿罪行极其严重、单一预防情节的存在不足以在责任刑之下判处刑罚时，只有在多个预防情节并存的情况下，才能做出"不是必须立即执行"的评价，从而在与死刑相当的责任刑之下判处刑罚，宣告死缓。上述理解同样适用于特别宽宥，因为极其严重的受贿犯罪适用特别宽宥的法律后果仅仅是"可以从轻处罚"，似乎无助于限制死刑的适用。但如果认为，之所以这样规定，是为了提醒法官：应当重视任何可能排除死刑适用的量刑情节，当适用特别宽宥制度不足以在死刑以下判处刑罚时，必须寻找其他的、更有分量的预防情节，要么得出行为人"避免特别严重后果发生"，从而直接适用坦白制度"可以减轻处罚"的结论，要么主张行为人同时具备多个法定、酌定从轻处罚情节，从而满足"虽然不具有本法规定的减轻处罚情节，但是根据案件的特殊情况"也可以减轻处罚的条件。因此，《修正案（九）》规定的特别宽宥制度和《贪污贿赂罪解释》规定的一般死缓适用条件都属于注意规定，其目标并不在于"有意地将明知为不同者，等同视之"，[1] 而是指向法官在裁量死刑时应该全面考虑的若干量刑情节。鉴于我国当下要准确理解和严格执行"保留死刑，严格控制和慎重适用死刑"的政策，[2] 死刑削减要立法和司法两路并进，[3] 要保证《修正案（九）》和《贪污贿赂罪解释》在适用上的统一，在前者增设特别宽宥制度的基础上，结合刑事政策和具体案

---

[1] ［德］卡尔·拉伦茨：《法学方法论》，陈爱娥译，商务印书馆2003年版，第142页。
[2] 参见《关于贯彻宽严相济刑事政策的若干意见》第29条规定。
[3] 参见储槐植《死刑改革：立法和司法两路并进》，载《中外法学》2015年第3期，第612—614页。

情,在后者的框架内进行最为妥当的解释。

(三) 特别宽宥的适用应当审慎把握并合理限制

首先,着眼于特别宽宥与自首、坦白之间的关系,这里的"如实供述自己罪行"同自首、坦白中的"如实供述自己罪行"应做同样的理解,即行为如实供述自己的主要犯罪事实或全部犯罪事实。① 其次,悔罪是否真诚往往涉及较多主观化的判断,应尽量强调悔罪内容的具体化,拒绝空泛化,所以,宜通过实体内容和程序机制两方面予以严格确认。其一,在实体内容上应当是对人性、真理、司法权威的敬畏,必须从犯罪主体的经济生活环境、性格发展、人际关系、工作状态中寻找犯罪根源、解释犯罪原因、悔改方案。其二,有必要设置司法评价机制,在刑事程序中以司法人员为主导,从犯罪性质、情节、根源、思想以及罪犯性格特点、工作影响等方面形成具有针对性的评估标准,对其悔罪内容和深度、承诺的真诚度、改正的可行性等进行全面评价并形成司法意见。再次,原则上应当要求其全部退赃,确实无法全部退赃,且没有证据表明罪犯或其家属有转移财产迹象的,退赃数额超过非法所得数额50%的,方可认定为"积极退赃"。最后,防止或减少受贿罪可能牵涉的国家、人民利益损害,必须是出自行为人的主动行为。实践中,有的受贿犯罪并不存在以损害国家、人民利益为代价的倾向性职务行为。例如,受托人收受他人财物后帮助请托人尽快办理审批手续、加快支付结算资金等,职务行为内容本身是符合法律规定的。这种情况属于受贿犯罪行为本身没有进一步造成损害结果,不能将之认定为"避免、减少损害结果的发生"。②

---

① 参见《自首立功解释》第1条、《自首立功意见》第2条。
② 参见刘宪权《贪污贿赂犯罪最新定罪量刑标准体系化评析》,载《法学》2016年第5期,第92页。

第四节　受贿罪死刑适用标准的体系化构建

通常情况下，只要准确认定责任情节和预防情节，就能合理适用受贿罪的死刑适用标准。但是，责任刑和预防刑并不总是一致，当责任刑重、预防刑轻或者相反时，如何处理，就取决于对责任和预防之间关系的把握。① 不处理好责任和预防的关系，就不可能适当地裁量刑罚，在死刑案件中，也不可能妥当地适用死刑。既如前述，由于只能在罪刑均衡的框架内考虑预防犯罪的必要性，必须首先准确评价极其严重的受贿罪的量刑责任，然后分析相关预防情节对责任刑的影响，最后确定宣告刑究竟是死刑立即执行、死缓还是无期徒刑，其目的在于科学构建受贿罪的死刑适用标准的体系。

一　准确评价极其严重的受贿罪的量刑责任

只有全面考虑反映受贿罪社会危害性的情节，才能准确评价其量刑责任，进而在死刑案件中，才有助于正确区分与无期徒刑相当的责任和与死刑相当的责任。

（一）树立科学的受贿罪死刑适用理念

我国《刑法》第48条第1款规定："死刑只适用于罪行极其严重的犯罪分子。对于应当判处死刑的犯罪分子，如果不是必须立即执行的，可以判处死刑同时宣告缓期二年执行。"因为死刑是独立的刑种，包括立即执行和缓期执行两种方式，在逻辑上，"罪行极其严重"是适用死刑的必要条件，而非充分条件。换言之，对本条应这样解读：前句是从正面规定死缓的适用标准，满足"罪行极其严重"即可考虑适用死缓；后句则从反面进一步补充死刑立即执行

---

① 参见［德］C. Roxin《刑法中的责任和预防》，宫泽浩一监译，成文堂1981年版，第115页以下；［日］川崎一夫《体系的量刑论》，成文堂1991年版，第83页以下。

的条件,即适用死刑立即执行必须同时达到"罪行极其严重"与"必须立即执行"两个条件;前句与后句是递进关系,"罪行极其严重"只成为进入"死刑圈"的门槛。[①] 这意味着,法官在适用死刑时,应优先考虑死缓,其次考虑死刑立即执行。

《修正案(九)》第1款第3项也秉承同样的理念,按照罪行大小配置了由轻到重的法定刑。根据该项规定的法定刑适用的先后顺序,当行为人受贿数额特别巨大或有其他特别严重情节的,应先考虑分配"10年以上有期徒刑";只有在法定最高刑不能充分反映罪行严重程度时,才能考虑适用"无期徒刑"。当行为人受贿数额特别巨大,并使国家和人民利益遭受特别重大损失的,应先考虑分配"无期徒刑";只有在无期徒刑不能充分反映罪行严重程度时,才应考虑适用"死刑"。同样,当决定对行为人适用死刑时,也应优先考虑适用死缓;只有在死缓不能充分评价行为人的刑事责任大小时,才应考虑适用死刑立即执行。

这一理念不仅体现在刑事立法中,而且贯彻在司法实践中。我国司法机关比较注意严格控制受贿犯罪的死刑适用,实证研究表明,死缓制度事实上已经成为当下对严重受贿犯罪分子执行死刑的替代措施。这很大程度上源于社会心理的转变和制度设计的变化,具有相当大的合理性。[②] 可见,以适用死缓为通例、以适用死刑立即执行为例外的理念已经深入人心。

(二) 合理划分严重受贿犯罪的数额区间

本章第一、二节的研究已经表明,《贪污贿赂罪解释》规定的数额标准依然存在起点不明、弹性有余、适用混乱的弊端,对此,只能结合《修正案(九)》生效前后较短时间内做出的生效判决进

---

① 参见劳东燕《死刑适用标准的体系化构造》,载《法学研究》2015年第1期,第174—175页。本书赞同该文关于死刑适用标准的理解进路,但不同意其对普通死缓适用标准的重构。
② 参见赵秉志《论中国贪污受贿犯罪死刑的立法控制及其废止——以〈刑法修正案(九)〉为视角》,载《现代法学》2016年第1期,第9页。

行实证分析,以明确对严重受贿犯罪判处无期徒刑、死缓和死刑立即执行的数额区间。

有关统计显示,在《修正案(九)》施行之后处以10年以上有期徒刑的部分个案中,数额特别巨大的区间从159.2万元横跨至3000余万元。[①] 其中,对于"静某某受贿案",一审法院认为,被告人受贿共折合人民币2657余万元,数额特别巨大,虽退缴230余万元,但与其受贿金额相差甚远,故对其判处无期徒刑(案例14)。[②] 在"吴某某受贿案"中,二审法院认为,上诉人受贿共计折合人民币2020余万元,数额特别巨大,鉴于其坦白、悔罪等表现,可从轻处罚,故维持一审法院对其受贿罪的无期徒刑判决(案例15)。[③] 然而,在《修正案(九)》实施一段时间后,与无期徒刑对应的受贿数额有明显增加的趋势。例如,在"黄某某受贿案"中,一审法院认为,被告人犯受贿罪(8931万元),有自首、立功表现,依法可以从轻、减轻处罚,其家属代其退缴了8891万元,可以酌情从轻处罚,故对其判处无期徒刑(案例16)。[④]

至此,基本可以划定严重受贿犯罪的数额区间:既然《修正案(九)》将"数额特别巨大"作为"处无期徒刑或者死刑"的前提之一,那么处死刑的数额标准应当显著高于处无期徒刑的数额标准。虽然《贪污贿赂罪解释》将300万元作为"处10年以上有期徒刑、无期徒刑或者死刑"的数额起点,但它绝不可能成为处死刑的数额起点,否则,只会造成不同刑种之间数额标准的体系性失衡。

[①] 参见佚名《贪污贿赂犯罪数额较大、巨大、特别巨大的判决标准》,载"北京刑事律师辩护网":http://www.pinganbeijing.cn/_d277151053.htm,最后访问时间:2021—07—14。
[②] 参见河北省唐山市中级人民法院(2015)唐刑初字第51号刑事判决书。
[③] 参见吉林省高级人民法院(2015)吉刑经终字第1号刑事裁定书。
[④] 参见广东省广州市中级人民法院(2016)粤01刑初97号刑事判决书。

(三) 适度把握其他情节的影响程度

除了受贿数额特别巨大之外，受贿行为还要使国家和人民利益遭受特别重大损失的，才有可能被判处死刑。这里就产生了犯罪数额与其他情节对量刑结果的调节作用。

一方面，这种调节作用在贪污罪和受贿罪中的表现有所差异。尽管二者在侵犯国家工作人员职务行为的廉洁性方面具有共同性，但贪污罪还侵害了公私财产所有权，而受贿罪并未侵害他人的财产权。在综合考量各种情节以全面评价其社会危害性时，犯罪数额对揭示贪污罪社会危害性的作用更为显著，而对反映受贿罪社会危害性的作用相对有限；相反，其他情节只能在一定范围内说明贪污罪的社会危害性，却能较为全面地体现受贿罪的社会危害性。因此，在死刑裁量过程中，要适度降低贪污数额对死刑判决的影响，合理加大利益损失等情节对受贿罪死刑适用的调控。

另一方面，这种调节作用必须符合受贿罪"权钱交易"的本质。通过与贪污罪的对比可以发现，在适用"数额＋情节"的二元标准时，应该优先考虑情节因素，其次考虑数额因素。即当受贿数额远远超过一定标准时，它对量刑的加功作用就呈弱化趋势，[1] 此时就只能通过考虑受贿的次数、谋取利益的性质、利益损失的大小等体现行为不法和结果不法的要素，使受贿罪整体的社会危害性上升到极其严重的程度。

(四) 形成轻重有序的量刑责任梯度

基于以上分析，就能确定受贿罪的量刑责任。

其一，在确定责任刑时，遵循"无期徒刑→死刑"的思维顺序，其实也体现了责任主义所强调的刑罚限定机能。在死刑存置的现状下，只有承认与死刑相当的责任，排除与无期徒刑相当的责

---

[1] 参见蒋太珂、彭文华《量刑应实行定量与自由裁量并行——以贪污、受贿罪量刑标准的修改为视角》，载《华东政法大学学报》2016年第2期，第138—140页。

任，才会使死刑的科处不违反责任主义理念所要求的刑罚的责任相应性。① 即除非能够判定受贿犯罪分子的量刑责任是与死刑相当的责任，否则就应认定其量刑责任是与无期徒刑相当的责任，只能在无期徒刑的范围内考虑宣告刑，而不得在死刑的范畴内决定宣告刑。

其二，在确定责任刑时，受贿犯罪数额达到300万元的一定倍数以上，并使国家和人民利益遭受特别重大损失的，可选择无期徒刑作为量刑起点。

其三，在确定责任刑时，受贿犯罪数额显著高于上述数额，并使国家和人民利益遭受特别重大损失的，可选择死缓作为量刑起点。的确，虽然"使国家和人民利益遭受特别重大损失"都是判处无期徒刑或死刑的责任情节，但在受贿数额相同或相差不大的情况下，后者中的重大经济损失价值应该明显高于前者中的重大经济损失价值。这只有等到典型案例出现后，通过参考相似严重程度的判例，使法官逐渐形成并充分重视"同种犯罪的量刑倾向"，② 以便在犯罪数额的起点之间、特别重大损失的起点之间形成合理区间。

其四，在确定责任刑时，不得考虑有关受贿罪的预防情节，一旦确定行为人的量刑责任是与死刑相当的责任，就只能通过考虑适用自首、立功、认罪、悔罪、特别宽宥等制度来衡量其特殊预防必要性的大小，以决定是否立即执行。

二 科学构建受贿罪的死刑适用标准的体系

受贿罪的死刑适用标准的体系包括受贿罪的死缓适用标准和受

---

① 参见［日］川崎一夫《死刑与无期刑的选择基准》，载《创价法学》1996年第25卷1、2号，第42页。

② 参见［日］城下裕二《责任与刑罚的现在》，成文堂2019年版，第266页以下。

贿罪的死刑立即执行标准。不过,由于司法实践中无期徒刑的适用标准与死缓的适用标准之间的界限非常模糊,所以,构建受贿罪的死刑适用标准体系,还必须把受贿罪的无期徒刑的适用标准纳入讨论之列。

在宏观层面,死刑立即执行的适用标准是"罪行极其严重+必须立即执行",死缓的适用标准是"罪行极其严重+不是必须立即执行",与之相对,无期徒刑的适用标准是"罪行极其严重+无须立即执行"或者"罪行相当严重+可以立即执行"。之所以这样概括,是因为着眼于责任和预防的关系,关于处死刑还是处无期徒刑成为问题的场合,可以分为以下四种类型:(1)与量刑责任相对应的刑罚范围只有死刑,且在预防方面不存在积极减轻这一刑罚范围的量刑因素(或者大多是维持这一刑罚范围的量刑因素);(2)虽然与量刑责任相对应的刑罚范围是死刑,但在预防方面存在减轻刑罚的量刑因素,选择无期徒刑;(3)与量刑责任相对应的刑罚范围本来就是无期徒刑,而在预防方面大多是维持这一刑罚范围的量刑因素;(4)尽管与量刑责任相对应的刑罚范围是无期徒刑,但在预防方面存在减轻这一刑罚范围的量刑因素,可以考虑进一步的减轻。其中,作为死刑和无期徒刑分界线的有两种类型,即第(1)种类型和第(2)种类型中有关量刑因素的作用方向和比重。[①] 可见,责任因素和预防因素均对以上刑罚适用标准的构建产生了实质影响。

根据重视量刑中的责任和预防关系的思路,在我国刑法理论语境下,适用无期徒刑主要有两种表现:一是行为的社会危害性极其严重,已经进入了"死刑圈",但行为人的人身危险性不大,即使下降一个量刑幅度判处刑罚,仍然可以实现罪责刑相适应原则。这

---

① 参见[日]日高义博《死刑的适用基准》,载《现代刑事法》2001年第25号,第39页。

里对行为人再犯可能性的评价比对死缓适用标准中"不是必须立即执行"的评价更加轻缓,对此用公式表达为:"罪行极其严重+无须立即执行"。二是行为的社会危害性相当严重,但尚未达到极其严重的程度,还没有进入"死刑圈",且行为人的人身危险性较大,在对应的法定刑幅度内判处刑罚方可实现罪责刑相适应原则。这里对行为人再犯可能性的评价与对死缓适用标准中"不是必须立即执行"的评价相同或更为严厉,对此用公式表达为:"罪行相当严重+可以立即执行"。于是,无期徒刑的适用标准与死缓的适用标准、死刑立即执行的适用标准就形成了一个协调统一的体系。

在微观层面,受贿罪死刑立即执行的适用标准是"受贿数额特别巨大+使国家和人民利益遭受特别重大损失+必须立即执行",受贿罪死缓的适用标准是"受贿数额特别巨大+使国家和人民利益遭受特别重大损失+不是必须立即执行",受贿罪无期徒刑的适用标准是"受贿数额特别巨大+使国家和人民利益遭受特别重大损失+无须立即执行"或者"受贿数额特别巨大或有其他特别严重情节+可以立即执行"。这样构建受贿罪的死刑适用标准,不仅与死刑适用标准体系保持一致,而且完全符合《修正案(九)》第44条第1款第3项、第3款和《贪污贿赂罪解释》第4条第1款、第2款的规定。

然而,在受贿罪死刑适用标准体系内部始终存在的一个难题是,当受贿犯罪分子的罪行已经极其严重或相当严重时,各种预防情节究竟能在多大程度上起到减轻处罚的作用?[①] 即在严重的受贿罪案件中,对量刑责任重而预防必要性不大的量刑情节的逆向竞合情形,如何处理?对此,《日本刑法典》第72条的规定可供参考。该条指出,量刑情节同时加重和减轻刑罚的,按照再犯加重、法律

---

① 因为从轻处罚对责任刑为死刑或无期徒刑的罪犯不会产生实质的有利影响。

上的减轻、并合罪的加重、酌量减轻的顺序进行。因为累犯加重先行于法律上的减轻，就不会再产生选择刑种的问题。例如，某心神耗弱者系累犯，实施了强盗行为。根据上述规定，先考虑累犯情节，加重至 20 年以下，再考虑心神耗弱情节，可减轻至 10 年以下；相反，若先考虑心神耗弱情节，减轻至 7 年 6 个月以下，再考虑累犯情节，就加重至 15 年以下。[①] 因此，当出现多个逆向竞合的量刑情节时，可以采取类似前述条文中"先从严再从宽"的顺序，通过确定基准刑的最高点，为下一步从轻处罚或减轻处罚预留足够的空间。[②] 假如行为人还具有强行索取财物、为他人谋取职务提拔、调整、主犯等加重责任刑的情节之一，或者存在曾受过刑事追究、挥霍、转移赃款、为掩盖罪行而毁灭证据或嫁祸他人等提高预防刑的情节之一，应当在确定基准刑之后，适用特别宽宥、自首、坦白、重大立功等减少预防刑的情节之前进行评价，以充分发挥其从宽处罚的功能。只有在责任刑之内或之下裁量预防刑，才能使基准刑处于原来的量刑幅度或下降一个量刑幅度，才能适当扩大死缓的适用或减少死刑立即执行的适用。

[①] 参见［日］前田雅英等编集《条解刑法》（第 2 版），弘文堂 2007 年版，第 242 页；［日］团藤重光《刑法纲要总论》（第三版），创文社 1990 年版，第 529 页。

[②] 参见张明楷《论预防刑的裁量》，载《现代法学》2015 年第 1 期，第 113—114 页；彭新林《酌定量刑情节限制死刑适用研究》，法律出版社 2011 年版，第 428—430 页。

第 五 章

贪污受贿犯罪的终身监禁适用标准研究：刑法教义学视野下的体系性构建

我国近年来的刑事立法和司法实践存在着诸多缺陷，制约了终身监禁制度功能的有效发挥。只有避免这些误区，才能正确适用终身监禁。本章的基本观点是：根据刑法教义学的阐释，作为终身监禁前提的死刑适用标准只能是"罪行极其严重"；终身监禁的实践功能在于向废止死刑过渡，而非替代死刑；终身监禁的适用对象应是判处死刑立即执行偏重、单纯判处死缓又偏轻的贪污受贿罪犯，并非所有被判处普通死缓者或原本应当被判处死刑立即执行者；终身监禁的判断根据宜限定为判处死缓后剩余的责任情节和预防情节，以促进死刑适用标准的统一化和体系化。

第一节　问题的提出

《刑法修正案（九）》（以下简称《修正案（九）》）第44条不仅对贪污受贿犯罪得死刑适用标准做出重大修改，而且增设了终身监禁制度。此后不久，《关于办理贪污贿赂刑事案件适用法律若干问题的解释》（以下简称《贪污贿赂罪解释》）第4条进一步明确了这类犯罪死刑以及终身监禁的适用标准。但是，上述条款仍然存在判处死刑的起点数额不明、数额因素和情节因素的影响比重缺失、责任情节和预防情节的界限模糊等缺陷,并在司法机关审判相关案件的过程中表现得更加明显,从而制约了终身监禁制度功能的有效发挥。

案例一[白某某受贿、巨额财产来源不明案]:一审法院认为,被告人白某某的行为分别构成受贿罪和巨额财产来源不明罪,应当数罪并罚。其中,白某某受贿数额特别巨大(2.46亿余元),犯罪情节特别严重,社会影响特别恶劣,给国家和人民利益造成特别重大损失,论罪应当判处死刑。鉴于其到案后,如实供述自己罪行,主动交代办案机关尚未掌握的大部分受贿犯罪事实;认罪悔罪,赃款赃物已全部追缴,具有法定、酌定从轻处罚情节,对其判处死刑,可不立即执行。同时,根据白某某的犯罪事实和情节,依据《刑法》的有关规定,决定在其死刑缓期执行二年期满依法减为无期徒刑后,终身监禁,不得减刑、假释。①

案例二[魏某某受贿、巨额财产来源不明案]:一审法院认为,被告人魏某某的行为分别构成受贿罪和巨额财产来源不明罪,应当数罪并罚。其中,魏某某受贿数额特别巨大(2.11亿余元),犯罪情节特别严重,社会影响特别恶劣,给国家和人民利益造成特别重大损失,论罪应当判处死刑。鉴于其到案后,如实供述自己罪行,主动交代办案机关尚未掌握的大部分受贿犯罪事实;认罪悔罪,赃款赃物已全部追缴,具有法定、酌定从轻处罚情节,对其判处死刑,可不立即执行。同时,根据魏某某的犯罪事实和情节,依据《刑法》的有关规定,决定在其死刑缓期执行二年期满依法减为无

---

① 参见李婧、赵纲《全国人大环资委原副主任委员白恩培受贿、巨额财产来源不明案一审宣判》,载"人民网":http://legal.people.com.cn/n1/2016/1009/c42510 - 28762703 - 2.html,最后访问时间:2021—07—15。白某某还被以巨额财产来源不明罪判处有期徒刑10年。

期徒刑后，终身监禁，不得减刑、假释。①

案例三［于某某受贿案］：一审法院认为，被告人于某某的行为已经构成受贿罪，且受贿数额特别巨大（3.06亿余元），犯罪情节特别严重，社会影响特别恶劣，使国家和人民利益遭受特别重大损失，论罪应当判处死刑。鉴于其归案后如实供述办案机关已掌握的部分受贿事实，主动交代办案机关尚未掌握的大部分受贿事实，检举揭发他人犯罪，具有立功表现，认罪悔罪，积极退赃，其亲友亦积极代其退缴赃款，受贿财物已基本缴回。根据于某某的犯罪事实、性质、情节和对于社会的危害程度，综合全案法定和酌定量刑情节，判处其死刑，缓期二年执行，同时决定在死刑缓期执行二年期满依法减为无期徒刑后，终身监禁，不得减刑、假释。②

案例四［武某某贪污、受贿、挪用公款、单位行贿、滥用职权、徇私枉法案］：一审法院认为，被告人武某某的行为构成贪污罪（3.42亿余元）、受贿罪、挪用公款罪、单位行贿罪、滥用职权罪和徇私枉法罪。鉴于武某某到案后，能够如实供述自己罪行，并主动交代了办案机关尚未掌握的部分受贿事实，认罪悔罪，积极退赃，有提供线索得以侦破其他案件的立功表现，具有法定、酌定从轻处罚情节，依法可以对其从轻处罚，对其以贪污罪判处死刑，缓期二年执行，剥夺政治权利终身，并处没收个人全部财产，在其死刑缓期执行二年期满依法减为无期徒刑后，终身监禁，不得减刑、假释。③

---

① 参见佚名《魏鹏远受贿2亿被判死缓》，载《深圳特区报》2016年10月18日第A11版。魏某某还被以巨额财产来源不明罪判处有期徒刑10年。

② 参见王巍《受贿超3亿元破纪录 龙煤一前高管获死缓》，载《新京报》2016年10月23日第A05版。

③ 参见佚名《天津市政协原副主席、公安局原局长武长顺一审被判死缓》，载"中共中央纪律检查委员会 中华人民共和国国家监察委员会官网"：https：//www.ccdi.gov.cn/yaowen/201705/t20170527_147474.html，最后访问时间：2021—07—15。武某某还被以受贿罪判处无期徒刑，以挪用公款罪判处有期徒刑10年，以单位行贿罪判处有期徒刑3年，以滥用职权罪判处有期徒刑6年，以徇私枉法罪判处有期徒刑10个月。

案例五［孙某某、石某受贿、贪污、非法经营同类营业案］：一审法院认为，被告人孙某某、石某的行为构成受贿罪（二人的犯罪数额分别为4.008亿余元和3.39亿余元）、贪污罪、非法经营同类营业罪。鉴于孙某某、石某到案后积极退赃，赃款赃物已全部追缴，对其均以受贿罪判处死刑，缓期二年执行，剥夺政治权利终身，并处没收个人全部财产，在其死刑缓期执行二年期满依法减为无期徒刑后，终身监禁，不得减刑、假释。①

案例六［杨某某受贿、贪污、挪用公款案］：一审法院认为，被告人杨某某的行为构成受贿罪、贪污罪和挪用公款罪，依法应数罪并罚。其中，杨某某受贿数额特别巨大（3.07亿余元），并有部分事实系索贿，犯罪情节特别严重，社会影响特别恶劣，给国家和人民利益造成特别重大损失，论罪应当判处死刑。鉴于其揭发他人犯罪线索，有立功表现；到案后主动供述未被掌握的贪污事实，系自首；如实供述未被掌握的部分受贿犯罪事实；认罪、悔罪，具有法定、酌定从轻处罚情节，故对其判处死刑，可不立即执行。同时，根据杨某某受贿犯罪的事实、性质、情节等情况，决定在其死刑缓期执行二年期满依法减为无期徒刑后，终身监禁，不得减刑、假释。②

案例七［邢某受贿案］：一审法院认为，被告人邢某的行为构成受贿罪，且受贿数额特别巨大（4.49亿余元），犯罪情节特别严重，社会影响特别恶劣，给国家和人民利益造成特别重大损失，论罪应当判处死刑。邢某多次为多人谋取职务提拔、调整，依法应从

---

① 参见佚名《被告人孙正启、石伟受贿、贪污、非法经营同类营业案一审在枣庄中院宣判》，载"枣庄市中级人民法院官网"：http：//zzzy.sdcourt.gov.cn/zzzy/389149/389151/1787738/index.html，最后访问时间：2021—07—15。孙某某、石某还被以贪污罪判处死缓，以非法经营同类营业罪判处有期徒刑6年。

② 参见程婕《任职期间受贿贪污挪用公款6亿元 内蒙古银行原董事长杨成林被判死缓》，载《北京青年报》2018年12月22日第A10版。杨某某还被以贪污罪判处有期徒刑11年，以挪用公款罪判处有期徒刑15年。

严惩处。鉴于其到案后能够如实供述罪行，主动交代办案机关尚未掌握的绝大部分犯罪事实；检举揭发他人犯罪问题经查证属实，具有重大立功表现；认罪悔罪，积极退赃，赃款、赃物已全部追缴，具有法定、酌定的减轻、从轻处罚情节，依法可从轻处罚，对其判处死刑，可不立即执行。同时，根据邢某的犯罪事实和犯罪情节，决定在其死刑缓期执行二年期满依法减为无期徒刑后，终身监禁，不得减刑、假释。①

案例八［姜某某贪污、受贿、违规出具金融票证、故意销毁会计凭证、会计账簿案］：一审法院认为，被告人姜某某的行为构成贪污罪、受贿罪、违规出具金融票证罪、故意销毁会计凭证、会计账簿罪。其中，姜某某贪污数额特别巨大（7.54亿余元），使国家和人民利益遭受特别重大损失，本应严惩，鉴于赃款赃物已全部追缴，依法可从宽处罚，对其以贪污罪判处死刑，缓期二年执行，剥夺政治权利终身，并处没收个人全部财产，在其死刑缓期执行二年期满依法减为无期徒刑后，终身监禁，不得减刑、假释。②

案例九［赵某某受贿案］：一审法院认为，被告人赵某某的行为构成受贿罪，且受贿数额特别巨大（7.17亿余元），情节特别严重，社会影响特别恶劣，给国家和人民利益造成特别重大损失，论罪应当判处死刑。鉴于其收受部分财物系未遂（2.9亿余元），如实供述全部事实，认罪悔罪，赃款赃物均已查封、扣押、冻结在案，具有法定、酌定从轻处罚情节，对其判处死刑，可不立即执行。同时，根据赵某某的事实和情节，决定在其死刑缓期执行二年

---

① 参见新华社大连《邢云一审被判死缓》，载《海南日报》2019年12月4日第A12版。
② 参见卢金增《恒丰银行原董事长一审被判死缓》，载《检察日报》2020年1月14日第6版。姜某某还被以受贿罪判处无期徒刑，以违规出具金融票证罪判处有期徒刑6年；以故意销毁会计凭证、会计账簿罪判处有期徒刑3年。

期满依法减为无期徒刑后,终身监禁,不得减刑、假释。①

案例十 [朱某某受贿、巨额财产来源不明案]:一审法院认为,被告人朱某某身为国家工作人员,利用职务上的便利,为他人谋取利益,或利用本人职权和地位形成的便利条件,通过其他国家工作人员的职务行为,为他人谋取不正当利益,非法收受他人财物,数额特别巨大(1.41亿余元),严重侵害了国家工作人员职务行为的廉洁性,并使国家和人民利益遭受特别重大损失,其行为构成受贿罪。鉴于朱某某归案后能够如实供述自己罪行,认罪悔罪,积极退赃,涉案赃款赃物已全部追缴,具有法定和酌定从轻处罚情节,对其受贿犯罪,判处死刑,可不立即执行。②

比较上述十个案件的犯罪事实和法律后果,可以发现它们之间存在某些异同:一方面,在犯罪性质、罪行轻重、人身危险性等宏观方面有相同之处。被告人都构成贪污罪或受贿罪,犯罪数额在1.4亿元以上,使国家和人民利益遭受特别重大损失,已经达到罪行极其严重的程度。然而,他们都能如实供述自己罪行、真诚悔罪、积极退赃,赃款赃物已基本或全部追缴,尚不能评价为人身危险性极大,所以均未被处以死刑立即执行。另一方面,在具体情节、罪名认定、量刑结果等微观方面也有不同之处。一是犯罪数额不同。其中,案例八的贪污数额最大,案例十的受贿数额最小。二是行为手段不同。除了案例三、案例七和案例九的被告人犯了受贿罪之外,其他人都还实施了巨额财产来源不明、贪污、挪用公款等行为。三是危害结果不同。其中,案例八、案例十的被告人贪污或受贿数额特别巨大,并使国家和人民利益遭受特别重大损失,只有两个"特别"严重结果;而其他被告基本上都被认定为受贿数额特

---

① 参见佚名《2020年度十大法律监督案例》,载"最高人民检察院官网":https://www.spp.gov.cn/zdgz/202101/t20210124_507272.shtml,最后访问时间:2021—07—15。

② 参见佚名《广东省政协原主席朱明国获刑死缓》,载《北京日报》2016年11月12日第3版。朱某某还被以巨额财产来源不明罪判处有期徒刑8年。

别巨大，犯罪情节特别严重，社会影响特别恶劣，给国家和人民利益造成特别重大损失，即有四个"特别"严重结果。四是有无决定终身监禁不同。由于犯罪情节的差异，除了案例十的被告人仅被判处死缓之外，一审法院对其余九个案例的被告人均施加了"死缓+终身监禁"的严厉制裁。

对比之后，随之而来的疑问就是：犯罪数额1.4亿元应否成为贪污受贿犯罪适用死刑的起点数额？在提起公诉前如实供述自己罪行、真诚悔罪、积极退赃，避免、减少损害结果的发生这一特别宽宥制度能在多大程度上对行为人的刑事责任予以有利评价？在判断步骤大致相同的情况下（判处死缓→决定终身监禁），为何对前九个被告人决定终身监禁，而未对第十个被告人决定终身监禁？更何况，即使前九人实施的腐败犯罪行为的危害性程度不尽相同，难道不能判处死刑立即执行吗？简言之，以上十起案件的量刑过程凸显了目前终身监禁适用标准不明确的问题。这源于长期以来死刑适用标准不统一，其直接后果是贪污受贿犯罪死刑适用不均衡。

笔者认为，应当根据我国当前的死刑政策，树立科学的死刑价值观，通过探讨终身监禁的适用标准，建构规范的贪污受贿犯罪死刑适用标准体系。即要把终身监禁适用标准的研究纳入刑法教义学的视野中，完善其体系性，加强其实用性，充分彰显现代刑法的法益保护机能和人权保障机能。刑法教义学是研究刑法领域中各种法律规定和各种学术观点的解释、体系化和进一步发展的学科。[1] 由于分析工具本身是没有国别的，而只有刑法才具有国别性，刑法教义学的发展不仅要进一步推动刑法知识的转型，还应当从方法论的探讨向着具体问题的解决转变。[2] 易言之，刑法教义学的思维、方

---

[1] ［德］克劳斯·罗克辛：《德国刑法学总论》（第1卷），王世洲译，法律出版社2005年版，第117页。

[2] 参见陈兴良《刑法教义学的发展脉络——纪念1997年刑法颁布二十周年》，载《政治与法律》2017年第3期，第12—16页。

法具有共通性，而刑法教义学的体系、知识具有特殊性。目前我国正处于刑法注释学向刑法教义学的转变过程中，在方法论层面，应当超越法条注释，创造法理概念。法教义学包括法解释学，但不止于法解释学。为构建具有中国特色的刑法教义学，必须拒绝体系封闭，更加重视刑法的社会任务，以形成当代刑法理论的功能主义导向。[①] 这表明，只要不逾越罪刑法定原则的边界，刑法教义学的实践逻辑就应当接受刑事政策的价值指导，谋求体系上的形式严密与结论上的实质妥当。正因为法教义学不仅是知识的体系化，更是价值的体系化，所以刑法教义学也要体现中国价值，[②] 特别是在处理重大贪腐案件时，既要能适度缓解高压反腐政策和严控死刑政策之间的紧张关系，又要能深刻阐明终身监禁这一与生命、自由息息相关的制度内涵。

基于上述问题意识，应当首先重新界定作为终身监禁前提的贪污受贿犯罪死刑适用标准；然后从终身监禁的实践功能切入，详细分析其适用对象和判断根据；最后结合《关于常见犯罪的量刑指导意见》（以下简称《量刑指导意见》）规定的量刑步骤、方法，归纳出贪污受贿犯罪的死刑适用标准体系。

第二节　贪污受贿犯罪死刑适用标准的界定

司法实践已经表明，贪污受贿犯罪的死刑适用标准与终身监禁的适用标准具有内在关联；不厘清前者，就无法适用后者。我国关于贪污受贿犯罪的死刑适用标准一直存在很大争议，有必要予以重新解读。

[①] 参见车浩《刑法教义的本土形塑》，法律出版社2017年版，第1页以下。
[②] 参见李强《中国法教义学的"价值自觉"》，载《中国社会科学报》2016年11月16日第5版。

一 死刑适用的思维逻辑应当由轻到重

根据《刑法》第 48 条、第 50 条、第 383 条等规定，仅就死刑这一刑种而言，由于执行方式的区别，形成了"普通死缓→死缓＋限制减刑→死缓＋终身监禁→死刑立即执行"的由轻至重的行刑阶梯。即使要适用死刑，也应优先考虑适用普通死缓；只有在普通死缓不能充分评价行为人的刑事责任大小时，才应考虑适用死缓限制减刑或死缓终身监禁；除非死缓限制减刑或死缓终身监禁仍无法与其刑事责任程度相适应，才不得不考虑适用死刑立即执行。简言之，普通死缓相对于死刑立即执行处于"最优先"的适用地位，而死缓限制减刑或死缓终身监禁相对于死刑立即执行仅处于"次优先"的适用地位。

按照这一逻辑，《修正案（九）》第 44 条第 1 款第 3 项意在提示法官照此顺序适用：当贪污受贿犯罪数额特别巨大或者有其他特别严重情节的，应先考虑分配"10 年以上有期徒刑"；只有在法定最高刑不能充分反映罪行严重程度时，才能考虑适用无期徒刑。当贪污受贿犯罪数额特别巨大，并使国家和人民利益遭受特别重大损失的，应先考虑分配无期徒刑；只有在无期徒刑不能充分反映罪行严重程度时，才应考虑适用死刑。即罪状描述的行为类型是由轻到重，所配置的法定刑也是由轻到重，使轻罪与轻刑相对应，重罪与重刑相对应，最严重犯罪与极刑相对应。既有犯罪与刑种、刑量的对应，也有犯罪与行刑方式的对应。实证研究表明，死缓制度事实上已经成为当下对严重受贿犯罪分子执行死刑的替代措施。这很大程度上源于社会心理的转变和制度设计的变化，具有相当大的合理性。[①] 因此，法官应该意识到分配法定刑的重要性，将轻重有序的

---

① 参见赵秉志《论中国贪污受贿犯罪死刑的立法控制及其废止——以〈刑法修正案（九）〉为视角》，载《现代法学》2016 年第 1 期，第 9 页。

法定刑分配给危害程度各异的贪污受贿犯罪类型，并在适用死刑时决定严缓有别的执行方式。

二 "罪行极其严重"只能涉及行为本身严重性的评价

通常认为，所谓罪行极其严重，是犯罪的性质极其严重、犯罪的情节极其严重、犯罪分子的人身危险性极其严重的统一。[①] 可是，许多学者表示异议。有人指出，罪行极其严重并不是指客观危害极其严重，而是指有责的不法极其严重。[②] 有人主张，罪行极其严重量定客观危害，是死刑适用的一般化标准，相同情况相同对待。[③] 还有人强调，应当从主观、客观两方面判断，即犯罪行为在客观方面具有极其严重的社会危害性，犯罪人在主观方面具有极其严重的主观恶性。[④] 以上分歧的焦点在于，人身危险性是否属于罪行极其严重的内容。对此，答案是否定的。因为这不仅是行为刑法与责任主义的基本要求，也是文义解释和体系解释的当然结论。[⑤]

不过，有学者质疑通说对死刑适用顺序的安排与其对死刑适用标准的界定存在矛盾。由于死缓与死刑立即执行呈梯度式排列，死缓在其中梯度较低，满足"罪行极其严重"等于达到了进入"死刑圈"的门槛，也等于刚刚满足适用死缓的标准。既然以适用死缓为通例、以适用死刑立即执行为例外，就不应把有关人身危险性的

[①] 高铭暄、马克昌主编：《刑法学》（第九版），北京大学出版社、高等教育出版社2019年版，第234页；《刑法学》编写组编：《刑法学》（上册·总论），高等教育出版社2019年版，第310页。

[②] 张明楷：《刑法学》（上 第六版），法律出版社2021年版，第696页。

[③] 储槐植：《死刑司法控制：完整解读刑法第四十八条》，载《中外法学》2012年第5期，第1015页。

[④] 贾宇：《中国死刑必将走向废止》，载《法学》2003年第4期，第46页。

[⑤] 参见劳东燕《死刑适用标准的体系化构造》，载《法学研究》2015年第1期，第177—180页。

因素纳入"罪行极其严重"的判断。① 其实,二者之间没有必然联系。通说之所以主张对"罪行极其严重"进行综合评价,根本原因在于,我国刑法理论长期热衷于逻辑推演的研究范式,未能通过实证分析构建起一套切实可行的量刑方法论。"对于法官来说,发现以及准确地界定或者明确法律适用的各项前提,也即一方面是应适用的法律规范以及另一方面是需要对其作出裁判的事实,是更为困难的任务。"② 这一任务只能由法学方法论来完成,死刑裁量工作也不例外。

三 贪污受贿犯罪罪行极其严重的判断资料主要包括结果要素

贪污受贿的犯罪数额是衡量罪行轻重的重要指标。贪污罪和受贿罪从分章设立到合并规定说明,它们具有职务犯罪的共同特性,侵害了国家工作人员职务行为的廉洁性,亟须完善惩治和预防并重的综合治理模式。③ 贪污受贿数额就是体现侵害职务行为廉洁性程度的客观根据之一,且由于数额因素可以量化,司法机关易于将其同量刑结果建立起某种正比关系,所以必然在适用死刑时予以考虑。尽管《贪污贿赂罪解释》第3条第1款把"数额特别巨大"的起点确定为300万元,但并不意味着它就是判处死刑的必要条件。首先,大量高官贪腐案的裁判样本显示,当贪污受贿数额达到一定标准后,犯罪数额与量刑结果之间就不存在明显的比例关系,④ 因此,犯罪数额对适用死刑的作用并不如预想的那么大。其次,即使进入数额特别巨大的区间,犯罪数额未必能发挥过滤死刑的效

---

① 参见劳东燕《死刑适用标准的体系化构造》,载《法学研究》2015年第1期,第174—175页。
② [德]齐佩利乌斯:《法学方法论》,金振豹译,法律出版社2009年版,第125页。
③ 参见高铭暄、陈璐《当代我国职务犯罪的惩治与预防》,载《法学杂志》2011年第2期,第9—16页。就贪污贿赂犯罪的同类客体而言,这一结论并无不当。
④ 参见孙超然《论贪污罪、受贿罪中的"情节"——以高官贪腐案中裁判考量因素的实证分析为切入点》,载《政治与法律》2015年第10期,第47—49页。

果。如表5—1所示，受贿数额差距悬殊的罪犯也都在相近时间内被判处死缓。最后，划分数额区间的合理根据应该是犯罪的实际状态，即数额标准的变化完全取决于案件变动的状态和刑事政策的需要。① 应当指出的是，近年来社会经济的发展、物质生活水平的提高、死刑政策的实施、惩治腐败犯罪的效果等原因，促使司法机关持续抬高对此类案件定罪量刑的隐形数额条件，削弱了刚性数额标准对法官自由裁量的约束效应，自2016年以来，贪污受贿犯罪数额持续攀升。据此，基本可以明确这类犯罪适用死刑的数额标准：(1) 处死刑的数额标准应当显著高于处无期徒刑的数额标准，以防止不同刑种之间数额标准的体系性失衡。(2) 处无期徒刑的数额起点不得低于9000万元，把处死刑的数额起点提高到2亿元以上。(3) 通过判断责任情节和预防情节来选择刑种，既有效规范了死刑自由裁量权，又切实执行了"数额与情节并重"的二元标准。

表5—1　《修正案（九）》生效前后适用无期徒刑、死刑的贪污受贿犯罪案件

序号	一审宣判时间	被告人姓名	犯罪金额	判决结果
1	2016年6月	白某某	24676万余元	死缓终身监禁
2	2016年9月	万某某	11125万余元	无期徒刑
3	2016年10月	申某某	9541万余元	无期徒刑
4	2016年10月	谭某	8625万余元	无期徒刑
5	2016年10月	金某某	12378万余元	无期徒刑
6	2016年10月	魏某某	21171万余元	死缓终身监禁
7	2016年10月	于某某	30681万余元	死缓终身监禁
8	2016年11月	朱某某	14138万余元	死缓
9	2017年1月	李某某	9400万余元	无期徒刑

---

① 陈兴良：《贪污贿赂犯罪司法解释：刑法教义学的阐释》，载《法学》2016年第5期，第69页。

续表

序号	一审宣判时间	被告人姓名	犯罪金额	判决结果
10	2017年5月	王某某	15300万余元	无期徒刑
11	2017年5月	刘某某	9817万余元	无期徒刑
12	2018年3月	张某某	104000万余元	死刑立即执行
13	2018年5月	孙某某	17000万余元	无期徒刑

贪污受贿造成的利益损失也是衡量罪行轻重的必备因素。虽然修改前的《刑法》第383条规定的是"情节特别严重"，没有采用"特别重大损失"的表述，但由于前者具有综合性，完全可以容纳后者。尽管《贪污贿赂罪解释》尚未明确损失内容，但并不是说此概括性规定就是迁就民众"仇官"情绪的"象征性立法"。应当认为，修改后的《刑法》第383条不仅没有降低死刑适用门槛，而且将"特别重大损失"从"特别严重情节"中分离出去，是立法技术的一大进步。基于刑法严格解释的立场，损失种类应该仅指物质损失，不包括精神损失；[1] 根据文义解释，损失主体无须限定，可以是国家、社会或个人；通过体系解释，损失内容可以参考有关渎职犯罪的司法解释来认定，[2] 但不得被特别严重的犯罪情节或特别恶劣的社会影响所吸收。

四 贪污受贿罪犯人身危险性的评价方法需要借助实质解释

《修正案（九）》第44条第3款明确了贪污受贿死刑犯的从轻处罚条件，表面上都是反映人身危险性小的情节。由于责任和预防

---

[1] 同理，"特别重大损失"应当只包括可量化要素，不应包括区域经济发展损失、国家名誉、政府公信力损失、人民生命安全、身体健康损失等非可量化的、非经济性要素（参见王世友、周少元《终身监禁适用中"特别重大损失"的界定》，载《哈尔滨师范大学社会科学学报》2021年第1期，第29—30页）。

[2] 参见赵秉志主编《〈中华人民共和国刑法修正案（九）〉理解与适用》，中国法制出版社2016年版，第334页。

是量刑的两大基准，《贪污贿赂罪解释》也对死刑适用标准采用了同样的规范构造。

根据文义解释，"如实供述自己罪行"，是指犯罪人对自己所犯的罪行，要如实、无保留地向司法机关供述；"真诚悔罪"，是指犯罪人对自己所犯罪行真心悔过；"积极退赃"，是指犯罪人积极主动退还贪污所得的财物；"避免、减少损害结果的发生"，是指犯罪人在满足前述情形的基础上，达到避免、减少损害结果发生的实际效果。[①] 以上解释结论同样适用于受贿罪。

需要强调的是，"在提起公诉前如实供述自己罪行、真诚悔罪、积极退赃"对限制适用死刑的作用大于"避免、减少损害结果的发生"。即使贪污受贿犯罪分子满足了前一条件，但由于仅仅避免一般损害后果的发生，只能被从轻处罚，对避免死刑根本不起作用。除非其具备更多预防情节或避免特别严重危害后果的发生，才能予以减轻处罚。于是，《贪污贿赂罪解释》第4条第2款列举的自首、立功，如实供述自己罪行、真诚悔罪、积极退赃，或者避免、减少损害结果的发生等情节，形式上与特别宽宥制度相冲突，[②] 但实际上是注意规定。法官只有在上述多个情节并存时，通过预防刑对责任刑的调节，才能使预防犯罪的考虑突破或接近与极其严重的罪行相对应的刑罚下限，做出"根本不必适用死刑"或"不是必须立即执行死刑"的判断，[③] 从而切实发挥上述情节对不适用死刑的实质影响。

---

① 参见沈德咏主编《〈刑法修正案（九）〉条文及配套司法解释理解与适用》，人民法院出版社2015年版，第385—386页。

② 前者将"如实供述自己罪行、真诚悔罪、积极退赃，或者避免、减少损害结果的发生"理解为择一关系，而后者将"如实供述自己罪行、真诚悔罪、积极退赃，避免、减少损害结果的发生"设置成并列关系。

③ 这既能避免司法解释与刑事立法的矛盾，也可打消对此次修法"名严实宽"的质疑（参见孙国祥《贪污贿赂犯罪刑法修正的得与失》，载《东南大学学报（哲学社会科学版）》2016年第3期，第72—73页）。

第三节 贪污受贿犯罪终身监禁
适用标准的展开

作为一门科学，刑法教义学的任务包括：通过解释，来指出具体法律条文之间的意义和原理联系，并且追溯这些意义和原理联系的相关法律思想，从而形成一个协调的体系。[①] 即法条适用条件的研究颇受重视且亟须深入，否则将导致价值冲突、体系混乱和结论失当。因此，终身监禁的适用标准问题不是封闭的而是开放的，对其实践功能的不同预期会决定对其对象外延和条件高低的取舍。在此过程中，不可避免地要把终身监禁与无期徒刑、普通死缓、限制减刑等制度展开比较，以批判性地检验解释结论的适当性。

一 终身监禁的实践功能

最高立法机关在本次修法时认为，对于本应判处死刑的贪污受贿犯罪分子，根据慎用死刑的刑事政策，结合案件的具体情况，对其判处死缓依法减为无期徒刑后，采取终身监禁的措施，有利于体现罪刑相适应的刑法原则，维护司法公正，防止在司法实践中出现这类罪犯通过减刑等途径致服刑期过短的情形，符合宽严相济的刑事政策。[②] 据此，大多数人主张，终身监禁不是一个新的刑种，而

[①] ［德］沃斯·金德豪伊泽尔：《适应与自主之间的德国刑法教义学——用教义学来控制刑事政策的边界？》，蔡桂生译，载《国家检察官学院学报》2010年第5期，第147页。

[②] 乔晓阳：《全国人民代表大会法律委员会关于〈中华人民共和国刑法修正案（九）（草案）〉审议结果的报告》，载"中国人大网"：http：//www.npc.gov.cn/wxzl/gongbao/2015-11/09/content_1951865.htm，最后访问时间：2021—07—15。

是一种特殊的刑罚执行措施,具有替代死刑的功能。①

对于"死刑替代措施说",反对意见指出,不宜以终身监禁作为死刑的替代措施。因为它侵害人格尊严,比死刑更残酷。实际上,经过前几次刑法修正,我国现行刑罚结构不存在"生刑过轻、死刑过重"的结构性缺陷,刑罚执行权的滥用也不应通过剥夺罪犯的减刑、假释申请权来改革。终身监禁既不具备刑罚的正当化根据,也无助于完善刑罚体系,反而在"死刑过重"的基础上又增加了"生刑过重",潜藏着深层次的民意危机。②

终身监禁能否彻底替代死刑?笔者认为,立法者对终身监禁的实践功能存在认识上的误区。作为一种介于普通死缓和死刑立即执行之间的刑罚执行措施,它只能被定位为死刑废止的过渡措施。

(一)"死刑替代措施说"有违死刑政策

虽然近年来我国死刑政策的规范表述是"保留死刑,严格控制和慎重适用死刑",但为了进一步明确死刑制度改革的方向和目标,有力推动当下的死刑改革,可考虑将死刑政策合理调整为:"现阶段暂时保留死刑,但严格控制和慎重适用死刑,并且逐步减少死刑和最终废止死刑。"③然而,废止死刑既包括废止死刑立即执行,也

---

① 参见臧铁伟《终身监禁不是新刑种 适用于重特大贪污受贿犯罪》,载"人民网":http://npc.people.com.cn/n/2015/0829/c14576-27531201.html,最后访问时间:2021—07—15;胡云腾《谈〈刑法修正案(九)〉的理论与实践创新》,载《中国审判》2015年第20期,第19页;赵秉志《终身监禁新规之解读》,载《法制日报》2016年10月12日第009版;梁根林、王华伟《死刑替代措施的中国命运:观念、模式与实践》,载《中国法律评论》2020年第5期,第74—77页。

② 参见张明楷《死刑的废止不需要终身刑替代》,载《法学研究》2008年第2期,第79页以下;车浩《刑事立法的法教义学反思——基于〈刑法修正案(九)〉的分析》,载《法学》2015年第10期,第8—9页;韩雪《质疑与反思:不得减刑、假释的终身监禁刑的设置与死刑废除的关系探析》,载《福建警察学院学报》2016年第2期,第17页以下;吴玉萍《终身监禁正当性之检讨》,载《法学》2020年第10期,第65页以下。

③ 赵秉志:《死刑改革之路》,中国人民大学出版社2014年版,第5页。

包括废止死缓,而设置终身监禁以保留死缓为前提,保留死缓又依赖于死刑这一刑种的存置,相互之间必然产生不可调和的冲突。案例一至案例九均暗含了终身监禁系死刑替代措施的司法定位,但这在某种程度上有碍于实现最终废止死刑的目标。

(二)"死刑过渡措施说"契合制度背景

有学者认为,所谓死刑替代措施,是指基于限制死刑适用的目的,对于立法上特定性质的犯罪、司法中特殊情况下的罪犯,不适用死刑立即执行,而代之以其他刑罚处罚方法。① 但是,被替代刑(死刑)和替代刑(死刑以外的其他刑罚)共存的情况下,"替代"一词不仅名不副实,而且会导致重刑结构变本加厉。退一步讲,即使"替代"是指部分替代而非全面替代,也无异于欲盖弥彰,其实质就是一种缺乏长远规划的应急之策。所以,死刑替代措施只是在废除最严重犯罪的死刑后所采取的替代死刑的处罚方法,② 在我国保留死刑的制度背景下,终身监禁应当通过限制适用死刑而向完全废止死刑过渡。

(三)限制减刑也具有明显的过渡性质

关于限制减刑的法律性质,我国已达成普遍共识:虽不是独立的刑种,但实际已成为介于死刑立即执行与普通死缓之间的过渡刑罚。对罪犯限制减刑并不是为了单纯地加重生刑,而是为进一步严格执行死刑政策创造条件。③ 由于限制减刑与终身监禁在文法结构、

---

① 高铭暄:《略论中国刑法中的死刑替代措施》,载《河北法学》2008年第2期,第19页。

② 王志祥:《死刑替代措施:一个需要警惕的刑法概念》,载《中国法学》2015年第1期,第292—293页。

③ 参见方文军《死刑缓期执行限制减刑制度的司法适用》,载《法律适用》2011年第8期,第66页;吴光侠、周小霖《指导案例4号〈王某某故意杀人案〉的理解与参照》,载《人民司法》(应用)2012年第7期,第43页;黎宏《死缓限制减刑及其适用——以最高人民法院发布的两个指导案例为切入点》,载《法学研究》2013年第5期,第99—100页;时延安《死刑立即执行替代措施的实践与反思》,载《法律科学》2017年第2期,第186—188页。

适用条件、法律后果等方面相似，它们均是死缓的"一枝两叶"。①结合死刑适用的思维逻辑以及死刑政策的完整表达，这里的"过渡"自然不是指的向扩张适用死刑立即执行的路径转变，而是向优先考虑死缓并待条件成熟时废止死刑的路径转变。既然如此，终身监禁也就具备了朝向死刑废止的过渡性。

（四）终身监禁最终将与死刑一道被废止

死刑废止的过渡措施与死刑替代措施最大的不同在于，前者将与死刑同时废止，而后者在实现死刑废止目标之后仍将继续存在。②易言之，作为一种"中间刑"而非"替代刑"，③终身监禁的使命应在死刑消亡后终结，不能依附于死刑而存在。

二 终身监禁的适用对象

按照立法原意，终身监禁的适用对象是本应判处死刑立即执行而基于刑事政策和案件情况的考虑判处死缓的贪污受贿犯罪分子。但问题是：它是否适用于所有被判处普通死缓者？它能否毫无例外地适用于原本应当被判处死刑立即执行者？在回答这两个问题之前，必须先明确《刑法》第48条、第50条和修订后的《刑法》第383条之间的关系。

由于立法理念、技术和历史的原因，刑法条文之间会产生错综复杂的关系，其中最引人注目的就是法条竞合，一般分为特别关系、补充关系、吸收关系和择一关系四种。④总则条文和分则条文

---

① 廖嘉成：《论我国终身监禁的定性与适用》，硕士学位论文，中国社会科学院研究生院，2016年，第6—7页。

② 黄云波：《论终身监禁措施之宏观定位与实践适用》，载赵秉志主编《刑法论丛》（第45卷），法律出版社2016年版，第260页。

③ 参见［日］木村荣作《作为死刑与无期刑的中间刑的终身刑导入问题》，载《法的支配》2001年第122号，第21页以下。

④ 参见［德］汉斯·海因里希·耶赛克、托马斯·魏根特《德国刑法教科书》（总论），徐久生译，中国法制出版社2001年版，第893—899页。

之间的关系与法条竞合虽有相似之处,但也存在显著差异:前者除了研究犯罪的成立条件,还包括犯罪的法律效果和执行方法,[①] 而后者着重探讨犯罪类型之间的外延联系。详言之,总则有关普通死缓的规定与分则有关终身监禁的规定应当属于特别关系,总则有关死刑立即执行的规定与分则有关终身监禁的规定应当属于择一关系,理由如下:(1)总则指导分则的规定与对分则的解释、适用是常态,分则做出不同于总则的规定是例外,[②] 这就是特别关系的表现。(2)从逻辑上看,终身监禁比普通死缓的适用门槛更高、对象范围更窄、法律后果更严,从而形成一种真包含于关系。(3)终身监禁完全不同于无期徒刑,[③] 也是与死刑立即执行相悖的"生刑",因而与其相互对立;但其在判处死缓的同时做出,且不考虑罪犯死缓执行期间的表现,这两点恰好与现有的死缓制度相反,[④] 从而构成对普通死缓的例外。(4)只要坚持"罪行极其严重"是判处死缓的最低要求,第383条第4款就属于第48条第1款的特别法条,因为在此基础上还要考察其他情节,才能决定是否给予终身监禁。一旦认可终身监禁的终局性,第383条第4款就属于第50条第1款的特别法条,因为在死缓执行期间有重大立功表现的罪犯不能绕开无期徒刑的限制而直接享受25年有期徒刑的"优待",[⑤] 因此无法像普通死缓犯那样保留改过自新的希望。(5)"严格控制和慎重适用死刑"的政策当然指向严格适用普通死缓和死刑立即执行。相对于普通死缓而言,鉴于终身监禁的不可变动性,对其更应严格适用,以减少"牢底坐穿"的犯人数量;相对于死刑立即执行而言,

---

[①] [日]佐久间修:《刑法各论》(第2版),成文堂2012年版,第1—2页。

[②] 参见张明楷《刑法分则的解释原理》(上 第二版),中国人民大学出版社2011年版,第112页以下。

[③] 黄明儒、项婷婷:《论〈刑法修正案(九)〉"终身监禁"的性质》,载《湘潭大学学报(哲学社会科学版)》2016年第5期,第15—16页。

[④] 黎宏:《终身监禁的法律性质及适用》,载《法商研究》2016年第3期,第23—24页。

[⑤] 《关于办理减刑、假释案件具体应用法律的规定》第15条。

鉴于其不可逆转性,也要更严格地限制终身监禁,以降低向极刑转化的概率。

于是,关于第一个问题,不可简单地做出回答,要把总则规定和分则规定结合起来分析。主张终身监禁适用于被判处死缓者的见解只是明确了其适用前提,① 却并未界定其适用对象;认为不能将终身监禁适用于原本应当判处死缓者的意见也仅从反面限缩了其适用界限,② 没有从正面阐述其对象范围。终身监禁和普通死缓属于特别关系,因此,不应形式地解读修改后的《刑法》第383条第4款,并非全部贪污受贿死缓犯都要被处以终身监禁,而要综合考虑犯罪情节等情况后进行实质认定。

而对于第二个问题,答案也不一致。尽管无论是否考虑时间效力,终身监禁似乎都可用于原本应当判处死刑立即执行者,③ 但按照终身监禁和死刑立即执行之间的择一关系,两种执行方式存在各自独立适用的空间,所以,必须把握好适用尺度,杜绝将本应判决死刑的贪贿犯罪分子适用终身监禁,使其成为高官巨贪的"免死金牌"。④

必须承认,案例一至案例九中的各被告假如沿用过去的死刑适用标准,都有可能被判处死刑立即执行,但根据现在更加严格适用终身监禁的立场,则需在划定"死缓圈"后进一步缩小打击面。总之,在对象范围上,作为死刑废止过渡措施的终身监禁要比作为死刑替代措施的终身监禁更小。即便其也能像限制减刑对象那样被概

---

① 黄云波:《论终身监禁措施之宏观定位与实践适用》,载赵秉志主编《刑法论丛》(第45卷),法律出版社2016年版,第262页。

② 陈兴良:《贪污贿赂犯罪司法解释:刑法教义学的阐释》,载《法学》2016年第5期,第77页。

③ 参见黄京平《终身监禁的法律定位与司法适用》,载《北京联合大学学报(人文社会科学版)》2015年第4期,第99—101页。

④ 参见刘艳红《终身监禁的价值、功能与适用——从"白某某案"谈起》,载《人民法院报》2016年10月12日第2版。

括为"判处死刑立即执行偏重、单纯判处死缓又偏轻"① 的贪污受贿罪犯，但这里的"偏重""偏轻"已经有了迥异的内涵。

三 终身监禁的判断根据

贪污受贿犯罪分子不仅要符合普通死缓的适用标准，而且要具备犯罪情节等情况，才可被决定终身监禁，因此，"犯罪情节等情况"即为决定终身监禁的关键条件。刑法学界对此莫衷一是，仍需深入研究。

（一）"广义说"及其不足

该说认为，所谓犯罪情节，是指犯罪构成的基本事实以外的、与犯罪行为或犯罪人有关，能够影响刑事责任（主要是量刑）的各种情况，包括犯罪手段、对象、后果、时间、地点等因素。参酌与终身监禁制度类似的限制减刑制度的相关司法解释，此处的犯罪情节等情况应当包括犯罪情节和人身危险性等。就贪污受贿犯罪而言，一般应考察贪污受贿的次数、持续的时间、贪污对象是否为特定款物、贪污受贿赃款的具体用途和去向、是否退赃及退赃比例等各种情形。②

诚然，《关于死刑缓期执行限制减刑案件审理程序若干问题的规定》第1条把"犯罪情节、人身危险性等情况"作为限制减刑的判断根据，考虑到限制减刑与终身监禁的相似性，参照上述规定来判断终身监禁，也未尝不可。有论者进一步将其细化为：A. 具有自首、立功、坦白主要罪行等法定从宽处罚情节的；B. 一人犯数罪或多次实施同种罪行的；C. 在共同犯罪中的地位、作用仅次于判处死刑立即执行的主犯，且主观恶性深、人身危险性大的；D.

---

① 吴光侠、周小霖：《指导案例4号〈王某某故意杀人案〉的理解与参照》，载《人民司法》（应用）2012年第7期，第43页。

② 赵秉志：《终身监禁新规之解读》，载《法制日报》2016年10月12日第009版。

因民间矛盾激化引发案件的；E. 被告人系亲属协助抓获归案的；等等。关键看在判处死缓之后，其犯罪情节和量刑情节是否还足以支撑宣告限制减刑。或者说，判处死缓和决定限制减刑在犯罪情节和量刑情节上绝大部分是重合的，当判处死缓后这些情节还有剩余，足以支撑再对其限制减刑的，才可以决定适用。[①] 然而，如此宽泛的情节大多是对被告人有利的情节，若在判处死缓后还有剩余，则应判处无期徒刑或有期徒刑；[②] 即使细究其中不利于被告人的情节，若在判处死缓后还有剩余，还有判处死刑立即执行的余地。这一论断对终身监禁同样成立。可见，"广义说"既缺乏死刑适用标准的体系性思维，也未在量刑方法论上贯彻罪责刑相适应原则；既没有区分责任情节和预防情节，也无助于深入展开量刑说理；既会造成适用标准的混乱，也会导致适用边界的模糊。

（二）"中义说"及其不足

该说认为，犯罪情节等情况包括犯罪手段、对象、后果、时间、地点等内容是合理的。但是，包括犯罪人死缓考验期中的表现、是否认真遵守监规、接受教育改造，是否有悔过表现，是否有一般立功表现等内容则与法律规定不符。不论今后司法解释如何具体规定，对"犯罪情节等情况"的适用应当严格把握，因为终身监禁是以废止死刑为目的的，不能刻意增加对贪污受贿罪犯的死刑适用量，应当尽量使其适用条件与原有的死刑立即执行条件保持一致，发挥引导死刑民意的积极作用。[③]

相比"广义说"，"中义说"将罪犯在死缓执行期间的表现排

[①] 参见方文军《死刑缓期执行限制减刑制度的司法适用》，载《法律适用》2011 年第 8 期，第 67—69 页。

[②] 参见黎宏《死缓限制减刑及其适用——以最高人民法院发布的两个指导案例为切入点》，载《法学研究》2013 年第 5 期，第 104—105 页。

[③] 参见黄云波《论终身监禁措施之宏观定位与实践适用》，载赵秉志主编《刑法论丛》（第 45 卷），法律出版社 2016 年版，第 265—266 页。

除在外，一定程度上限制了犯罪情节的范围，降低了量刑失衡的负面效应，其思考方向无疑是正确的。不过，尽量使终身监禁与原来死刑立即执行的适用条件保持一致，不仅忽视了两种制度的本质差异，也妨碍了终身监禁向废止死刑过渡。

（三）"狭义说"及其不足

该说认为，终身监禁与限制减刑虽然都是根据被告人已实施犯罪的情节及其人身危险性程度，对其未来再犯可能性的预测，但在适用的情节上存在不同：终身监禁重点考虑的是"损失"，即贪污受贿数额特别巨大，并使国家和人民利益遭受特别重大损失；而限制减刑考虑的情节更多是包括"再犯可能性"在内的"人身社会危险性"，如其列举的罪名几乎为暴力性犯罪。[①]

这种观点区分了判断资料和量刑情节，具有极大的启发意义。可是，倘若终身监禁以有关"损失"情节作为判断资料，将反映人身危险性的情节作为判断根据，就误解了具有一般预防功效的罪刑均衡与特殊预防之间的关系，会重蹈"广义说"在判处死缓后再回过头考虑剩余的人身危险性情节的覆辙。

（四）本书的观点

综上所述，应当以审判时确定的、判处死缓后剩余的责任情节和预防情节作为终身监禁的判断根据，即犯罪情节等情况系指判处死缓后足以决定终身监禁、但尚不足以判处死刑立即执行的体现罪行轻重和犯罪预防的情节组合。首先，根据目的解释，这是充分贯彻当前死刑刑事政策和罪责刑相适应原则的体现，契合此次修法的目的。[②] 其次，根据文义解释，既然立法机关将"犯罪情节等情况"作为终身监禁的判断根据，就表明司法人员除了考虑社会危害

---

① 罗猛：《准确理解适用终身监禁制度》，载《检察日报》2015年12月2日第003版。
② 乔晓阳：《全国人民代表大会法律委员会关于〈中华人民共和国刑法修正案（九）（草案）〉审议结果的报告》，载"中国人大网"：http://www.npc.gov.cn/wxzl/gongbao/2015-11/09/content_1951865.htm，最后访问时间：2021—07—16。

性情节之外，还要考察人身危险性情节。① 最后，根据体系解释，倘若实证研究表明，死缓限制减刑是责任情节和预防情节共同塑造的结果，② 那么在适用与其性质相同的死缓终身监禁时，合比例地考察责任情节和预防情节就是符合逻辑的推论。在此过程中，应当遵守以下规则。

1. 坚持责任主义原则

责任主义是刑法的基本原则之一，量刑时也不得违反责任主义，所以，广义上的责任主义可分为归责中的责任主义和量刑中的责任主义。③ 根据量刑中的责任主义，量刑时应当以责任为基础决定刑罚的分量。此处的"责任"即为量刑责任（Strafzumessungsschuld），因为刑法上的责任意味着从事了违法行为（不法）的行为者所应承受的规范性非难或谴责，最终决定责任大小的就是违法性大小和有责性大小（狭义上的责任）相乘而得到的后果——即犯罪本身的轻重（广义的责任）。因此，刑罚的轻重首先要对应于犯罪的轻重。④ 量刑责任具有刑罚限定机能，积极的责任主义和消极的责任主义对此均持肯定态度。⑤ 只有坚持量刑中的责任主义，才能使基准刑不至于超出责任的上限，限制终身监禁的适用范围，促进其适用标准的统一化。

2. 适当借鉴比例原则

作为刑法的基本原则之一，罪责刑相适应原则与责任主义原则

---

① 参见商浩文《当代中国贪污受贿犯罪定罪量刑标准问题研究》，中国人民公安大学出版社 2019 年版，第 250—251 页。

② 参见王复春《故意杀人罪死缓限制减刑的适用状况实证研究》，载《法学家》2020 年第 6 期，第 64—68 页。

③ 参见［日］城下裕二《量刑基准的研究》，成文堂 1995 年版，第 109—110 页。

④ 参见［日］曾根威彦《量刑基准》，王亚新译，载［日］西原春夫主编《日本刑事法的形成与特色》，李海东等译，法律出版社、成文堂联合出版 1997 年版，第 146—147 页。

⑤ 参见［德］Arthur Kaufman《法哲学与刑法学的根本问题》，宫泽浩一监译，成文堂 1986 年版，第 152 页。

在目的、内容、概念上存在共通之处，但它难以为量刑基准的凝练、量刑步骤的确定和量刑情节的评价提供具体的方法论，而比例原则提出的三个下位规则在教义学上具有明显的综合功能（将一个法学体系中的相关元素联结成整体的功能）、启发功能（将疑难问题在标准体系中进行准确定位以发现特定解决路径的功能）和指导功能（将法律适用置于特定体系约束之下与审核之中的功能），① 值得借鉴。据此，有学者主张，终身监禁的适用也应遵从比例原则，原则上可以不予适用，但在判处死刑立即执行过重，判处一般死缓又过轻时，可以进行适用。② 但是，适当性、必要性和均衡性三原则并非是适用终身监禁时所必需的。其中，适当性原则基本上属于行政合法性原则的内容，只有必要性、均衡性原则才有利于将行政合理性审查引向深入。③ 况且，适当性本为必要性的前提，适当性原则已经被包含在必要性原则之中，④ 行政手段通常都能实现管理目的的"低门槛"不符合终身监禁适用的"严要求"。所以，我国司法机关只需借鉴必要性、均衡性原则，以逐步审查是否存在终身监禁的替代措施及其利益衡量结果。

3. 贯彻行为刑法理念

坚持责任主义，也意味着践行行为刑法观。根据行为刑法规则，刑事可罚性是与在行为构成方面加以限定的单一行为（或者可能情况下的多个行为）相联系的，同时，惩罚仅表现为对单个行为的反应，而不是表现为对行为人整体生活导向的反应，更不是表现

---

① 参见［德］埃里克·希尔根多夫《德国刑法学：从传统到现代》，江溯等译，北京大学出版社2015年版，第194—195页。

② 参见刘霜《终身监禁制度的司法限缩及其路径——以2015—2020年已决案例为样本的分析》，载《法学》2020年第12期，第77—78页。

③ 参见叶必丰《行政合理性原则的比较与实证研究》，载《江海学刊》2002年第6期，第125页。

④ 参见余凌云《论行政法上的比例原则》，载《法学家》2002年第2期，第34页。

为对一种行为人所期盼的未来危险的反应。① 因此原则上，违法性以客观情节为基础予以判断，在区别违法性与责任时，将判断对象限于引起法益侵害、危险的行为这种客观事态。② 责任情节成为量刑的主要依据，与罪行因素决定违法性程度的立场不谋而合。作为责任论与量刑论的"交叉点"，量刑责任在本质上是一种特殊的行为责任，③ 可以包括贪污受贿数额特别巨大、使国家和人民利益遭受特别重大损失、款物性质和用途、行为次数和持续时间、行为人动机和目的等罪中情节，但不包括其他罪前、罪后情节。

4. 区分责任情节和预防情节

两类情节具有不同功能，必须进行明确区分。一方面，违法性和有责性能够反映客观危害和主观恶性，体现罪行轻重；而社会危害性正是客观危害与主观恶性的有机统一，可以决定罪行轻重；与责任相适应的刑罚就是与罪行相均衡的刑罚，责任情节即为影响罪行轻重的情节，也是反映社会危害性大小的情节。另一方面，罪行本身能够反映一般预防必要性，人身危险性可以体现特殊预防必要性；量刑责任的刑罚限定机能决定了量刑时不能直接考虑一般预防，应当重视特殊预防；与特殊预防相适应的刑罚就是特殊预防刑，影响特殊预防刑的情节就是影响人身危险性的情节，也是预测犯罪人改造难易程度的情节。在上文列举的犯罪情节之外，自首、立功、特别宽宥等都是预防情节。法官应当综合考察这些情节，在行为责任和犯罪预防之间合理分配刑量。不能像第一节的十个案例那样，体现不出责任刑和预防刑之间的比例关系，难以证立终身监

---

① ［德］克劳斯·罗克辛：《德国刑法学总论》（第1卷），王世洲译，法律出版社2005年版，第105—106页。
② 参见［日］山口厚《刑法总论》（第3版），有斐阁2016年版，第103—104页。
③ 参见李冠煜《量刑基准的研究——以责任和预防的关系为中心》，中国社会科学出版社2014年版，第77页以下。

禁决定的必要性、均衡性。

5. 区分量刑情节和判断资料

哪些是真正的预防情节，其中是否存在表面的责任情节，未必清楚。真正的量刑情节能够为社会危害性或人身危险性提供根据，而表面的量刑情节不能为其提供根据；前者会对量刑责任的评价产生决定性影响，但后者不一定会影响量刑责任的轻重。二者的关系就好比构成要件是违法性的实在根据（ratio essendi）还是认识根据（ratio cognoseendi）的分歧，抑或存在根据与逻辑根据之别。[①] 所以，前述案例中的如实供述自己罪行、真诚悔罪是真正的量刑情节，可以实际说明再犯可能性减小；积极退赃、赃款赃物已基本或全部追缴则是表面的量刑情节，属于判断是否悔罪、再犯可能性是否减少的资料，尚需进行实质考察。[②] 照此推论，避免、减少损害结果的发生表面上看是责任情节，但已经产生的同法秩序的冲突状态不可能回溯性地减少，除非具备正当化事由，因此也不过是判断特殊预防必要性减小的资料。假如不区分量刑情节和判断资料，容易导致错误认定情节性质，重复评价判断根据，不当适用终身监禁。

6. 协调罪刑均衡和犯罪预防

责任主义原则、比例原则和行为刑法理念要求量刑时主要追求罪刑均衡，对犯罪预防的考虑原则上不能超出责任刑的上限；由于特殊预防情节与罪行轻重无关，为了有利于罪犯的再社会化，允许特殊预防刑突破责任刑的下限。[③] 死刑案件通常表现为罪行极其严

[①] 参见［德］汉斯·韦尔策尔《目的行为论导论——刑法理论的新图景》（增补第4版），陈璇译，中国人民大学出版社2015年版，第29—30页。

[②] 张明楷：《责任刑与预防刑》，北京大学出版社2015年版，第357页。

[③] 参见［德］C. Roxin《刑法中的责任和预防》，宫泽浩一监译，成文堂1984年版，第141页以下；［德］汉斯－约格·阿布莱希特《重罪量刑——关于刑量确立与刑量阐释的比较性理论与实证研究》，熊琦等译，法律出版社2017年版，第42页以下；［日］城下裕二《责任与刑罚的现在》，成文堂2019年版，第3页以下；［日］野村健太郎《量刑的思考论要》，成文堂2020年版，第63页以下。

重即一般预防必要性大,但特殊预防必要性的作用难以一概而论:当特殊预防必要性也大时,一般可以选择死刑立即执行;当特殊预防必要性小时,可能判处普通死缓,但如果还有别的责任情节或预防情节,则表明一般预防必要性或特殊预防必要性较大,可以考虑处以终身监禁。因为附带发生的危害结果、款物数额、性质和用途、行为次数和持续时间、犯罪动机等责任情节基本上就决定了责任刑的上限,所以在刑罚目的上契合了"合比例的一般预防"追求,它通过成为联结预防思想与"正义"观念的关键因素,[①]从而实现了刑罚正当化根据上报应主义和功利主义的辩证统一。一旦将刑事司法系统理解为一种受合比例的一般预防指引的系统,并向公众传递犯罪学的实证性成果,[②]那么终身监禁的适用不仅受制于贪污受贿罪行的严重性序列,而且特殊预防的考量也不得显著偏离罪行严重性对应的一般预防尺度。

第四节　贪污受贿犯罪死刑适用标准的体系性构建

前文提及的指导案例 4 号和指导案例 12 号在阐释限制减刑适用条件方面的不尽如人意,根源在于现行量刑步骤和量刑方法的缺憾。曾有学者建议,对每个量刑情节影响处罚轻重的分量和作用进行分析和评价,分别确定各自的比例,采用同向相加、逆向相减的原则进行合并,得出最终剩下的情节比例。如果最终剩余的是从严

---

① 参见［德］约翰内斯·卡斯帕《正义刑还是目的刑——思考犯罪学知识在刑罚论中的重要性》,邓卓行译,载赵秉志主编《刑法论丛》(第 61 卷),法律出版社 2020 年版,第 619—620 页。

② 参见［德］约翰内斯·卡斯帕《正义刑还是目的刑——思考犯罪学知识在刑罚论中的重要性》,邓卓行译,载赵秉志主编《刑法论丛》(第 61 卷),法律出版社 2020 年版,第 624—626 页。

处罚情节，就应当适用较重的死缓限制减刑；如果最终剩余的是从宽处罚情节，则应当适用较轻的死缓。① 由于终身监禁和限制减刑相似，对其适用条件的细化重点也应放在量刑步骤上。其中，就基准刑而言，充分考虑数额、情节、结果等要素增加刑罚量来确定，通过同向相加、逆向相减的方法对各种要素进行定量分析，当这种量在裁判者心中达到一个质的突破点后，即可达到死刑立即执行的刑罚点。② 虽然上述量刑步骤与《量刑指导意见》基本一致，但期望通过定量分析确定剩余情节对死刑适用的影响比重，则未必可行。因为责任情节和预防情节的性质、功能不同，单纯的数量计算尽管操作方便，却违反了刑罚的正当化根据和量刑判断的构造。况且，《量刑指导意见》和指导案例尚未明确量刑情节调节基准刑后的量化结果（数值为一定期限的有期徒刑）作为死刑转化的临界点，对剩余情节的认定及其对宣告刑的影响，只有等到更多典型案例出现后，通过参考相似严重程度的判例，使法官逐渐形成并充分重视"同种犯罪的量刑倾向"，③ 以决定基准刑是否构成对起点刑的质的突破，并最终确定宣告刑是否包括终身监禁。例如，通过对随机抽取的全国范围内640份受贿罪生效裁判文书的定量分析，受贿数额500万元以上不满1000万元的被告人大多被判处了无期徒刑，受贿数额1000万元以上的被告人大多被判处了死缓。目前在司法实践中，受贿数额500万元是一个分水岭。④ 考虑到全国城镇居民人均可支配收入、居民消费指数、通货膨胀等因素，可以超出量刑起点数额部分除以500万元的一定倍数作为有期徒刑向普通死

---

① 黎宏：《死缓限制减刑及其适用——以最高人民法院发布的两个指导案例为切入点》，载《法学研究》2013年第5期，第106页。
② 韩轶、张梽功：《贪污受贿犯罪终身监禁的配置与适用问题研究》，载《江淮论坛》2016年第5期，第120页。
③ 参见［日］城下裕二《责任与刑罚的现在》，成文堂2019年版，第266页以下。
④ 参见景景《受贿罪量刑均衡问题研究》，人民法院出版社2015年版，第104—109页。

缓或者普通死缓向终身监禁过渡的标志之一，其他剩余情节也应做类似的制度设计。

在死刑存置的现状下，只有承认与死刑相当的责任，排除与无期徒刑相当的责任，才会使死刑的科处不违反责任主义理念所要求的刑罚的责任相应性。① 即除非能够判定贪污受贿犯罪分子的量刑责任是与死刑相当的责任，否则就应认为其量刑责任是与无期徒刑相当的责任。据此，可以明确终身监禁的量刑步骤。

第一步，在裁量责任刑时，贪污受贿犯罪数额达到9000万元以上，并使国家和人民利益遭受特别重大损失的，可选择无期徒刑作为量刑起点；贪污受贿犯罪数额达到2亿元以上，并使国家和人民利益遭受特别重大损失的，可选择普通死缓作为量刑起点。在法定刑的范围内选择量刑起点，除了考虑贪污受贿犯罪的基本犯罪事实，还要参照同类型的判例，以便在犯罪数额的起点之间、特别重大损失的起点之间形成合理区间。在确定了起点刑后，贪污受贿犯罪数额及其造成的特别重大损失超过量刑起点标准的部分会增加相应的责任刑，决定基准刑是维持在无期徒刑或普通死缓，还是由无期徒刑升格为普通死缓。

第二步，在裁量预防刑时，只能在责任刑的限度内考察自首、立功、特别宽宥等情节。当多个减少预防刑的情节同向竞合时，可以在责任刑的幅度内把无期徒刑或普通死缓作为拟宣告刑，或者降低一个责任刑幅度将有期徒刑或无期徒刑作为拟宣告刑；假如存在增加预防刑情节或对预防情节的综合评价不至于减轻预防刑时，基于量刑责任的刑罚限定机能，只应把责任刑作为拟宣告刑，而不得因预防必要性大而将无期徒刑变更为死刑立即执行。

---

① 参见［日］川崎一夫《死刑与无期刑的选择基准》，载《创价法学》1996年第25卷1、2号，第42页。

第三步，在裁量宣告刑时，应当把判处死缓后剩余的责任情节和预防情节作为限制减刑或终身监禁的判断根据。《量刑指导意见》规定，综合全案犯罪事实和量刑情节，应当判处无期徒刑以上刑罚的，依法适用。这当然涵盖了限制减刑和终身监禁。[①] 只要坚持在法定刑的范围内裁量责任刑，一般在不超出责任刑的限度内裁量预防刑，在准确评价多余情节分量的基础上，[②] 就能判断宣告刑是死缓终身监禁还是死刑立即执行。

总之，只有在科学的量刑模式中，量刑责任概念的长处才能得到最大限度的发挥，[③] 才能在严重罪行之间形成轻重有序的责任梯度，才能构建贪污受贿犯罪的死刑适用标准体系。通常情况下，着眼于责任和预防的关系，关于处死刑还是处无期徒刑成为问题的场合，可以分为四种类型，其中，作为死刑和无期徒刑分界线的有两种：（1）与量刑责任相对应的刑罚范围只有死刑，且在预防方面不存在积极减轻这一刑罚范围的量刑因素（或者大多是维持这一刑罚范围的量刑因素）；（2）虽然与量刑责任相对应的刑罚范围是死刑，但在预防方面存在减轻刑罚的量刑因素，选择无期徒刑。[④] 与此相应，我国刑法理论语境下适用无期徒刑就有两种情形：一是社会危害性极其严重，已经进入了"死刑圈"，但人身危险性不大，即使下降一个量刑幅度判处刑罚，仍然符合罪责刑相适应原则。这里对再犯可能性的评价比对死缓适用标准中"不是必须立即执行"的评价更加轻缓，用公式表示为："罪行极其严重＋无须立即执

[①] 不过，贪污受贿犯罪不属于暴力犯罪，也几乎不可能构成累犯，所以不符合限制减刑的对象条件。

[②] 一旦在裁量责任刑阶段罪行已经达到极其严重的程度，即量刑责任已到顶点，剩余的责任情节、预防情节或二者的组合形式所增加的刑罚量就不会体现出来，只能放在确定宣告刑时考虑。

[③] 李冠煜:《量刑责任概念的理解与适用》，载《当代法学》2016年第5期，第97页。

[④] 参见［日］日高义博《死刑的适用基准》，载《现代刑事法》2001年第25号，第39页。

行"。二是社会危害性相当严重，但尚未达到极其严重的程度，还没有进入"死刑圈"，且人身危险性较大，在对应的法定刑幅度内判处刑罚方可实现罪责刑相适应原则。这里对再犯可能性的评价与对死缓适用标准中"不是必须立即执行"的评价相同或更为严厉，用公式表示为："罪行相当严重＋可以立即执行"。基于本章第二节的论证，死刑立即执行的适用标准是"罪行极其严重＋必须立即执行"，普通死缓的适用标准是"罪行极其严重＋不是必须立即执行"；再结合本章第三节的研究，贪污受贿犯罪的死刑适用标准体系如表5—2所示：

表5—2　　　　　贪污受贿犯罪的死刑适用标准体系①

刑罚制度	适用标准
无期徒刑	贪污受贿数额特别巨大＋使国家和人民利益遭受特别重大损失＋无须立即执行/贪污受贿数额特别巨大或有其他特别严重情节＋可以立即执行
普通死缓	贪污受贿数额特别巨大＋使国家和人民利益遭受特别重大损失＋不是必须立即执行
死缓终身监禁	贪污受贿数额特别巨大＋使国家和人民利益遭受特别重大损失＋不是必须立即执行＋剩余的责任情节、预防情节或二者的组合形式
死刑立即执行	贪污受贿数额特别巨大＋使国家和人民利益遭受特别重大损失＋必须立即执行

第五节　简短的结论

从德日刑法交流的情况来看，今天的日本对于本土法律以及在本土司法实践中出现的实质性问题已经拥有了以问题和个案为导向

---

① 在此列入无期徒刑的适用标准仅具有相对区分的意义。

的方法论。① 综观近年来中外刑法理论的互动现状，当下的我国通过反思法治实践也已激发出创造刑法概念、诠释刑法条文、更新刑法原理的极大热情，进一步密切了刑法教义学与刑事政策学之间的关系，加强了应然的法教义学与实然的法教义学之间的融通。刑法教义学不仅推动了刑法理论发展，而且提高了法治实践水平。即使它能够促进立法的理性化，已经转化为终身监禁等有关条款，但仍然可以通过批判现行立法，揭示死刑适用标准的潜在漏洞。在重视法教义学对刑事司法的作用时，也不应忽视其对刑事立法的功能。②

尽管指导案例4号和指导案例12号为示范适用限制减刑开了一个好头，但没能提供清晰的适用标准。同样，本章中的十个案例无论在观念上还是在方法论上与"以案释法"的目标还有不小差距。只要认可死刑制度的暂时合理性，就不会赞同终身监禁措施的永久正当性。死刑废止过渡措施的功能定位预示着对终身监禁进行更为严格的适用，提高其准入门槛也势在必行。死刑政策描绘了立法和司法双管齐下的削减死刑路线图，在此征途上，必须将终身监禁置于死刑执行方式的体系性思考以及量刑责任和预防目的的比例性衡量中。

---

① 参见〔日〕井田良《走向自主与本土化：日本刑法与刑法学的现状》，陈璇译，载陈兴良主编《刑事法评论》（第40卷），北京大学出版社2017年版，第383页。

② 参见雷磊《法教义学能为立法贡献什么？》，载《现代法学》2018年第2期，第30页以下。

第 六 章

巨额财产来源不明罪的证明责任研究：
刑事推定的有限适用

我国《刑法》第 395 条第 1 款规定了巨额财产来源不明罪，关于该罪证明责任的性质和分配问题在刑事诉讼法理论上存在较大争议。本章认为，本罪的确实行了证明责任倒置，但这是我国《刑事诉讼法》上证明责任的一种例外，其中蕴含了"有罪推定"的合理内核。有罪推定是无罪推定的特例，具有有限性、非经常性和不确定性的特点。在受到规则约束并予以严格解释时，有罪推定和证明责任倒置能实现刑事诉讼的工具作用和内在价值，不是"非人道""不公正"的标签。

第一节 问题的提出

1997—2013 年，张某某利用担任山西省中阳县县长、中共中阳县委书记、山西省吕梁地区行署副专员、中共吕梁市委常委、副市长等职务便利，为他人在煤炭资源整合、项目审批等事项上提供帮助，索取、非法收受他人财物，折合人民币共计 10.4 亿余元。张某某家庭财产、支出明显超过合法收入，其对折合人民币共计 1.3 亿余元的财产不能说明来源。临汾市中级人民法院认为，张某某的行为构成受贿罪、巨额财产来源不明罪。张某某受贿犯罪数额特别巨大，在十八起受贿犯罪事实中，有两起受贿犯罪数额均在人民币2亿元以上，还主动向他人索取贿赂人民币8868万余元。张某某利用领导干部职权为他人谋取不当利益，严重影响了当地经济的健康发展，且案发后尚有赃款人民币3亿余元未退缴，犯罪情节特别严重。张某某目无法纪，极其贪婪，在党的十八大后仍不收敛、不收手，给国家和人民利益造成特别重大损失，罪行极其严重，应予依法严惩，遂对其以受贿罪判处死刑，剥夺政治权利终身，并处没收个人全部财产，以巨额财产来源不明罪，判处有期徒刑8年，决定执行死刑，剥夺政治权利终身，并处没收个人全部财产。①

在本案中，张某某对1.3亿余元的财产不能说明来源，系党的十八大以来被判巨额财产来源不明罪的被告人中犯罪金额最大者。《刑法修正案（七）》将我国《刑法》第395条第1款修改为："国家工作人员的财产、支出明显超过合法收入，差额巨大的，可以责令该国家工作人员说明来源，不能说明来源的，差额部分以非法所得论，处5年以下有期徒刑或者拘役；差额特别巨大的，处5年以上10年以下有期徒刑。财产的差额部分予以追缴。"其中，将"可以责令说明来源"修正为"可以责令该国家工作人员说明来源"，进一步明确了巨额财产来源不明罪的罪质特征是不能说明财产真实来源的行为，而这一说明义务只能要求作为被告的国家工作人员承担，不能扩张到国家工作人员之外的其他人。关于本罪的证明责任问题，尽管我国刑事诉讼法理论的通说认为，本罪实行的是证明责

---

① 参见佚名《张中生受贿、巨额财产来源不明案在临汾中院一审宣判被告人被判处死刑并处没收个人全部财产》，载"中共中央纪律检查委员会 中华人民共和国国家监察委员会官网"：https://www.ccdi.gov.cn/yaowen/201803/t20180328_167534.html，最后访问时间：2021—07—17。

任倒置，是被告人、犯罪嫌疑人不负证明责任的例外，[①] 但对于通说的观点，也有学者提出了质疑。[②]

若要正确认识本罪的证明责任问题，必须回答以下三个问题：第一，本罪被告人是否负有证明责任，即是否属于一般证明责任分配规则的例外？第二，本罪是否实行了证明责任倒置？第三，本罪的认定是否属于有罪推定？只有圆满回答了上述三个问题，才能正确认识本罪证明责任的性质和分配问题，为本罪的合理适用和立法完善奠定理论基础。

第二节　本罪被告人是否负有证明责任

我国现行《刑事诉讼法》第52条规定："审判人员、检察人员、侦查人员必须依照法定程序，收集能够证实犯罪嫌疑人、被告人有罪或者无罪、犯罪情节轻重的各种证据。"可见，在刑事诉讼中，一般应由司法机关承担证明责任。但在自诉案件中，情况就有所不同了。根据《刑事诉讼法》第51条、第211条第1款第2项之规定，自诉案件中被告人有罪的举证责任由自诉人承担。缺乏罪证的自诉案件，如果自诉人提不出补充证据，应当说服自诉人撤回自诉，或者裁定驳回。显然，在公诉案件中，被告人一般不承担证明责任，否则不仅意味着将其置于更为不利的诉讼地位，还可能从根本上违反诉讼民主的价值取向，背离保障人权的诉讼目的。

因此，关于本罪证明责任的分配问题，应当从以下三个方面来认识。

[①] 参见程荣斌、王新清主编《刑事诉讼法》（第八版），中国人民大学出版社2021年版，第187页。

[②] 参见劳东燕《揭开巨额财产来源不明罪的面纱——兼论持有与推定的适用规制》，载《中国刑事法杂志》2005年第6期，第59页。

一　刑法解释的合理结论

世界上的一切事物并不是绝对不变的，是处于不断发展变化中的，在认识事物孤立、静止的一面时，也要重视其普遍联系、发展变化的一面。关于巨额财产来源不明罪的证明责任问题也是如此。《刑法》对本罪证明责任的分配作出了明文规定，根据文义解释，先由司法机关证明被告人的财产、支出明显超过合法收入且二者间差额巨大的事实，当能够证明其来源非法时，以相应的犯罪论处，不以本罪论处；当无法查实其来源时，被告人就负有说明其来源的义务，否则差额部分以非法所得论，成立本罪。[①] 显然，本罪被告人承担一定的证明责任既有法律根据和前提条件，也是证明责任和举证责任之间区别的体现。详言之，它们是既有联系又有区别的两种责任。举证是证明的基础，证明是对举证的认定结论。二者密切联系，始终对查明案件事实起着重要作用。证明责任和举证责任的区别在于：其一，性质与范围不同。举证责任与诉讼主张密不可分，在诉讼主张范围内履行；而证明责任是司法机关依法履行收集、审查判断、运用证据认定案情的职责，与诉讼主张没有必然联系。其二，目的与后果不同。举证的目的是为自己的诉讼主张服务，如果不履行举证责任，就要承担败诉的法律后果。证明的目

[①] 然而，这样理解存在不当扩大本罪规制范围的风险。毕竟"不能说明来源"与"不能说明其来源是合法的"含义是不同的，即使行为人不能说明其差额巨大财产的来源是合法的，但是只要其说明了差额巨大财产的真实来源，如系违法所得甚至是犯罪所得，就不存在巨额财产来源不明的问题了，依法就不能以本罪追究刑事责任（参见李文峰《贪污贿赂犯罪认定实务与案例解析》，中国检察出版社2011年版，第567页）。为了避免上述适用缺陷，有论者主张，在特定情形下对行为不能说明的"来源"进行限制解释，即行为人说明了巨额财产来源于犯罪行为（完全履行了说明义务），但按照犯罪的证明标准不能查证属实的，应认定为本罪（参见张明楷《刑法学》（下 第六版），法律出版社2021年版，第1579页）。从历史解释的角度来看，虽然该观点在一定程度上可以解决"行为人说明其差额巨大财产的来源是不合法的，不能以巨额财产来源不明罪论处"的逻辑问题，却忽视了对其"说明"程度的要求，进而会否定本罪属于证明责任倒置。

则是确认案件的事实真相，如果没有履行证明责任，就会导致案件无法处理，直接影响诉讼任务的完成。其三，主体不同。举证的主体是根据"谁主张，谁举证"的原则确定的，举证责任一般是由为了证明自己的诉讼主张的控辩双方来承担的；而证明的主体是根据司法机关的职权来确定的。当事人的举证必须经过司法机关的最后确证，才能作为定案的依据。① 总之，当法律要求被告人承担一定的证明责任，而其由于某些原因不能切实履行说明义务，导致司法机关无法查实巨额财产来源时，就不能免除本罪的刑事责任。

二 证明责任的分配逻辑

因为本罪是法律所允许的必要的例外，② 目的是加大打击国家工作人员贪污贿赂犯罪的力度，促进廉政建设。③ 因为在司法实践中，由于各种主客观因素的干扰和案件的复杂情况，办案人员对案件某些关键事实的认定存在较大障碍，除非犯罪嫌疑人、被告人自我供述，否则侦破案件、追究行为人的刑事责任面临极大的困难。所以，基于诉讼效率和诉讼公正均衡统一的考虑，在刑事立法上对极个别犯罪的被告人科以证明责任是合理的。这就表现为部分减轻控方的证明责任，使被告人承担了部分证明责任；根据被告人的举证情况，控方只需做出相应的推定即可。这既显示出证明责任是与一定的诉讼主张、后果相联系的，是行为责任和结果责任的统一，也体现了利益权衡、诉讼便利等证明责任分配原则，本罪就属于证明责任分配的例外情形。④ 而且，从犯罪构成上分析，本罪的实行

---

① 参见程荣斌、王新清主编《刑事诉讼法》（第八版），中国人民大学出版社 2021 年版，第 187—188 页。

② 参见徐静村主编《刑事诉讼法学》（修订本上），法律出版社 1999 年版，第 195 页。

③ 参见陈光中、徐静村主编《刑事诉讼法学》，中国政法大学出版社 1999 年版，第 176 页。

④ 参见宋英辉、甄贞主编《刑事诉讼法学》（第六版），中国人民大学出版社 2019 年版，第 232—237 页。

行为不能说明财产来源。国家工作人员按照法律法规的规定，负有如实申报财产收入、说明财产来源的义务。明知自己的财产或者支出明显超过合法收入，其差额部分的来源是非法的，在司法机关责令其说明来源时拒不说明，或者有意编造虚假的财产来源但被调查结论否定的，即成立本罪。[①] 简言之，本罪是真正的不作为犯，其罪刑规范是刑事程序法规范与刑事实体法规范的有机结合，不仅在证明责任方面明确了行为人应当承担的举证义务，而且在犯罪构成方面限定了本罪的处罚范围。因为构成要件不仅是将不法行为予以类型化的观念形象，而且是刑事案件中实体形成的指导形象。[②] 另外，外国刑事立法中同样存在被告人承担一定举证责任的现象，具有相对合理性。例如，《日本刑法典》第207条规定，二人以上实施暴力伤害他人的，在不能辨别各人暴力所造成的伤害的轻重或者不能辨认何人造成的伤害时，即使不是共同实行，也依照共犯的规定处断。这是试图以下述形式来实现举证责任的倒置：在各人的暴力与被害人的伤害之间因果关系不明时，如果各人能够证明自己的暴力与被害人的特定伤害之间没有因果关系，便不追究针对该伤害的罪责。[③]

三 保障人权机能的坚守

《刑法》第2条关于刑法任务的规定蕴含了保障人权的思想，《刑事诉讼法》第2条更是直接把"尊重和保障人权"列为刑事诉讼法的任务之一，因此，保障人权是我国刑事法的共同目的。一方面，就刑法的机能而言，在不违反刑法就不会受到处罚的意义上，

[①] 周光权：《刑法各论》（第四版），中国人民大学出版社2021年版，第548页。

[②] 参见［日］小野清一郎《犯罪构成要件理论》，王泰译，中国人民公安大学出版社2004年版，第21页以下、第199页以下。

[③] ［日］松宫孝明：《刑法各论讲义》（第4版），王昭武、张小宁译，中国人民大学出版社2018年版，第37页。

刑法具有限定国家刑罚权的发动，保障人们的行动自由的机能。如果没有刑法，国家就可以随心所欲地进行处罚，人们就不能放心地行动。刑法不仅是"善良人的保护法"，也是"犯罪人的大宪章"，具有"对社会控制的主体（国家）自身进行控制"，限定被处罚的行为，保障包括犯人在内的所有人的自由（乃至人权）的作用（机能）。① 另一方面，就刑事诉讼法的任务而言，尊重和保障人权是刑事诉讼法的根本任务，其核心是尊重和保障犯罪嫌疑人、被告人的人权。因为犯罪嫌疑人、被告人是处于被追诉地位的当事人，其人权最容易受到侵犯，需要特别予以尊重和保护。刑事诉讼法仅仅保障无罪的人不受刑事追究是远远不够的，还要从程序法治的高度保障犯罪嫌疑人、被告人的人权。这不仅是刑事诉讼文明和进步的体现，也关乎社会的长久稳定和刑事诉讼根本目的的实现。② 由于《刑法》对巨额财产来源不明罪采取了叙明罪状的立法技术，明确了犯罪成立条件和证明责任分配，通常情况下不会产生滥用刑罚权的担忧。关键是实践中如何贯彻立法原意和严格适用法律规定，不任意对本罪构成要件做扩大解释，不随意加重被告人一方的证明负担，以确保法益保护机能和人权保障机能的协调统一。

第三节　本罪是否实行了证明责任倒置

根据《刑事诉讼法》规定的证明责任分配规则，原则上，公诉案件中的被告人不负担证明责任，但基于个案情况、证明难易、诉讼效率和刑事政策的考虑，当刑事法律科以被告人在某种程度上说明部分案件事实的法律义务，否则将承担不利的法律后果时，就是

---

① 黎宏：《刑法学》，法律出版社2012年版，第6—7页。
② 宋英辉、甄贞主编：《刑事诉讼法学》（第六版），中国人民大学出版社2019年版，第46页。

实行了证明责任倒置。换言之，如果对"本罪被告人是否负有证明责任"这一问题持肯定回答时，也就从正面回答了"本罪是否实行了举证责任倒置"这一问题。对此，我国刑事诉讼法学通说持肯定态度，认为这类案件，法律规定实行举证责任倒置——由被告人负责说明巨额财产来源的合法性，否则，司法机关无须证明该项财产的确定来源即可直接判定其不合法，并使被告人承担相应的刑事责任。[①] 反对意见则认为，本罪不是证明责任的例外规定，并未实行举证责任倒置，但具体理由又各有差异：一种观点指出，本罪被告人对财产来源作出的说明是一种行使辩护权的行为，不是履行证明责任的行为。辩护权和证明责任最大的区别在于，前者既可以行使也可以放弃，司法机关不能从被告人放弃辩护权这一行为作出推断其有罪的结论；后者是一种法定义务，不能放弃，必须得到履行，否则司法机关可据此作出不利于责任承担者的裁判。[②] 另一种观点主张，被追诉人被司法机关责令说明巨额财产来源，是本罪特殊主体履行的说明义务，不是履行举证责任，也不是行使辩护权的行为。首先，一旦被追诉人说明了巨额财产系非法所得，对其的处罚可能是加重而不是减轻，故不能将这种说明义务理解为辩护。其次，整个证明活动是司法机关在进行，被追诉人只要说明巨额财产来源即可，无须提出充分证据作出令裁判者满意的解释或圆满的说明，这使得说明义务与证明责任所要求的"事实清楚、证据确实充分"是完全不能相提并论的。[③]

如何看待上述分歧呢？笔者认为，通说的观点是妥当的，本罪实行证明责任倒置有明确的法律依据，符合我国现阶段宽严相济的

[①] 参见徐静村主编《刑事诉讼法学》（修订本 上），法律出版社1999年版，第195页。
[②] 参见管增军、陈文秀《试论"巨额财产来源不明罪"的证明责任问题》，载《潍坊教育学院学报》2005年第2期，第12页。
[③] 参见陈力刚《巨额财产来源不明罪的举证责任与财产申报制度》，载《天府新论》2005年第3期，第37页。

刑事政策，严密贪污贿赂犯罪的刑事法网，加大惩处职务犯罪力度的需要。以上两种反对意见对"不能说明来源"要件的性质、功能存在误解，是不妥当的。

一 说明财产来源不是行使辩护权

反对意见的第一种观点将辩护权和证明责任加以区分，是可取的，但认为本罪被告人对财产来源做出说明是行使辩护权的行为，则令人难以赞同。诚然，被告人的辩护权既可以行使也可以放弃，因为这是其所享有的法定诉讼权利而非义务。权利主体对自己权利的处分只要不违反法律的强制性规定，就无须承担法律责任。但是，本罪被告人对财产来源的说明行为不是一种不必承担法律责任的行为，其不能自由决定是否说明财产来源，是否实施该行为完全取决于法律规定、案件事实和调查取证：当司法机关已查明财产来源时，就不会要求被告人说明财产来源；当司法机关不能查明财产来源时，被告人必须按照司法机关的要求说明财产来源。此时，被告人的说明行为将决定自身刑事责任的有无及大小：假如被告人说明了财产合法来源的，就不以犯罪论处；倘若行为人不能说明财产来源的，则推定以本罪论处；如果行为人说明了财产非法来源并经查证属实的，就按其行为所触犯的相应罪名处罚。显然，被告人的说明行为指向巨额财产来源不明罪的客观构成要件，兼有行为责任（行为意义上的证明责任，即负有提供证据行为的责任）和结果责任（结果意义上的证明责任，即负有承担结果不利后果的责任）的双重含义。只要符合法律规定的条件，被告人必须按照司法机关的要求说明财产来源，具有义务强制性的特点，因而不是行使辩护权的行为。

二 履行说明义务即承担证明责任

反对意见的第二种观点承认本罪的说明行为是一种履行义务的

行为，但同时又否定是在承担证明责任，理由是说明义务的履行程度和证明责任要求达到的标准不同，但这有自相矛盾之嫌。

第一，不宜否定"说明"等于证明。本罪说明义务的履行主体是被告人，其只要清楚说明财产来源即可，至于是否属实，则由司法机关来证明。《刑法》第395条第1款明文规定"责令该国家工作人员说明来源"，似乎并没有对被告人的说明程度作出进一步的要求。据此，有论者认为，本罪中的"说明"不等于刑事诉讼中的证明，故不要求行为人的说明达到刑事诉讼的证明程度。行为人说明后司法机关不查证的，不得对其以本罪论处。所以，本罪也并非所谓的举证倒置。[①] 然而，这是对说明义务的形式化解读，不是根据刑事证明理论的实质性阐释。在理论上，导致证明责任倒置的因素，一般包括：（1）证据距离，即在有可能承担证明责任的双方当事人之间，哪一方距离证据的来源更近一些。（2）举证能力的强弱。即收集证据、调查证据、利用证据的能力。（3）实体法上的特别立法政策考虑。即立法者往往采用这种方法来表达其宗旨和追求。（4）盖然性标准。即可能性，按照统计学上的原理，根据某种事件或现象发生的比率高低来确定证明责任的配置。（5）举证妨碍。即证明受阻，指对于负有证明责任的一方当事人，相对方故意或过失使诉讼中存在的唯一证据灭失或使其无法提出，致使案件事实处于证明不能状态的一种特殊诉讼现象。[②] 显然，行为人通常都很清楚自己的财产来源，在证据距离、举证能力方面具有较大优势，为了更有力地惩治和预防腐败犯罪，防止被告人毁灭证据或消极供述，司法机关在穷尽所有证明手段后采取证明责任倒置，具有比例性和正当性。

[①] 张明楷：《刑法学》（下 第六版），法律出版社2021年版，第1578页。
[②] 宋英辉、甄贞主编：《刑事诉讼法学》（第六版），中国人民大学出版社2019年版，第238页。

第二，不宜肯定说明程度等于证明程度。在承认本罪的说明义务是一种证明责任的基础上，有学者主张，基于打击腐败犯罪的功利性价值考虑，巨额财产来源不明罪采用了举证责任倒置，要求行为人说明财产的来源，而这种说明必须是"充分说明"。行为人如果只是提供了财产来源线索，但未获得任何证实，此时财产在客观上仍然处于来源不明状态，其自然无法免除责任。简言之，说明义务要求行为人不仅要在行为上"说"，而且还要在结果上"明"。[①]这既符合证明责任的含义，体现了行为责任和结果责任，也指出了说明程度对于认定本罪的重要意义，只是忽视了证明责任倒置时证明程度的特殊性。实际上，证明责任倒置包括倒置提出证据的行为责任和倒置严格的说服责任、结果责任（不利控方的倒置）。第一种情况下，证明的程度要求达到优势证据、盖然性权衡即可；第二种情况下，则往往要求达到"排除合理怀疑"的程度。[②] 因此，假如行为人仅仅提供财产来源合法的线索，却未经司法机关查实或没有说服法官采信的话，则难以谓之真正意义上的"证明责任"，其说明义务也"有名无实"。对此，另有学者正确地指出，证明与结果意义上的责任紧密相关，说明义务可以理解为一定的说服责任。提出合理疑点的责任属于提供证据的责任，而被告人承担了一定的说服责任，证明标准介于"合理疑点"与"排除合理怀疑"之间。这对其权益可能造成的侵害较小，与规范所要实现的目的相比，并无明显失衡。[③] 上述对巨额财产来源不明罪说明程度的界定，符合本罪的证据特点和相对的无罪推定原则，对被告人的诉讼利益给予

[①] 赵秉志主编：《刑法修正案最新理解适用》，中国法制出版社2009年版，第225—226页。

[②] 宋英辉、甄贞主编：《刑事诉讼法学》（第六版），中国人民大学出版社2019年版，第239页。

[③] 参见陈娜《巨额财产来源不明罪证明责任实证分析——以100例司法裁判为研究样本》，载《证据科学》2016年第6期，第720—722页。

了充分考量，比起严格的排除合理怀疑标准，具有更大的可操作性。

总之，本罪的确实行了证明责任倒置，而证明责任倒置可能由推定所造成，所以，研究本罪的证明责任，就必然涉及推定的性质和功能问题。

第四节　本罪的认定是否属于有罪推定

所谓推定，是指根据法律规定或经验法则，以查明的基础事实为前提，按照事物发展的规律性和普遍联系，判断待定事实性质或状态的活动。推定的依据包括法律规定和经验法则。推定的救济方法是提出反证，即允许当事人提出相反证据推翻此前做出的推定。根据推定的不同依据，可将其分为法律推定和事实推定，法律推定又可分为可反驳的法律推定和不可反驳的法律推定；根据推定的不同功能，还可将其分为实体性推定和程序性推定；根据推定的不同法律后果，亦可将其分为有罪推定和无罪推定。

司法机关对行为人说明义务的履行情况进行查证时，需要运用推定方法以保证结论的适当性，所以，本罪中的推定是法律上的推定、可反驳的推定和实体性的推定。首先，本罪中的推定是法律上的推定，适用依据是我国《刑法》的明文规定，不是单纯按照生活常理和实践经验做出的判断。其次，本罪中的推定是可反驳的推定，与司法人员根据《刑法》总则第17条第2款、第3款规定作出的"未满14周岁的人犯故意杀人、故意伤害致人重伤或死亡、强奸、抢劫、贩卖毒品、放火、爆炸、投放危险物质罪以外的罪行或者未满12周岁的人未犯故意杀人、故意伤害罪，致人死亡或以特别残忍手段致人重伤造成严重残疾，情节恶劣的，不负刑事责任"这一不可反驳的推定不同，它被规定在《刑法》分则第395条第 1 款中，考虑到分则规范是对总则规范的丰富和发展、本罪实行证明责任倒置的比例性和正当性，应当允许被告人提出证据推翻司法机关做出的推定。最后，本罪中的推定是实体性的推定，可以被视为一种实体性规范，是具体犯罪构成要件的一部分。因为行为人说明来源的行为是本罪的客观构成要件之一，其是否充分说明财产来源必须经过法官查证才能得出应否构成本罪的结论。易言之，在刑事诉讼中，推定首先是一种证明规则，反映了证明责任分配和证明标准规定的情况；但在特殊情形下，推定也是实体规则的一部分，在控方证据无法达到精确证明的程度时，就要适度放宽证明标准，运用推定使案件事实和构成要件相符合，以解决定罪量刑问题。因此，在本罪中，推定是普遍规则与特殊规则的统一，是共性规则与个性规则的统一，是证明规则与实体规则的统一。

至于本罪的认定是否属于有罪推定，持"肯定说"的学者指出："在我国，有法律认可而且与许多国家的实践相一致的唯一一种有罪推定是巨额财产来源不明罪。……这种由推定其'不合法'所确立的举证责任倒置，是基于对付国家工作人员职务犯罪的特殊需要，是在对这类犯罪十分难以证明的条件下权衡利弊作出的不得已而又十分必要的选择。"[1] 持"否定说"的学者则主张，刑事法上的推定有实体法上的推定和程序法上的推定之分，本罪是刑事实体法上的有罪推定，刑事立法是基于人类自身认识能力的局限性、司法资源的有限性、诉讼经济效率和刑事政策的考虑等做出了如此规定，且不影响证明责任的分担。[2] 其实，刑事法对少数犯罪实行证明责任倒置，进行有限的有罪推定，真实地反映了人类认识的非至上性，满足了特定时期国家刑事政策的实际需要，符合刑事

---

[1] 参见徐静村主编《刑事诉讼法学》（修订本 上），法律出版社 1999 年版，第 195 页。
[2] 参见毕飞飞《巨额财产来源不明罪之举证责任》，载《河南公安高等专科学校学报》2005 年第 4 期，第 27 页。

诉讼证明规则的一般要求，有利于实现诉讼公正和诉讼效率的统一。"否定说"对刑事法上的推定作了二元区分，有其理论意义，但是否具有现实合理性则值得商榷。虽然在刑事诉讼中，推定首先是一种证明规则，但在特殊情况下，推定也表现为实体规则的一部分，所以，实体法上的推定和程序法上的推定有时是密不可分的，推定是连接实体法和程序法的桥梁。司法人员只有在刑事诉讼程序中才能对构成要件事实做出判断，不具有可诉性的事实根本没有必要进入推定的视野。一旦过分重视推定的实体法意义，就会忽视其程序法意义，割裂推定和证明责任分担之间的联系。无论在理论上还是在实务中，推定不仅影响证明责任的分配，而且影响证明标准的设定。如果控方的证据确实、充分，能够达到"排除合理怀疑"的程度，就无须使被告人承担一定的举证责任，并通过降低证明标准力图使案件事实符合犯罪构成。而且，《全国法院审理经济犯罪案件工作座谈会纪要》第5条规定："刑法第395条第1款规定的'不能说明'，包括以下情况：（1）行为人拒不说明财产来源；（2）行为人无法说明财产的具体来源；（3）行为人所说的财产来源经司法机关查证并不属实；（4）行为人所说的财产来源因线索不具体等原因，司法机关无法查实，但能排除存在来源合法的可能性和合理性的。"其中的第（3）、（4）种情形明显是以某些客观事实为基础，来推测行为人所说的财产来源是否具有合法的盖然性。

因此，本罪的认定属于有罪推定，并应当注意以下三点。

一　有罪推定是无罪推定的例外

为了反对封建专制特权和罪刑擅断，无罪推定作为一种法治原则被提出："在法官判决之前，一个人是不能被称为罪犯的。只要还不能断定他已经侵犯了给予他公共保护的契约，社会就不能取消对他的公共保护。……如果犯罪是不能肯定的，就不应折磨一个无辜者，因为，在法律看来，他的罪行并没有得到证实。"① 法国《人权宣言》第 9 条也规定："任何人在其未被宣告为犯罪以前，应当被假定为无罪。"这一表述后来为世界各国广泛接受，成为保护公民基本人权的重要依据。无罪推定有利于限制国家刑罚权的发动，充分保护犯罪嫌疑人、被告人的人权，促进刑事程序的民主化和法治化，维护社会稳定与和谐。我国《刑事诉讼法》第 12 条最大限度地吸收了无罪推定理论的合理因素和进步意义，又避免了无罪推定本身存在的不可克服的局限性，规定了"未经法院依法判决不得确定有罪的原则"，体现了实事求是的哲学观。② 可见，最高立法机关继承并发展了无罪推定原则，并且基于现阶段反腐败犯罪刑事政策的需要，在控方证明困难的前提下，根据被告人实施的犯罪行为及其举证情况，将有罪推定规定为无罪推定的例外，具有理论上的合理性和实务中的可行性。

二 有罪推定具有有限性、非经常性和不确定性的特点

首先，有罪推定具有有限性。司法人员只能对刑事立法明文规定的具体犯罪进行有罪推定，不能随意扩大其适用范围。所以，不能认为我国《刑法》规定的所有持有型犯罪都能适用有罪推定，否则就会极大限制公民的行动自由。

其次，有罪推定具有非经常性。无罪推定是现代各国刑事法治的基本原则，在刑事立法上是否明确规定这一原则、在刑事司法中能否完全贯彻这一原则，是衡量一国民主与文明程度的重要标志。无罪推定旨在追求诉讼公正，而有罪推定侧重实现诉讼效率。为了提高我国刑事法治的水平，全面保障犯罪嫌疑人、被告人的合法权

---

① ［意］贝卡里亚：《论犯罪与刑罚》，黄风译，中国大百科全书出版社 1993 年版，第 31 页。

② 参见程荣斌、王新清主编《刑事诉讼法》（第八版），中国人民大学出版社 2021 年版，第 90—92 页。

益，有罪推定不能成为一种常态，否则会与无罪推定的实质内容和价值取向形成剧烈冲突。

最后，有罪推定具有不确定性。即使司法机关适用有罪推定，也不能径行断定被告人有罪，假如被告人能提出相反证据推翻司法机关所下的财产来源非法的结论，则构成对这一不利推定的反驳，使控方承担推定事实不成立的后果。

三 有罪推定不是"非人道""不公正"的标签

《刑事诉讼法》第55条第2款规定，证据确实、充分，应当符合以下条件：定罪量刑的事实都有证据证明；据以定案的证据均经法定程序查证属实；综合全案证据，对所认定事实已排除合理怀疑。在绝大多数情况下，刑事立法所预定的犯罪构成，必须由控方证明并达到"犯罪事实清楚，证据确实、充分"的程度，只有在例外情形下，立法者才会降低证明标准，允许依靠推定解决定罪量刑的问题。无论是有罪推定还是证明责任倒置，必须符合刑事立法、经验常识和逻辑规则，它们绝不是"非人道""不公正"的标签；相反，只有当其不受规则制约、被随意扩张适用、成为一种司法常态时，才是非人道和不公正的。所以，有罪推定和证明责任倒置作为证明责任分配规则的例外，应当受到刑事法基本原则的形式理性约束，并在具体适用时予以严格解释，以全面实现我国刑事诉讼保证刑法正确实施的工具作用并体现程序正义的内在价值。

第七章

利用影响力受贿罪的客观方面研究：以"公正性说"为根据的解读

利用影响力受贿罪是《刑法修正案（七）》（以下简称《修正案（七）》）增设的犯罪，与我国《刑法》规定的受贿罪存在构成要件上的区别，与《联合国反腐败公约》中的影响力交易罪存在处罚范围上的差异。本罪的客观方面包括利用影响力、通过职务行为为请托人谋取不正当利益、索取或者收受财物和数额较大或者有其他较重情节几个构成要素，除了索取或者收受财物这一要素外，其他的要素自有其特殊性。本章认为，利用影响力受贿罪侵犯了国家工作人员职务行为的公正性，研究其客观方面，有利于完善我国《刑法》对贿赂犯罪的惩治体系，加大打击力度，准确定罪量刑，充分保障人权。

第一节 问题的提出

受贿罪侵害了公职人员职务的不可收买性，妨碍了其正当地行使职权，使公民丧失了对其公正执行职务的信赖。为了保证国家权力的正常运转和维持社会秩序的稳定，世界各国均将受贿罪作为刑法规制的重点，① 并有逐步扩大处罚范围、加大打击力度的趋势。为了促进预防和打击腐败方面的国际合作，《联合国反腐败公约》第 15 条、第 18 条对贿赂本国公职人员和影响力交易行为也分别做出了规定。2005 年 10 月 27 日，全国人大常委会批准我国加入该公约，同时声明，不受该公约第 66 条第 2 款的约束。为了应对日益严峻的腐败问题，严密贿赂犯罪的刑事法网，加大对腐败行为的惩治力度，加强该公约与我国刑事法律制度的衔接，全国人大常委会于 2009 年 2 月 28 日颁布了《修正案（七）》，在《刑法》第 388 条之一增设了利用影响力受贿罪。② 这标志着贿赂犯罪的主体范围已扩大至非国家工作人员，是我国刑事法制的重大突破。据此，利用影响力受贿罪是指国家工作人员的近亲属或者其他与该国家工作人员关系密切的人，通过该国家工作人员职务上的行为，或者利用该国家工作人员职权或者地位形成的便利条件，通过其他国家工作人员职务上的行为，或者离职的国家工作人员或者其近亲属以及其他与其关系密切的人，利用该离职的国家工作人员原职权或者地位形

---

① 《德国刑法典》第 331 条、第 332 条、第 333 条和第 335 条分别规定了受贿、索贿、给予利益和索贿的特别严重情形之罪；《日本刑法典》第 197 条至第 197 条之四分别规定了受贿罪、受托受贿罪、事前受贿罪、向第三人提供贿赂罪、加重受贿罪、事后受贿罪和斡旋受贿罪；《法国刑法典》第 433—2 条规定了受贿罪；《意大利刑法典》第 317 条至第 320 条分别规定了索贿、因职务行为索贿、因违反职责义务的行为索贿及其加重情节、在司法行为中受贿、受委托从事公共服务的人员受贿的行为；《俄罗斯联邦刑法典》第 290 条规定了受贿罪，等等。

② 在最高司法机关出台司法解释确定本罪罪名之前，刑法学界对如何确定本罪的罪名存在争议：有学者认为，宜定为"非国家工作人员斡旋受贿罪"；还有学者认为，应定为利用影响力受贿罪。笔者认为，首先，从体系上分析，本罪作为第 388 条之一，具备独立的罪状和法定刑，是一个单独的犯罪，应当规定不同于受贿罪及其他贿赂犯罪的罪名。其次，从行为类型上分析，本罪与斡旋受贿行为具有相似性，行为人都能利用某国家工作人员职权或者地位形成的便利条件，通过其他国家工作人员职务上的行为，为请托人谋取不正当利益，索取或者收受请托人财物。显然，本罪也是一种受贿行为。最后，从履行缔约国义务的角度考虑，我国在加入《联合国反腐败公约》后，又在《刑法》中增设本罪，在犯罪构成的设置和罪名的确定上应尽量和该公约保持一致。刑法学界普遍认为，该公约第 18 条规定的是"影响力交易罪"，以突出行为人是以滥用影响力的方式行贿或者受贿的。确定罪名应当体现行为特征而不能仅以主体身份为标准，所以，本罪罪名也应当突出行为人利用影响力索取或者收受财物的特征，定"利用影响力受贿罪"是科学的。

成的便利条件,通过其他国家工作人员职务上的行为,为请托人谋取不正当利益,索取请托人财物或者收受请托人财物,数额较大或者有其他较重情节的行为。在司法实践中,关于本罪认定的争议焦点通常集中在其客观方面。例如,2008—2012 年期间,程某某利用其岳父苏某担任中共江西省委书记(2007 年 12 月至 2013 年 3 月)的职权或者地位形成的便利条件,通过其他国家工作人员职务上的行为,为廖某某、范某某、上官某某(均另案处理)谋取不正当利益,收受三人财物共计折合人民币 947.6 万元、港币 10 万元。一审法院认为,程某某利用其岳父苏某的影响力,通过其他国家工作人员的职务行为,为请托人廖某某、范某某、上官某某谋取不正当利益,并收受三人财物共计人民币 925.2 万元,港币 10 万元,其行为已构成利用影响力受贿罪,且受贿数额特别巨大。[①] 虽然本案做出了有罪判决,但并未予以充分说理。

本罪的客观方面包括利用影响力、通过职务行为为请托人谋取不正当利益、索取或者收受财物和数额较大或者有其他较重情节几个构成要素,但由于"索取或者收受财物"要素与其他贿赂犯罪并无不同,因此,下文将详细论述利用影响力、通过职务行为为请托人谋取不正当利益和数额较大或者有其他较重情节三个要素。

第二节 "利用影响力"的认定

受贿罪作为一种职务犯罪,是以权换利的肮脏交易,是国家工作人员直接利用本人职权与请托人提供的贿赂进行利益交换;而本罪行为人没有直接利用国家工作人员的职权,而是先利用自己与国家工作人员的特殊关系(即影响力),再利用其他国家工作人员职

[①] 参见湖南省株洲市中级人民法院(2016)湘 02 刑初 20 号刑事判决书。

务上的行为为请托人谋取不正当利益，表现为影响力和贿赂的交易。简言之，受贿罪中的贿赂是作为国家工作人员职务行为的对价，而本罪中的贿赂是作为行为人自身影响力的对价。这是受贿罪与本罪的明显区别所在。正确认定本罪，首先必须准确界定影响力的内涵和外延。

一 影响力的含义

所谓影响力，是指一个人在与他人交往的过程中，影响或改变他人心理和行为的一种能力。法约尔（Henri Fayol）首先将领导影响力划分为权力性影响力和非权力性影响力。权力性影响力是权力因素在组织和社会的作用下产生的强制性影响，以外推力的形式发生作用，具有不可抗拒性、强迫性和外在性的特点。而非权力性影响力是领导者自身的非权力因素所产生的自然影响力。它是由领导者的人格因素引起的，为被领导者认可，以内驱力的形式影响和改变被领导者心理与行为的一种力量。与权力性影响力相比，非权力性影响力产生的基础十分广泛，它是建立在被领导者对领导者的尊敬、依赖、钦佩、崇拜的基础上，为被领导者自觉自愿、心悦诚服地接受，不具有任何强制色彩和驱使感。因此，在管理心理学上，根据影响力的来源、特征和作用，可将其分为权力性影响力和非权力性影响力。本罪行为人正是凭借自身与国家工作人员的密切关系，利用上述影响力使其他国家工作人员的职务行为为自己服务，意图为请托人谋取不正当利益，从中索取或者收受贿赂。但是，影响力的来源、性质与影响力的利用方式不能相提并论。换言之，不能因为影响力基于职权、地位产生，就认为利用这种影响力的行为构成受贿罪；同样，也不能因为影响力由来于品格、知识、才能、情感、资历等个人因素，就认为利用这种影响力的行为构成本罪。影响力的来源、性质的确会对影响力的利用方式产生一定作用，但前者对后者并不具有决定意义，后者与前者并不是完全对应的。尤其是在本罪中，行为人仅仅通过利用影响力还不能实现犯罪目的，必须借助其他国家工作人员的职务行为才能为请托人谋取不正当利益，所以，行为人所利用的影响力，往往是一种与职权、地位有关的影响力，并不是一种单纯的非权力性影响力。

有论者认为，我国刑法典将国家工作人员和非国家工作人员利用影响力受贿规定为不同的犯罪，因此，本罪的影响力只包括前述的非权力性影响力而不包括权力性影响力。利用权力性影响力受贿的，构成我国刑法中的受贿罪而非本罪。本罪的非权力性影响力范围广泛，从实践中的情形看，主要表现为以下几个方面：（1）基于一定感情所产生的影响力；（2）基于一定的血缘关系所产生的影响力；（3）基于一定的地缘关系所产生的影响力；（4）基于一定的事务关系所产生的影响力。[①] 但是，这种观点有待商榷。本罪中的影响力应当既包括权力性影响力也包括非权力性影响力，决定本罪与受贿罪区别的关键是影响力的利用方式。详言之，影响有三种表现形式：其一，主体对客体的作用而产生的静态状态，即其他国家工作人员受到行为人影响力的作用后呈现出的服从和拒绝的状态。其二，互动过程中主体对客体的作用，即行为人通过自身的影响力而为其他国家工作人员指引了为或不为一定行为的"道路"。这种指引既可以是强制性和权力性的，也可以是劝告性和诱导性的。其三，互动过程中客体对主体的被动反应，即其他国家工作人员服从和拒绝行为人影响力所指引的"道路"的具体行为。[②] 因此，将影响力分为权力性影响力和非权力性影响力并不能充分揭示本罪的实质，有必要根据利用行为的特点将影响力分为直接影响力和间接影

---

① 参见赵秉志主编《刑法修正案最新理解适用》，中国法制出版社2009年版，第209—210页。

② 参见马克昌主编《百罪通论》（下卷），北京大学出版社2014年版，第1192页。

响力。其中，利用直接影响力而索取或者收受贿赂的，一般构成受贿罪；利用间接影响力从中索取或者收受贿赂的，则构成本罪。

二 影响力的利用方式

从本罪的规定来看，行为人利用影响力受贿的具体方式有以下三种：

第一，行为人利用与国家工作人员的密切关系，通过该国家工作人员职务上的行为，为请托人谋取不正当利益，索取或者收受财物。在此，行为人利用的是非权力性影响力，包括基于夫妻关系、好友关系、父母子女关系、兄弟姐妹关系、同乡关系、师生关系、同事关系和同学关系等密切关系产生的影响力，范围非常广泛。此处的"密切关系"与《关于办理受贿刑事案件适用法律若干问题的意见》中的"特定关系"有何区别？该解释第13条规定："本意见所称'特定关系人'，是指与国家工作人员有近亲属、情妇（夫）以及其他共同利益关系的人。"据此，特定关系是指非国家工作人员与国家工作人员之间的共同利益关系。本规定虽然仍有一定的抽象性，但毕竟为认定"特定关系"提供了依据，要求二者必须具有利益共同性。所以，"密切关系"与"特定关系"的内涵与外延大致相同。在最高司法机关尚未颁布司法解释阐明"密切关系"的意义时，可以按照上述司法解释对"特定关系"的界定来理解"密切关系"；如果不能认定时，就不构成本罪。例如，邹某某虚构有能力找关系释放因涉嫌犯罪被羁押的高某1的事实，骗取高某1家属80万元，据为己有。公诉机关指控邹某某利用与国家工作人员关系密切，承诺为他人谋取不正当利益，收受他人财物，数额特别巨大，其行为已构成利用影响力受贿罪的罪名不成立。邹某某收到80万元后并没有找任何国家工作人员为其办事。高某1家属证实找邹某某只是让其捞人，并不知其用什么方法，没有证实邹某某与赵某是什么关系，并不能反映出邹某某利用他人的影响力。本案的行为、手段符合诈骗罪的犯罪构成，应认定为犯诈骗罪。①

第二，行为人利用与之有密切关系的国家工作人员职权或者地位形成的便利条件，通过其他国家工作人员职务上的行为，为请托人谋取不正当利益，索取或者收受财物。问题是，如何理解"利用职权或者地位形成的便利条件"？是否可以与斡旋受贿行为中的这一要件作相同解释？《全国法院审理经济犯罪案件工作座谈会纪要》第3条规定："刑法第385条第1款规定的'利用职务上的便利'，既包括利用本人职务上主管、负责、承办某项公共事务的职权，也包括利用职务上有隶属、制约关系的其他国家工作人员的职权。刑法第388条规定的'利用本人职权或者地位形成的便利条件'，是指行为人与被其利用的国家工作人员之间在职务上虽然没有隶属、制约关系，但是行为人利用了本人职权或者地位产生的影响和一定的工作联系，如单位内不同部门的国家工作人员之间、上下级单位没有职务上隶属、制约关系的国家工作人员之间、有工作联系的不同单位的国家工作人员之间等。"有学者指出，本罪不能完全照搬这一规定。在本罪中，无论国家工作人员与被其利用的国家工作人员之间在职务上是否具有隶属和制约关系，都应当属于利用国家工作人员的职权或地位形成的便利条件。本罪中第一种利用影响力受贿的方式被表述为"通过该国家工作人员职务上的行为"，并非受贿罪中的"利用职务上的便利"，所以，第二种利用影响力受贿的方式就应该包含在职务上具有隶属、制约关系的情形，否则在逻辑上就不周延。② 上述见解有一定道理，但关键在于能否对"该国家

---

① 参见内蒙古自治区呼伦贝尔市中级人民法院（2016）内0782刑初64号刑事判决书。
② 葛磊：《新修罪名诠解：〈刑法修正案（七）〉深度解读与实务》，中国法制出版社2009年版，第248页。

工作人员职务上的行为"和"利用职务上的便利"作相同理解。实际上，二者的基本含义相同，都是国家工作人员利用自身的职务行为或者与职务有密切关联的行为去处理公共事务。一方面，受贿罪的本质是权钱交易，贿赂是与国家工作人员职务有关的、不正当报酬的利益。为了保证国家工作人员正当行使职权，维护公民对其职务行为公正性的信赖，刑法禁止任何人通过支付财产上代价的方式收买其职务行为。换言之，只要国家工作人员索取或者收受的财物与其职务行为有关，就可认定为利用了职务上的便利。[①] 职务行为与职务上的便利是表里关系，二者均反映了受贿罪的本质是侵害了职务行为的不可收买性，并无实质区别。因此，从刑法规范的保护目的和受贿罪的犯罪本质分析，应当对其进行相同的解释。另一方面，外国刑事立法关于受贿罪的规定，鲜有使用"利用职务上的便利"的表述，而是采取"针对履行其职务行为""在其职务上"等类似规定以体现贿赂是作为职权或者由职权派生的职务行为的对价的性质。[②] 因此，"该国家工作人员职务上的行为"和"利用职务上的便利"具有同样的内涵，第一种利用影响力受贿的方式包含了利用职务上有隶属、制约关系的情形，第二种利用影响力受贿的方式就应当与《刑法》第388条作同样的理解，仅指在职务上没有隶属、制约关系的情形。

所以，此处的"利用本人职权或者地位形成的便利条件"可以参照上述规定，仅指行为人与被其利用的国家工作人员之间在职务上没有隶属、制约关系，即行为人凭借自己的职权、地位对被其利用的国家工作人员产生的影响关系，主要表现为两类：一类是行为人居于较高职位，拥有较为广泛的职权，能对并不隶属于他的国家工作人员的职务行为产生影响；另一类是行为人因工作联系对被其

[①] 张明楷：《刑法学》（下 第六版），法律出版社2021年版，第1595页。
[②] 参见张明楷《外国刑法纲要》（第三版），法律出版社2020年版，第700页以下。

利用的国家工作人员的职务行为产生影响。这种工作联系包括纵向的工作联系和横向的工作联系，前者是指上级机关的国家工作人员（通常是担任非领导职务的国家工作人员）与下级机关的国家工作人员在职务行为上的联系，后者是指单位内不同部门的国家工作人员之间、具有同类职权的不同单位的国家工作人员之间在职务上的联系。[①] 在这些情况下，行为人可能利用了权力性影响力或者非权力性影响力。只要行为人利用上述影响和工作联系，通过其他国家工作人员职务上的行为，为请托人谋取不正当利益，索取或者收受财物的，就可构成本罪。

第三，行为人利用离职的国家工作人员职权或者地位形成的便利条件，通过其他国家工作人员职务上的行为，为请托人谋取不正当利益，索取或者收受财物。这里的"利用职权或者地位形成的便利条件"与第二种利用影响力受贿的方式中的意义相同。离职的国家工作人员利用原职权或者地位形成的便利条件时，明显利用的是权力性影响力；其他情况下，与离职的国家工作人员关系密切的人利用的就是非权力性的影响力。

另外，本罪与《联合国反腐败公约》第18条规定的影响力交易罪在影响力的范围及行为类型方面有所差异。该条规定："各缔约国均应当考虑采取必要的立法和其他措施，将下列故意实施的行为规定为犯罪：一、直接或间接向公职人员或者其他任何人员许诺给予、提议给予或者实际给予任何不正当好处，以使其滥用本人的实际影响力或者被认为具有的影响力，为该行为的造意人或者其他任何人从缔约国的行政部门或者公共机关获得不正当好处；二、公职人员或者其他任何人员为其本人或者他人直接或间接索取或者收

[①] 可见，"利用本人职权或者地位形成的便利条件"与"利用职务上的便利"之间的区别有时是十分微妙的，尤其是对纵向的工作联系和纵向的制约关系的区分，因为二者都表现为与国家工作人员的职权、地位具有一定的联系，差异也许仅仅在于程度上。这也就不难理解为什么外国刑事立法没有使用上述表述了。

受任何不正当好处，以作为该公职人员或者该其他人员滥用本人的实际影响力或者被认为具有的影响力，从缔约国的行政部门或者公共机关获得任何不正当好处的条件。"影响力交易罪有三种行为类型：1.向可滥用影响力的公职人员或者其他人员给予不正当好处，以谋取不正当好处；2.公职人员滥用影响力，直接或间接索取或者收受不正当好处，以谋取不正当好处；3.其他任何人员滥用影响力，直接或间接索取或者收受不正当好处，以谋取不正当好处。显然，影响力交易罪的第三种行为类型与本罪基本对应，前两种行为类型与我国《刑法》规定的行贿罪和斡旋受贿行为类似。而且，影响力交易罪的调控范围比本罪宽泛得多，其中的"影响力"是行为人的"实际影响力或者被认为具有的影响力"，不像本罪将"影响力"限定为必须具有"密切关系"或者"利用职权或地位形成的便利条件"；影响力交易行为不以行为人的职务或地位形成的便利条件为犯罪的基本构成要件，[1] 前者的外延大于后者。

总之，利用影响力的行为情况复杂，手段多样，形态各异。在影响力的来源上，行为人或者利用权力性影响力，或者利用非权力性影响力；在影响力利用的具体形式上，行为人一定利用的是间接影响力，没有这种影响力的斡旋作用，缺少其他国家工作人员职务上的行为，行为人的犯罪目的不可能实现。因此，行为人的利用行为有双重性，即先利用国家工作人员或者自己（主要指离职的国家工作人员）对其他国家工作人员的影响，接着又利用其他国家工作人员的职权行为。[2] 本罪中的影响力，应当根据一般人的认识能力和水平，进行客观的、现实的判断。

---

[1] 参见陈雷《国际公约影响力交易罪与我国斡旋贿赂犯罪的比较研究》，载《福建法学》2006年第2期，第22页。

[2] 参见赵秉志主编《刑法修正案最新理解适用》，中国法制出版社2009年版，第30页。

第三节 "通过职务行为为请托人谋取不正当利益"的认定

本罪的利用行为具有双重性,行为人利用间接影响力时,必然要通过其他国家工作人员职务上的行为,为请托人谋取不正当利益;职务行为与谋取不正当利益之间具有直接的因果关系,缺少其他国家工作人员职权的有效行使,不可能谋取不正当利益;但是,也不能否认利用影响力的行为对谋取不正当利益的惹起作用。

一 其他国家工作人员的职务行为

国家工作人员的职权广泛,对维护经济社会健康发展、保障市场主体合法权益具有重要作用。《刑法》规定受贿罪就是为了打击职权与财物的不正当交易,确保国家工作人员职务行为的不可交换性,维护国民对其公正执行职务的信赖。虽然本罪不是严格意义上的职务犯罪,但是作为一种诱发、帮助职务犯罪的行为,同样具有严重的社会危害性和明显的预防必要性。

(一)职务行为必须由国家工作人员实施

如果职务行为不是国家工作人员实施的,则不构成本罪,可能成立诈骗罪、敲诈勒索罪、非国家工作人员受贿罪等犯罪。实施者是否具有国家工作人员的身份,应当根据《刑法》、有关立法解释和司法解释予以认定。由于国家工作人员是一种特定身份,种类繁多,范围广泛,理论界和实务界对其如何判断存在很大争议。如《关于〈中华人民共和国刑法〉第九章渎职罪主体适用问题的解释》强调身份的实质标准,即虽未列入国家机关工作人员编制但在国家机关中从事公务的人员,在代表国家机关行使职权时,同样是国家机关工作人员。对此,有学者提出质疑:这一解释意味着,只要具备了上述国家机关工作人员的实质特征,即使不具备其形式特征,也属于国家机关工作人员。这种立法解释显然偏离了罪刑法定原则。[①] 毫无疑问,身份的实质特征是"从事公务",但身份的形式特征不能仅局限于"列入编制"。易言之,"从事公务"是国家工作人员的本质属性,具备从事公务的"资格身份"则是其外在形式。国家工作人员的资格身份可以依法取得、受委派取得或者受有关单位委托而取得。[②] 在后两种情况下,评价的重点应当是身份来源的合法正当性和公务活动的实际有效性。

(二)职务行为必须由行为人以外的国家工作人员实施

本罪主体是特殊主体,主要是与国家工作人员关系密切的人,但不能简单概括为非国家工作人员。在上述第三种利用影响力受贿的类型中,其主体包括离职的国家工作人员,对此,应当作扩张解释,即"离职的国家工作人员"包括不具有国家工作人员身份的人和仍然具有国家工作人员身份、但不再行使原有职权的人。前者容易理解,无须赘言;至于后者,即使行为人具有国家工作人员身份,但对原有职权范围内的公务不能产生任何作用,只能利用这一便利条件,转而通过其他国家工作人员职务上的行为为请托人谋取不正当利益,同样符合本罪客观方面的特征。

(三)职务行为是根据法律规定或在履行正当程序后所从事的组织、领导、监督、管理公共事务的活动

职务行为是国家工作人员基于其职权、地位而处理公共事务的行为,所以,只要是在抽象的、一般的职务权限之内就够了,不论其主管、分管的工作或者内部事务的分工如何。职务行为可以是在现有的职权范围内但将来才能实施的行为,也可以是基于过去担任的职务但现在未担任而从事的行为。职务行为包括本来的职务行为

---

① 李希慧:《罪刑法定原则与刑法有权解释》,载《河北法学》2009年第5期,第62页。
② 参见杜国强《身份犯研究》,武汉大学出版社2005年版,第105—106页。

和与职务密切相关的行为：前者是职务范围内的行为；后者不在职务范围内，严格意义上不是职务行为，但当其被不正当行使或者未被正当行使时，能产生和职务行为同样的法律后果，具有相同的法益侵害性，应被认为是相当于职务的行为。职务行为的外延广泛，包括在立法、行政、司法、党务、军事等各个国家机关、企业、事业单位、社会团体基于其权限范围履行法定职责的活动。

二　为请托人谋取不正当利益

我国刑法理论通说认为，不能将受贿罪的"为他人谋取利益"简单地理解为已经为他人谋取到了利益。一般而言，为他人谋取利益包括四种情况：一是已经许诺为他人谋取利益，但尚未实际进行；二是已经着手为他人谋取利益，但尚未谋取到利益；三是已经着手为他人谋取利益，但尚未完全实现；四是为他人谋取利益，已经完全实现。[①] 因此，谋取行为包括承诺、实施和实现三个阶段，只要开始实施其中任何一个阶段的行为，就可以认为满足了"谋取"的要件。其中的"承诺"也是一种客观行为，行为人必须以明示或者默许的方式将自己的意思表现于外部，并达到能被一般人了解的程度。对于利用影响力受贿罪也应做同样的理解。行为人主观上必须具有利用影响力承诺为他人谋取利益的意图，客观上实际具有这种影响力，否则可能构成诈骗罪。行为人的利用行为具有双重性，所以，其利用影响力的行为和其他国家工作人员职务上的行为共同对不正当利益的实现产生作用，当然，其中起主要作用的还是其他国家工作人员职务上的行为。在某种意义上，谋取行为也具有双重性，行为人和其他国家工作人员可以分别实施上述任一阶段的行为，也符合本罪客观方面的要件。

[①] 高铭暄、马克昌主编：《刑法学》（第九版），北京大学出版社、高等教育出版社2019年版，第631页。

本罪与斡旋受贿行为一样，谋取的是"不正当利益"。关于"不正当利益"的内涵，《关于在办理受贿犯罪大要案的同时要严肃查处严重行贿犯罪分子的通知》第2条规定："'谋取不正当利益'是指谋取违反法律、法规、国家政策和国务院各部门规章规定的利益，以及要求国家工作人员或者有关单位提供违反法律、法规、国家政策和国务院各部门规章规定的帮助或者方便条件。"《关于办理行贿刑事案件具体应用法律若干问题的解释》第12条进一步扩大了其外延，即行贿犯罪中的"谋取不正当利益"，是指行贿人谋取的利益违反法律、法规、规章、政策规定，或者要求国家工作人员违反法律、法规、规章、政策、行业规范的规定，为自己提供帮助或者方便条件。违背公平、公正原则，在经济、组织人事管理等活动中，谋取竞争优势的，应当认定为"谋取不正当利益"。据此，"不正当利益"包括两种情况：一是利益本身不正当；二是国家工作人员谋取利益的手段不正当，但利益本身可能是正当的。值得注意的是，不能将索取或者收受财物的不正当性与谋取利益手段的不正当性相混淆。谋取的利益是否正当，应当从国家工作人员职务上的行为是否正当来考察，即从请托事由、相互关系、职权范围、程序步骤等方面综合判断。行为人索取或者收受财物的不正当性并不影响请托人谋取利益本身的正当性。不能认为，只要国家工作人员索取或者收受了财物、行贿人为谋取某种利益而给予其财物，该利益就一律属于不正当利益。倘若如此，《刑法》第388条、第389条对斡旋受贿行为和行贿罪做出谋取"不正当利益"的限定就没有任何意义了。所以，对本罪中的"不正当利益"不宜作扩大解释。对此，有学者认为，将斡旋受贿行为中的利益限定为"不正当利益"不合理，因为这种行为虽然也损害了国家工作人员的廉洁性，但不一定是其职务的廉洁性，二者仍有程度的差异。日、韩等国刑法均无谋取利益的规定，更未设谋取利益与谋取不正当利益的差别。①但是，与《联合国反腐败公约》和某些外国刑事立法（如《法国刑法典》第433—2条）一样，将行为人谋取利益的性质限定为"不正当利益"有利于限制贿赂犯罪的处罚范围，切实贯彻宽严相济的基本刑事政策。因为斡旋受贿行为中的贿赂是作为国家工作人员职权或者地位形成的便利条件（即斡旋）的对价，不同于典型受贿罪中的贿赂是作为职务行为的对价，二者的社会危害性程度不同。

另外，这一问题还关系到受贿罪的保护法益：如果认为受贿罪的保护法益是职务行为的不可收买性，那么只要贿赂行为与公务员的职务行为具有关联性即可，而不要求公务员有为他人谋取利益的实际行为与结果；而一旦认为受贿罪的保护法益是职务行为的纯洁性，那么受贿罪的成立就要求公务员为他人谋取利益，甚至要求为他人谋取非法利益。②日本刑事立法和刑法理论基本上采纳了前一种观点，认为受贿罪的保护法益是公务员或仲裁人职务行为的不可收买性，职务行为的公正性不过是其反射效果，而对职务行为公正的信赖只是对职务行为的不可收买性换了一种说法而已。③然而，利用影响力受贿罪的主体并非国家工作人员，没有直接在职务行为和贿赂之间建立起对价关系，不宜认为其侵犯了国家工作人员职务行为的不可收买性。考虑到本罪的罪质特点是，行为人利用自己与国家工作人员的密切关系，通过其职务行为为请托人谋取不正当利益，尽管索取或收受的贿赂是作为自身影响力的对价，但会使普通公民或行贿方产生借助行为人的影响力而间接收买国家工作人员的印象，具有干扰职务行为客观、中立行使的危险。简言之，国家工作人员的职权是依法授予的，

---

① 参见马克昌《论斡旋受贿犯罪》，载《浙江社会科学》2006年第3期，第73页。
② 参见张明楷《刑法学》（下 第六版），法律出版社2021年版，第1581页。
③ 参见［日］川端博《贿赂罪的理论》，成文堂2016年版，第90—92页。

也只能在职权范围内依法行使才是正当的。一切基于人情关系而超越职权、滥用职权，都是不正当的行为。① 这其实表明利用影响力受贿罪具有侵犯职务行为的纯洁性的一面。而且，《关于办理贪污贿赂刑事案件适用法律若干问题的解释》（以下简称《贪污贿赂罪解释》）第10条第1款规定，本罪的定罪量刑适用标准，参照该解释关于受贿罪的规定执行。这也暗含了利用影响力受贿罪具有侵犯职务行为的不可交换性的立法思维。因此，本罪的客体应为国家工作人员职务行为的公正性（主要客体）和不可收买性（次要客体）。据此，有必要限缩"不正当利益"的成立范围。例如，对公诉机关指控李某在帮助某华康医药公司、某腾济医疗设备有限公司、贵州腾誉康医疗设备有限公司、贵州众亿科贸有限公司销售药品、医疗器械到福泉市第一人民医院、福泉市第二人民医院、福泉市妇幼保健院、福泉市疾病控制中心、福泉市凤山镇卫生院、福泉市第三人民医院后，收受彭某、张某、邓某给予的分成款构成利用影响力受贿罪，一审法院认为该指控不成立。涉案公司在销售药品或医疗器械给上述医疗机构过程中，均通过医疗机构内部审批程序或按国家相关规定通过公开招投标、竞争性谈判、议价采购等方式进行，涉案公司获取利益的方式和利益本身均具有合理性，属于正常商业经营产生的利益，并不属于《刑法》第388条之一规定的利用影响力受贿罪中的不正当利益。②

---

① 参见马克昌主编《百罪通论》（下卷），北京大学出版社2014年版，第1191页。还有学者主张，本罪的保护法益是"公众对国家工作人员职务行为的不可收买性、公正性的信赖"（参见周光权《刑法各论》（第四版），中国人民大学出版社2021年版，第561—562页）或者"国家机关的工作秩序以及公务活动的公正性"（参见林亚刚《刑法学教义》（分论），北京大学出版社2020年版，第646页）。以上见解都表明，利用影响力受贿罪侵犯的集合法益（确保国家工作人员不偏不倚行使职权的制度条件）有别于受贿罪侵犯的集合法益（保证国家工作人员在不存在利益交换的情况下行使职权的制度条件）。

② 参见贵州省福泉市人民法院（2015）福刑初字第156号刑事判决书。

第四节 "有其他较重情节"的认定

行为人利用影响力，通过其他国家工作人员职务上的行为，为请托人谋取不正当利益，索取或者收受的财物数额较大或者有其他较重情节的，才构成本罪；索取或者收受的财物数额较小或者情节较轻的，不构成本罪，构成其他犯罪的，按照《刑法》分则的有关规定定罪处罚。《修正案（七）》将数额标准和情节标准择一规定，彰显了我国刑事立法指导思想的进步与立法技术的成熟，虽然《贪污贿赂罪解释》要求参照受贿罪的定罪量刑标准执行，但仍未完全明确本罪的情节内容和既、未遂标准。

一 其他较重情节的内容

除了"数额较大"外，"有其他较重情节"也成为本罪入罪条件。"较重情节"与"情节严重"、"情节恶劣"都是法定的罪量要素，性质相同，但在社会危害性程度上有差异。所谓的"情节"是定罪情节，指在犯罪过程中，反映行为的社会危害性和行为人的人身危险性及其程度，作为区分罪与非罪、此罪与彼罪的一系列主、客观事实。它具有以下基本特征：一是情节具有综合性。尽管情节是刑事立法规定的各种指标，但法律没有明确其表现形式，具有一定的模糊性，不如结果那样直观。换言之，"情节严重"中的情节属于整体的评价要素，其功能在于，当条文对罪状的一般性描述不足以使行为的违法性达到值得科处刑罚的程度时，就增加某个要素（或者对某个要素提出特别要求），从而使客观构成要件所征表的违法性达到值得科处刑罚的程度。[①] 二是情节需要进行实质解

[①] 参见张明楷《刑法分则的解释原理》（下 第二版），中国人民大学出版社2011年版，第587页。

释。为了实现刑法的稳定性和简短价值，有必要保留情节犯这种带有一定不确定性和开放性的立法技术，但若要使行为的社会危害性达到值得科处刑罚的程度，必须遵循罪刑法定原则，以保护法益为指导来解释具体犯罪的构成要件。易言之，一旦立法者将情节规定为某种罪量要素，只有在行为符合该种情节时，才具备严重的社会危害性并成立相应的犯罪。即使立法者没有附加情节要素时，法官仍要考虑犯罪构成整体所反映的社会危害性是否达到值得科处刑罚的程度。

本罪中的"较重情节"作为一种构成要件要素，也具有综合性和实质解释必要性，其表现出的社会危害性和人身危险性略微轻于"情节严重""情节恶劣"。根据保护法益、《刑法》和《贪污贿赂罪解释》的规定，"较重情节"应当包括以下内容：1. 曾因利用影响力受贿受过党纪、行政处分或者刑事追究的；2. 多次利用影响力受贿的；3. 有勒索情节，造成较为恶劣的影响的；4. 为他人谋取职务提拔、调整或者违反规定枉法裁判的；5. 为他人谋取不正当利益，致使公共财产、国家和人民利益遭受损失的；6. 造成恶劣影响或者其他严重后果的。据此，"严重情节""特别严重情节"作为法定刑升格的条件，在危害程度上又上升一级。数额也是一种情节，所以，在认定"严重情节""特别严重情节"时，也可一并考虑数额因素。

二　既、未遂标准

"数额较大或者有其他较重情节"并非受贿罪的构成要件，这是否意味着，利用影响力受贿罪的既、未遂标准与其有所不同？关于受贿罪的既、未遂标准，我国刑法理论界主要有四种观点：第一种观点认为，在收受贿赂的形式下，应以受贿人承诺之时为既遂标志；在索取贿赂的形式下，以是否完成索贿行为作为既、未遂的标志；第二种观点认为，应以是否收受到贿赂作为受贿罪既、未遂的标志；第三种观点认为，确定受贿罪的既遂与未遂，应以受贿人是否为行贿人谋取了私利为标准；第四种观点认为，区别受贿罪的既遂与未遂，在一般情况下应以是否收受到贿赂为标准；但是，虽然未收受到贿赂，利用职务之便为行贿人谋利而给国家和人民利益造成实际损失的，也应属于受贿罪的既遂。其中，第二种观点与受贿罪的本质特征相符。[①] 而关于利用影响力受贿罪的既、未遂标准，有学者指出，与认定受贿罪时采取"收受说"不同，本罪兼采取数额和情节双重基本标准，因而"重大损失说"基本上适合于既遂、未遂标准的判断。[②] 这意味着，本罪的既、未遂标准可能不同于受贿罪。

但是，根据我国刑法理论判断犯罪既遂的"构成要件齐备说"，结合利用影响力受贿罪的罪质特征和犯罪构成，本罪应当与受贿罪采取同样的既、未遂标准。"收受说"和"重大损失说"没有本质区别，本罪的既、未遂标准仍应采取"收受说"。

其一，根据"构成要件齐备说"，当行为符合刑法规定的全部构成要件时，成立既遂；反之，则为未遂。具体表现为，行为人利用影响力，通过其他国家工作人员职务上的行为，为请托人谋取不正当利益，索取或者收受财物必须达到数额较大或者情节较重的程度，才充足了本罪的构成要件，成立本罪的既遂。而给国家和人民利益造成实际损失，虽然不是明文记述的构成要件，但其是"较重情节"的一个方面，同样属于本罪的构成要件。因此，行为人实施上述行为给国家和人民利益造成实际损失的，也可成立本罪的既遂，"重大损失说"有其合理性。

[①] 参见王作富主编《刑法分则实务研究（下）》（第三版），中国方正出版社2007年版，第1822—1823页。

[②] 参见赵秉志主编《刑法修正案最新理解适用》，中国法制出版社2009年版，第214页。

其二，《刑法》也没有将"给国家和人民利益造成实际损失"规定为受贿罪的构成要件，但并不影响将其解释为受贿罪的构成要件。《贪污贿赂罪解释》第1条第3款规定："受贿数额在1万元以上不满3万元，具有前款第2项至第6项规定的情形之一，或者具有下列情形之一的，应当认定为刑法第383条第1款规定的'其他较重情节'，依法判处3年以下有期徒刑或者拘役，并处罚金：多次索贿的；为他人谋取不正当利益，致使公共财产、国家和人民利益遭受损失的；为他人谋取职务提拔、调整的。"据此，当行为人受贿数额不到较大标准时，必须通过强调情节要素，使犯罪构成的社会危害性大小在整体上升到可以科处刑罚的程度。所以，有必要对受贿罪的犯罪构成进行实质解释，"重大损失说"也适用于受贿罪。

其三，鉴于上述两种情形，可以采取"重大损失说"解决利用影响力受贿罪和受贿罪的既、未遂问题，而造成重大损失仅仅是一种例外情况，是行为人收受贿赂结果的延伸，同样体现了本罪和受贿罪实质特征。本罪的实质是行为人的影响力与贿赂的不正当交易，贿赂是影响力的对价；而受贿罪的本质是国家工作人员的职务行为与贿赂的不正当交易，贿赂是职务行为的对价。因此，二者在犯罪本质上有共通之处。[1] 只要行为人索取或者收受的贿赂与影响力或者职权有关，就侵犯了国家工作人员职务行为的公正性和不可收买性，可能给国家、社会或者他人利益造成严重损失，应当动用刑罚予以规制。总之，"重大损失说"不过是"收受说"一个方面的内容。

其四，从两罪的犯罪构成上分析，也应当坚持"收受说"。受贿罪在主观方面表现为国家工作人员认识到利用职务上的便利，索

---

[1] 参见张明楷《受贿犯罪的保护法益》，载《法学研究》2018年第1期，第146页以下。

取或者收受财物，为他人谋取利益，即认识到贿赂性的存在和收受财物的不正当性，并希望利用职务上的便利为他人谋取利益，本人能够索取或者收受到财物；在客观方面表现为实施了利用职务上的便利，索取或者收受财物，为他人谋取利益的行为。与此相似，利用影响力受贿罪在主观方面表现为行为人认识到利用影响力，通过其他国家工作人员职务上的行为，为请托人谋取不正当利益，索取或者收受财物，并希望利用影响力为请托人谋取不正当利益，本人能够索取或者收受到财物；在客观方面表现为利用影响力，通过其他国家工作人员职务上的行为，为请托人谋取不正当利益，索取或者收受财物，数额较大或者情节较重。简言之，存在对价关系和收受贿赂是二者的共同特征，决定了两罪可以采取相同的既、未遂标准。如果行为人没有索取或者收受到财物，则其犯罪目的没有实现，尚未严重侵犯国家工作人员职务行为的公正性和不可收买性，犯罪就未得逞。所以，本罪的既、未遂标准也应当采取"收受说"。

第八章

国际追逃追赃视野中的特别没收程序：法律属性、对象范围与证明规则

特别没收程序[①]在国际追逃追赃工作中发挥着举足轻重的作用，故本章的主要观点是：特别没收程序在法律属性上存在"刑事诉讼程序说"与"民事诉讼程序说"之争，但前一种观点更为合理。在对"应当追缴的财产"进行认定时，要厘清违法所得财产的来源，至于供犯罪所用的个人财产是否没收，不可一概而论，这应当取决于其与违法所得或者犯罪行为的关联程度。特别没收程序的证明范围可以适当地做扩大解释，但要与《民法典》相协调，其证明标准原则上宜采取高度盖然性标准，同时存在放宽适用的余地。

第一节 问题的提出

案例一：2001年10月12日，中国银行广东开平支行前后三任行长许某某1、余某某、许某某2挪用银行资金4.82亿美元逃往美国。2003年9月，美方司法机关认为余某某的行为在当地也构成犯罪，扣押了余某某汇往旧金山的355万美元，随后通过民事没收程

[①] 本章所称的"特别没收程序"为"犯罪嫌疑人、被告人逃匿、死亡案件违法所得的没收程序"的简称。

序予以追缴,并全部返还给中方。①

案例二:2011年9月14日,外逃至澳大利亚8年的贪官李某某因洗钱罪等罪名被澳大利亚昆士兰州最高法院判处监禁26年,9年内不准获假释。在案件刑事程序进展顺利的同时,澳大利亚警方启动该案的民事程序,将追获赃款退回广东省人民检察院。至此,被李某某转移到澳大利亚的4000万元赃款已有近3000余万元被成功追回。②

案例三:2014年8月29日,江西省上饶市中级法院开庭审理李某某案。在上饶市人民检察院提出违法所得没收申请后,上饶市中级法院依法立案并发布公告。2015年4月20日,按照最高人民检察院的司法协助请求,新加坡将裁定送达李某某及其利害关系人,截至4月25日,在未收到相关人异议后,裁定正式生效。③

以上均是我国境外追逃追赃工作取得成功的典型案例。近年来,我国境外追逃追赃工作取得了明显成效。2014年至2020年6月,共从120多个国家和地区追回外逃人员7831人,包括党员和国家工作人员2075人、"红通人员"348人、"百名红通人员"60人,追回赃款196.54亿元,有效削减了外逃人员存量;其中,国家监委成立以来,共追回外逃人员3848人,包括党员和国家工作人员1306人、"红通人员"116人、"百名红通人员"8人,追回赃款99.11亿元,追回人数、追赃金额同比均大幅增长,改革形成的制度优势进一步转化成追逃追赃领域治理效能;新增外逃党员和

---

① 参见佚名《"超凡"美梦终破碎——中国银行开平支行案主犯许超凡归案纪实》,载"中共中央纪律检查委员会中华人民共和国国家监察委员会官网":https://www.ccdi.gov.cn/toutiao/201807/t20180712_175494.html,最后访问时间:2021—07—19。

② 参见林霞虹、刘艺明、林俊杰等《南海外逃裸官在澳被判26年》,载《广州日报》2011年9月23日第1版。

③ 参见高皓亮《外逃贪官注意:海外不是"法外"——"海外追赃第一案"嫌犯缺席受审,追缴近3000万元》,载《新华每日电讯》2014年8月30日第4版;黄风《中国境外追逃追赃经验与反思》,中国政法大学出版社2016年版,第169页。

国家工作人员明显减少，从2014年的101人降至2015年的31人、2016年的19人、2017年的4人、2018年的9人、2019年的4人，有力遏制住外逃蔓延势头。[①]

在国际追逃追赃过程中，特别没收程序理应发挥举足轻重的作用。《联合国反腐败公约》第55条规定的没收事宜的国际合作包含两种方式：一种是直接承认和执行外国主管机关所作出的没收裁决；另一种是在接收到外国的没收请求后，根据本国法律规定作出没收裁决并予以执行。从前文所述的三个案例中可以发现，我国在开展国际合作进行境外追逃追赃时，多采取异地追诉、境外民事追缴方式，适用特别没收程序的案例只有一例。案例三集追逃、追赃、国际追诉于一体，开违法所得没收程序之先河。[②] 然而，无论是从国际追逃追赃的司法实践还是从国内特别没收制度的适用现状来看，我国与外国开展相互执行没收裁决合作还存在一些制度障碍，主要表现为：特别没收程序法律属性不明、对象范围模糊以及证明规则不当。

第二节 特别没收程序法律属性的界定

在我国，刑事没收主要分为两种类型：一种是《刑法》第59条规定的一般没收。这是将犯罪人所有财产的一部分或者全部强制无偿收归国有的刑罚方法，没收对象为其合法所有且未用于犯罪的财产，它只适用于《刑法》分则明文规定的某些犯罪。另一种是《刑法》第64条规定的特别没收。由于《刑法》并未对特别没收

[①] 参见杨晓渡《国家监察委员会关于开展反腐败国际追逃追赃工作情况的报告》（2020年8月10日），载"中共中央纪律检查委员会 中华人民共和国国家监察委员会官网"：https://www.ccdi.gov.cn/toutiao/202008/t20200810_223555.html，最后访问时间：2021—07—19。

[②] 黄炎：《中国与加拿大跨境追赃法律制度研究》，载《时代法学》2016年第1期，第92页。

的适用进行具体规定，理论界一般认为，《刑事诉讼法》第五编第四章"犯罪嫌疑人、被告人逃匿、死亡案件违法所得的没收程序"就是特别没收的程序性规定。此种没收不是刑罚方法，类似于一种保安处分，所没收的对象也与一般没收有所区别，即违法所得、违禁品以及供犯罪所用的本人财物。[①] 但是，自 2018 年修改后的《刑事诉讼法》正式确立特别没收程序以来，理论界对于其法律属性一直争论不休，主要有"刑事诉讼程序说"与"民事诉讼程序说"两种观点。

持"刑事诉讼程序说"的学者认为，刑事诉讼程序应为特别没收程序性质的理性回归，主要理由有：1. 从程序规定位置上看，由于特别没收程序被规定在《刑事诉讼法》中，因此在程序设置上要与普通刑事诉讼程序一致；只是因为该程序具有特殊性，所以才被置于"特别程序"一编。[②] 2. 从程序启动主体上看，承担刑事案件追诉职能的机关为公诉机关，启动该程序正是检察机关履行其追诉职能的表现。3. 从权利保护取向上看，民事诉讼程序不利于犯罪嫌疑人、被告人的权利保护，而刑事诉讼程序出于对人权保障的追求，能够防止司法权的过度扩张，维护犯罪嫌疑人、被告人合法的财产权益。

然而，很多学者还是倾向于"民事诉讼程序说"，因为刑事诉讼解决的是国家与被追诉人之间就刑事责任问题而产生的法律关系，这涉及对其人身自由甚至生命权的剥夺；而民事诉讼解决私人纠纷，仅涉及两个平等主体之间的财产利益，故特别没收程序应属

---

① 参见胡成胜《我国刑法第 64 条"没收"规定的理解与适用》，载《河北法学》2012 年第 3 期，第 160 页。
② 参见解彬《境外追赃刑事法律问题研究》，中国政法大学出版社 2016 年版，第 183 页；时延安、孟宪东、尹金洁《检察机关在违法所得没收程序中的地位和职责》，载《法学杂志》2012 年第 11 期，第 130 页。

于民事诉讼程序。① 而且，特别没收程序的目的是确认财产是否属于"违法所得及其他涉案财产"，不以定罪为前提，本质上属于民事诉讼中的确权之诉。此外，当前许多国家如澳大利亚、英国等对于本国的特别没收程序采用民事诉讼标准，这也说明其具备民事法属性。②

笔者认为，"刑事诉讼程序说"更加具有合理性。

一 法律体系之考察

根据"刑事一体化"的理念，作为我国刑事基本法的《刑法》与《刑事诉讼法》所使用术语的含义应当保持一致。③《刑事诉讼法》第 298 条第 1 款以及《关于适用〈中华人民共和国刑事诉讼法〉的解释》（以下简称《刑诉法解释》）第 611 条均将"违禁品和供犯罪所用的本人财物"简称为"其他涉案财产"，纳入追缴范围，而这与《刑法》第 64 条规定的适用对象相同。因此，可以将《刑法》第 64 条作为特别没收制度的实体法依据，从而与《刑事诉讼法》等程序性规定相协调。而且，《刑法》第 64 条关于没收的规定内容粗疏，逻辑混乱，它将犯罪分子违法所得的一切财物纳入应当追缴或者责令退赔的范围，而只将违禁品和供犯罪所用的本人财物限定在应当没收的范围之内，结果与《刑法》第 191 条规定的应予没收的"上游犯罪的违法所得及其收益"相矛盾。所以，从广义上理解追缴，并将违法所得的一切财物纳入没收范围，可以避免二者之间的冲突。除了《刑事诉讼法》和《刑诉法解释》的有关规

---

① 参见万毅《独立没收程序的证据法难题及其破解》，载《法学》2012 年第 4 期，第 77—78 页。

② 参见张磊《当前我国境外追逃追赃工作的反思与对策》，载赵秉志主编《刑法论丛》（第 40 卷），法律出版社 2014 年版，第 501 页。

③ 参见张磊《〈刑法〉第 64 条财物处理措施的反思与完善》，载《现代法学》2016 年第 6 期，第 125 页。

定，2017年年初出台的《关于适用犯罪嫌疑人、被告人逃匿、死亡案件违法所得没收程序若干问题的规定》（以下简称《没收程序规定》）第4条也将应当追缴的"违法所得"作为特别没收程序的适用对象，与前上述条文形成有机整体。

二 法律规定之考察

《刑事诉讼法》第298条第1款规定："对于贪污贿赂犯罪……等重大犯罪案件，犯罪嫌疑人、被告人逃匿，在通缉一年后不能到案，或者犯罪嫌疑人、被告人死亡，依照刑法规定应当追缴其违法所得及其他涉案财产的，人民检察院可以向人民法院提出没收违法所得的申请。"可见，追缴违法所得及其他涉案财产还具有刑事实体法的效力。同时，《刑事诉讼法》第299条规定："没收违法所得的申请，由犯罪地或者犯罪嫌疑人、被告人居住地的中级人民法院组成合议庭进行审理。……利害关系人参加诉讼的，人民法院应当开庭审理。"详言之，此类案件有两种审理方式：第一种是开庭审理，人民检察院、人民法院以及犯罪嫌疑人、被告人的近亲属和其他利害关系人；第二种是不开庭审理，没有利害关系人参与。因此，特别没收程序的诉讼构造与普通程序相同，是以普通程序为蓝本创设的一种程序。

然而，特别没收程序又具有不同于普通审判程序和缺席审判程序的特殊性。一方面，它有别于普通审判程序。特别没收程序是不定罪的没收程序，旨在提高诉讼效率，对正当程序有所减损，并不完全具备普通程序的所有内容。[①]另一方面，它区别于缺席审判程序。特别没收程序是定罪与违法所得分离处理的特别程序，由犯罪地或者犯罪嫌疑人、被告人居住地的中级人民法院管辖；而缺席审

[①] 参见宋英辉、甄贞主编《刑事诉讼法学》（第六版），中国人民大学出版社2019年版，第518页。

判程序是允许定罪与被告人缺席例外并存的特别程序，由犯罪地、被告人离境前居住地或者最高人民法院指定的中级人民法院管辖。[①]综上所述，特别没收程序是一种"具有准司法性质的刑事诉讼程序"。[②]

三 域外法制之考察

部分国家对犯罪嫌疑人、被告人的违法所得通过民事没收程序进行追缴，如案例一和案例二所涉及的国家——美国、澳大利亚均将违法所得通过民事没收进行追缴。其中，《美国法典》第18编第981条（a）（1）规定，对于任何财产，无论是不动产还是动产只要能够证明该财产构成、起源或者来自直接或间接通过犯罪取得的收益即可单独地对之实行没收。这种不以有罪判决为前提，只针对犯罪有关财物的没收即为美国的民事没收。另外，根据澳大利亚《2002年犯罪收益追缴法》第49条（2）和第335条（4）之规定，法庭签发的民事没收令不以涉案人员的刑事定罪为基础，可以在尚未启动刑事诉讼程序的情况下独立地签发没收令，甚至在涉案嫌疑人尚未被确定的情况下，签发不针对任何犯罪嫌疑人的没收令从而只对犯罪收益实行限制。此外，该法在第315条特别强调，以申请限制令为基础的没收令不是刑事诉讼程序。但是，这种民事没收方式并不适合我国司法实践。

首先，我国设立特别没收程序的目的是追缴犯罪嫌疑人、被告人的违法所得。尽管没收裁定的做出并不以定罪为前提，但是有利于实现预防犯罪的目的。换言之，没收犯罪嫌疑人、被告人的违法所得消除了其再次犯罪的物质基础，满足特殊预防的需要。这种法

---

① 参见宋英辉、甄贞主编《刑事诉讼法学》（第六版），中国人民大学出版社2019年版，第518页。

② 宋英辉、甄贞主编：《刑事诉讼法学》（第六版），中国人民大学出版社2019年版，第518页。

律效果不是民事没收程序所具有的。

其次，特别没收程序的适用范围限于贪污贿赂犯罪、恐怖活动犯罪等重大犯罪案件。[①] 而外国民事没收的案件范围并未受到严格限制，如美国的民事没收程序不受刑事程序的影响，财产所有人在犯罪实施中的角色也与民事诉讼程序无关，甚至民事没收已经成为司法部及其他执法机关的主要工具。[②] 假如特别没收程序为民事诉讼程序，则应显著扩大其适用范围。

最后，某些国家也规定了刑事没收制度。例如，《德国刑法典》第74条第1款规定，凡故意犯罪的，因犯罪所得之物，或用于犯罪、预备犯罪、或准备用于犯罪之物，应予没收。该法还对没收的扩充条件、适当性原则、效力等进行了全面规定。尽管立法者将其中性地表述为"措施"（Massnahmen），由此来表明，它既不是指刑罚，也不是指矫正及保安处分，而是指独立的制裁，但将其纳入制裁体系是非常困难的，因为它具有刑罚、预防和其他的（例如与返还请求类似的）要素。[③] 此外，《瑞士刑法典》第58条和第59条、《奥地利刑法典》第20条和第20条a均有类似规定。这与我国的特别没收制度也有异曲同工之处。

[①] 《刑诉法解释》第609条规定，《刑事诉讼法》第298条规定的"贪污贿赂犯罪、恐怖活动犯罪等"犯罪案件，是指下列案件：贪污贿赂、失职渎职等职务犯罪案件；《刑法》分则第二章规定的相关恐怖活动犯罪案件，以及恐怖活动组织、恐怖活动人员实施的杀人、爆炸、绑架等犯罪案件；危害国家安全、走私、洗钱、金融诈骗、黑社会性质组织、毒品犯罪案件；电信诈骗、网络诈骗犯罪案件。第610条规定，在省、自治区、直辖市或者全国范围内具有较大影响的犯罪案件，或者犯罪嫌疑人、被告人逃匿境外的犯罪案件，应当认定为《刑事诉讼法》第298条第1款规定的"重大犯罪案件"。

[②] See United States v. $734, 578.82 U.S. Currency, 286 F. 3d 641, 657 (3d Cir. 2002)，转引自王君祥《违法所得没收特别程序问题研究》，法律出版社2015年版，第27页。

[③] 参见［德］汉斯·海因里希·耶赛克、托马斯·魏根特《德国刑法教科书》（总论），徐久生译，中国法制出版社2001年版，第952页。

第三节 特别没收程序对象范围的明确

根据《刑事诉讼法》《刑诉法解释》《没收程序规定》的相关条文，特别没收程序的对象是违法所得及其他涉案财产，可以包括实施违法行为获取的财物和孳息，以及被告人非法持有的违禁品、供犯罪使用的本人财物。于是，明确其适用对象要从"违法所得"和"其他涉案财产"两方面着手。

一 违法所得的认定

《没收程序规定》第 6 条以列举的方式明确了违法所得财产的外延，包括：（1）通过实施犯罪直接或者间接产生、获得的任何财产，来源的非法性为其本质特征；[①]（2）违法所得已经部分或者全部转变、转化为其他财产的，例如将赃款用于购置车辆、房屋等；（3）来自违法所得转变、转化后的财产收益，例如将赃款用于投资股票、购买有价证券所升值的部分，以及来自已经与违法所得相混合财产中违法所得相应部分的收益，例如将赃款用于和他人成立公司而盈利的部分。这无疑有利于厘清违法所得的范围，但还有两个问题尚待进一步厘清。

（一）财产性利益的没收

直接没收"通过实施犯罪直接或者间接产生、获得的任何财产"可能面临操作上的困难。例如，行为人通过贿赂手段取得别墅长期使用权，或者享受高档会所的服务等，对于这些财产性利益应当如何没收？实际上，根据"法律的、经济的财产说"，只要是值

[①] 黄风：《关于特别没收程序最新司法解释的几点解读》，载《人民法院报》2017 年 1 月 6 日第 2 版。

得刑法保护的经济性利益，都是财产，① 因此，财产性利益完全可以作为特别没收的对象。在认定数额时，可以采用等值转化的方式进行没收，即先对其进行等值评估并以货币形式予以换算，再对等值货币进行没收。此种方法也适用于犯罪嫌疑人、被告人将违法所得挥霍、转让、贬值或者灭失的情况。②

（二）混合财产的没收

对于"已经与违法所得相混合财产中违法所得相应部分的收益"有时难以精确分割，所以，"混合财产抽象没收说"认为，纵使犯罪所得与其他合法财产混同，这些混同之财产亦等同于犯罪收益，可以对之采取查封、扣押、冻结等相关程序措施，以达到没收之目的。③ 虽然这样便于实务操作，但存在不当侵犯犯罪嫌疑人、被告人诉讼权利、财产权益之嫌。相反，应当采取"混合财产具体没收说"，即在控辩双方举证的基础上，先综合评估犯罪嫌疑人、被告人的近亲属或者利害关系人的财产收入状况，将与其财产收入相当的部分从混合财产中剔除后，再没收剩余部分。当然，如果犯罪嫌疑人、被告人的近亲属或者利害关系人能够证明财产系合法所得的除外。这就在进行刑事推定的过程中，最大限度地维护了犯罪嫌疑人、被告人的诉讼权利和财产权利。

二 其他涉案财产的认定

通过对《刑法》第 64 条和《没收程序规定》第 6 条的体系解释，"其他涉案财产"是指为犯罪嫌疑人、被告人非法持有的违禁

---

① ［日］山中敬一：《刑法各论》（第 3 版），成文堂 2015 年版，第 261 页。
② 黄风：《等值没收及可追缴资产评估规则探析》，载《比较法研究》2015 年第 5 期，第 1 页。
③ 程荣斌、王新清主编：《刑事诉讼法》（第八版），中国人民大学出版社 2021 年版，第 488 页。

品、供犯罪所用的本人财物。① 可见，此类财产的特点在于持有状态违法或者使用方式违法。

（一）违禁品的认定

违禁品，是指法律所禁止的，除得到国家许可外，其他任何人都不得生产、贩卖、运输、持有的特殊物品，例如，武器、弹药、枪支等。一般而言，违禁品的没收不以行为是否构成犯罪为必备要件，只要属于对社会有危险的物品都应当予以没收。② 那么，犯罪嫌疑人、被告人所持有的大量古玩、字画等文物属于违法所得还是违禁品？有学者主张，上述文物应当以违禁品的形式进行没收，因为对文物的追缴并不考虑文物价值，文物具有不可复制性，其价值无法评估，而且追诉机关也不会进行评估。即便要对犯罪分子定罪量刑，也是以文物等级作为标准。③ 但是，这种观点有待商榷。在适用特别没收程序的案件中，行为人持有的大量文物多因贪污贿赂犯罪而产生，将其认定为"通过实施犯罪获得的财产"予以没收即可，没有必要作为违禁品。

易言之，"违法所得"和"违禁品"不是包容关系，而是并列关系。司法机关应当先认定财产是否属于"违法所得"，假如不是，再进一步确定其是否属于"违禁品"等其他涉案财产。相比而言，"其他涉案财产"的外延不甚清晰，因而按照以上判断顺序，有利于逐步明确特别没收程序的对象范围，实现《刑法》《刑事诉讼

---

① 2013年《刑诉法解释》第509条曾规定，实施犯罪行为所取得的财物及其孳息，以及被告人非法持有的违禁品、供犯罪所用的本人财物，应当认定为《刑事诉讼法》第280条第1款（此为2012年修订版本——笔者注）规定的"违法所得及其他涉案财产"，但2021年《刑诉法解释》没有保留该规定。不过，2019年《人民检察院刑事诉讼规则》（以下简称《检察院规则》）第516条明文规定，犯罪嫌疑人、被告人非法持有的违禁品、供犯罪所用的本人财物，应当认定为"其他涉案财产"。这就对"其他涉案财产"做出了明确界定，可以避免将任何有关第三人财产加以没收。

② 参见张明楷《论刑法中的没收》，载《法学家》2012年第3期，第67页。

③ 参见王君祥《违法所得没收特别程序问题研究》，法律出版社2015年版，第149—150页。

法》的人权保障机能和法益保护机能。

（二）供犯罪所用的本人财物的认定

判断是否属于供犯罪所用的本人财物，主要有两个问题：其一，是否严格以犯罪嫌疑人、被告人的个人财物为限？其二，合法财产能否因为犯罪嫌疑人、被告人用于犯罪而全部转化为涉案财产？

对于第一个问题，外国司法机关在没收财产时一般不会涉及无辜第三人的合法财产。例如，《意大利刑法典》第240条第1款和第2款规定，犯罪所得和"因制造、使用、持有、转让而构成犯罪的物品"应予没收，但用于犯罪或犯罪所得的物品如果属于与犯罪无关的人所有，则不得没收；如果因制造、使用、持有、转让而构成犯罪的物品，属于经"行政当局批准"非犯罪人所有的，也不属于没收范畴。[1]可见，没收财产并不适用于"与犯罪无关者所有的物品"。这不仅为同条第3款所强调，而且贯彻了责任主义这一刑法的基本原则。[2]又如，《日本刑法典》第19条第2款"以不属于犯罪人以外的人所有为限"的没收规定，说明了对第三人享有所有权之物没收的禁止。另外，判例认为，即便是犯罪人享有所有权之物，在第三人享有抵押权等物权的场合，也不得对此物予以没收。[3]

参考上述立法例和实践，我国特别没收程序的适用也应当严格遵守"以个人财产为限"的原则，但具备下列情形之一的，也要没收第三人的财产：（1）第三人事先明知行为人将自己的财产用于犯罪而表示同意或默认；（2）第三人在行为人实施犯罪的过程中得知

---

[1] [意]杜里奥·帕多瓦尼：《意大利刑法学原理》（注评版），陈忠林译，中国人民大学出版社2004年版，第337页。

[2] 参见[德]乌尔斯·金德霍伊泽尔《刑法总论教科书》，蔡桂生译，北京大学出版社2015年版，第208页；[日]高桥则夫《刑法总论》，李世阳译，中国政法大学出版社2020年版，第304—305页。

[3] [日]金光旭：《日本刑法中的不法收益之剥夺——以没收、追缴制度为中心》，钱叶六译，载《中外法学》2009年第5期，第782页。

其将自己的财产用于犯罪而未表示反对或加以阻止；(3)第三人在行为人实施犯罪后代其保管、使用或处分其财产的。

对于第二个问题，学界尚未形成定论。"肯定说"认为，假如贩卖毒品的犯罪嫌疑人在侦查阶段自杀，其藏匿毒品或者赃款的商品房不能证明是否为违法所得财产所购买，则对于商品房应当予以没收，否则会出现大肆效仿犯罪分子使用合法收入购买商品房以藏匿毒品或者赃款的局面，从而增加侦查难度。[①] 而"否定说"指出，违法所得程序运行于普通刑事诉讼程序之前，而没收个人合法财产的财产刑只能依据《刑法》第34条的规定作出，在未被定罪的前提下，没收个人合法财产是违反罪刑法定原则的。[②]

不过，"肯定说"和"否定说"的论据都不够充分。其实，对于能否没收这部分涉案财产，不可一概而论，这实质上取决于其与犯罪行为的关联程度。具言之，如果用于犯罪的财产属于赃款的转化形式、促进了危害行为的实施或者加重了危害结果的发生，一般都应当予以没收；倘若这些财产对正犯结果的贡献度较小，则不应予以没收。原因在于，一旦没收不能确切证明来源非法的藏匿毒品、毒赃的房屋、设备等财物，既违反了刑法的谦抑精神，也不利于我国推进反腐败追逃追赃的国际协作。[③] 总之，没收由个人合法财产转化的涉案财产，应当同时兼顾反腐国际追逃追赃的政策目标和有关国家的刑事法制。

---

① 参见万毅《独立没收程序的证据法难题及其破解》，载《法学》2012年第4期，第83页。

② 参见孙煜华《涉案财产没收程序如何才能经受宪法拷问》，载《法学》2012年第6期，第116页。

③ 参见[日]森下忠《各外国渎职防止法制》，成文堂2013年版，第114页。

第四节　特别没收程序证明规则的解析

特别没收程序的法律属性既决定了其适用对象的范围，又决定了其证明规则的适用。特别没收程序作为一种特殊的刑事诉讼程序，证据规则无疑对其科学适用具有极大的影响。其中，带有"实体要素"的规则[①]——如有关证明对象、标准的规则——尤其值得深入研究，在很大程度上决定了特别没收程序功能的实现。

一　特别没收程序的证明范围

根据《刑事诉讼法》《刑诉法解释》《没收程序规定》的相关规定，特别没收程序的证明范围分为由检察机关证明的案件事实（包括犯罪嫌疑人、被告人的基本情况、涉嫌犯罪的事实、逃匿、被通缉、脱逃、下落不明、死亡的情况、申请没收财产的种类、数量、价值以及相关法律手续等）和由利害关系人证明的案件事实（包括其与犯罪嫌疑人、被告人的关系、对违法所得及其他涉案财产具有的正当权利等）。一般情况下，各诉讼主体对上述证明对象的内涵和外延不会有分歧，但对犯罪嫌疑人、被告人逃匿、死亡的认定，则容易发生争议。

（一）"逃匿"的认定

在我国开展的国际追逃追赃实践中，一些潜逃境外的犯罪嫌疑人、被告人有明确住址，司法机关不仅可以查到其行踪与居住地，也能了解其转移到境外的财产。对于这类案件，由于《刑事诉讼法》第298条第1款并未明确"逃匿"的含义，假如不进行扩大解释，将无法适用特别没收程序。而且，有关国家之间的司法协助程

[①] 陈瑞华：《刑事证据法学》（第二版），北京大学出版社2014年版，第8页。

序非常繁杂，境外追逃追赃又面临许多法律障碍，一旦无法认定犯罪嫌疑人、被告人逃匿，就不能启动特别没收程序，导致赃款难以被追回。

于是，有学者建议，应当对"逃匿"作扩大解释，按"逃"和"匿"两种情形处理：一是潜逃境外的犯罪嫌疑人、被告人下落清楚、住址明确，司法机关已经开展境外缉捕工作；二是犯罪嫌疑人、被告人潜逃地点不详，不知去向，隐匿起来。[1] 对此，笔者表示赞成。首先，人们习惯将"逃匿"解释为"逃跑并躲藏起来"。[2] 可见，"逃"是"匿"的前提，"匿"是"逃"的结果。只要行为人逃跑，就有可能下落不明；一旦行为人下落不明，就能推定其已经逃跑。所以，对"逃匿"的含义要同时从行为过程和结果状态两方面来把握。其次，《没收程序规定》第3条第1款明确规定"犯罪嫌疑人、被告人为逃避侦查和刑事追究潜逃、隐匿，或者在刑事诉讼过程中脱逃的"，应当认定为"逃匿"。因此，无论地点是在境内还是境外，时间是在案发前还是在案发后，一旦行为人为了妨碍刑事诉讼程序的顺利进行而脱离了主管机关的管控、拒不到案的，即使是在正常地工作、生活，也应认定为"逃匿"。

(二)"死亡"的认定

《没收程序规定》第3条第2款表明，犯罪嫌疑人、被告人因意外事故下落不明满2年，或者因意外事故下落不明，经有关机关证明其不可能生存的，依照"逃匿"的情形处理。有学者认为，鉴于在刑事诉讼中未经法院宣告就推定死亡，可能容易引发外界质疑，故《没收程序规定》将此种情形明确拟制为"逃匿"，也不失

---

[1] 参见陈雷《论我国违法所得没收程序司法认定若干法律适用问题研究》，载《法治研究》2015年第4期，第103页。

[2] 中国社会科学院语言研究所词典编辑室编：《现代汉语词典》，商务印书馆1978年版，第1110页。

为一种折中之选。① 但是，这样理解恐怕值得商榷。将上述情形拟制为"逃匿"，尽管有利于保护犯罪嫌疑人、被告人的合法权利不因宣告死亡而消灭，但会使得第三人的合法权益长期处于不确定状态。另外，由于我国刑事法律未对自然人死亡作出明确规定，只能参照民事法律来认定，而《没收程序规定》中"逃匿"的拟制规定与《民法典》第46条存在明显冲突。该条规定，自然人下落不明满4年，或者因意外事件下落不明满2年，利害关系人可以向人民法院申请宣告该自然人死亡。因意外事件下落不明，经有关机关证明该自然人不可能生存的，申请宣告死亡不受2年时间的限制。简言之，《没收程序规定》所拟制的"逃匿"情形属于《民法典》中可以宣告死亡的情形。这不禁让人怀疑法律拟制的正当性。在形式上，法律拟制是出于立法经济性的考虑。借由这种隐藏的指示，对案件T适用了T1法律效果，在此，立法者基于经济性的缘故以避免重复。② 在实质上，法律拟制则是出于法益侵害相似性的考虑。"拟制是在B实际上不同于A，但基于某种重要的构成要件要素的相似性（本质的相似性）而将B视为A。因此，拟制的根本在于意识到B与A的不同，同时意识到A、B之间本质上类似的重要性。"③ 据此，"犯罪嫌疑人、被告人因意外事故下落不明满2年，或者因意外事故下落不明，经有关机关证明其不可能生存"同"死亡"的相似性大于同"逃匿"的相似性，宜将其拟制为"死亡"而非"逃匿"。况且，《民法典》的位阶和效力高于《没收程序规定》，将具备以上情形的犯罪嫌疑人、被告人宣告死亡也有利于维护法秩序的统一性。

---

① 黄风：《关于特别没收程序最新司法解释的几点解读》，载《人民法院报》2017年1月6日，第2版。

② 参见［德］亚图·考夫曼《类推与"事物本质"——兼论类型理论》，吴从周译，学林文化事业有限公司1999年版，第57—59页。

③ ［日］笹仓秀夫：《法哲学讲义》，东京大学出版会2002年版，第419页。

二 特别没收程序的证明标准

对此,主要有"刑事证明标准说"、"民事证明标准说"和"高度盖然性标准说"的争议。

(一)"刑事证明标准说"的主要内容

该说认为,特别没收程序采取刑事证明标准是合法且合理的。2013年《刑诉法解释》第516条第1款一度规定,只有在"案件事实清楚,证据确实、充分"时,才能对违法所得予以没收。即司法机关申请没收程序的证明标准与普通刑事诉讼证明标准没有区别。而且,《没收程序规定》出台以前的司法实践均以"排除合理怀疑"标准来处理违法所得没收案件。最重要的是,唯有采用这一证明标准,才能防止程序滥用,更好地保护犯罪嫌疑人、被告人的财产权利。[①]

(二)"民事证明标准说"的主要内容

该说认为,特别没收程序应为民事诉讼程序,其证明标准也应完全采取民事证明标准。因为特别没收程序只追缴财物,不处理定罪量刑问题,采用较为宽松的优势证据规则可以及时、有效地追缴赃款。英美国家均将此原则作为没收违法所得的证明标准,有利于提升当事人的诉讼地位。[②] 另外,违法所得具有隐蔽性和流动性,若设置过高的证明标准,会使追缴逃匿、死亡的犯罪嫌疑人、被告人的违法所得工作陷入困境,所以不宜采用普通刑事诉讼证明标准。

[①] 陈卫东:《构建中国特色刑事特别程序》,载《中国法学》2011年第6期,第39页。但2021年《刑诉法解释》第621条第1款以"申请没收的财产属于违法所得及其他涉案财产的,除依法返还被害人的以外,应当裁定没收"的规定取而代之。

[②] 参见毛兴勤《构建证明标准的背景与思路:以违法所得没收程序为中心》,载《法学论坛》2013年第2期,第89—93页。

(三)"高度盖然性标准说"的主要内容

该说认为,"民事证明标准说"提出"普通刑事证明标准不适用于特别没收程序",具有一定的合理性。诚然,"案件事实清楚,证据确实、充分且排除合理怀疑"是用于"认定被告人有罪和处以刑罚"的待证事项,即只有在定罪事实和量刑事实的认定上才能采用。而特别没收程序是针对涉案财物的,这一待证事项既非定罪事实,亦非量刑事实,不能直接适用普通刑事诉讼的定罪量刑标准。[①]

笔者基本赞同第三种学说的结论,但论证有待于进一步补充。

1. 采取高度盖然性标准,契合我国刑事法律规范已经构建的多层次刑事证明标准体系。根据《刑事诉讼法》第55条、《刑诉法解释》第72条、《刑法》第282条第2款、第395条以及《关于审理洗钱等刑事案件具体应用法律若干问题的解释》第1条、《全国部分法院审理毒品犯罪案件工作座谈会纪要》第10条等规定,刑事诉讼以"犯罪事实清楚、证据确实、充分"为一般证明标准,同时也构建了多层次的证明标准体系。[②] 这具体表现在:(1)对于犯罪事实的证明,必须符合一般证明标准;(2)对于部分特定犯罪事实难以证明的,允许进行推定;(3)区分程序事实与实体事实,前者的证明标准可以适度低于后者。在上述体系中,特别没收程序的适用对象明显不同于普通犯罪事实,而且,出于严厉打击腐败犯罪的政策考量,应当在一定条件下允许推定行为人的财产是否系违法所得及其他涉案财产。所谓推定,是指根据法律规定或经验法则,以查明的基础事实为前提,按照事物发展的规律性和普遍联系,判断待定事实性质或状态的活动。推定的依据包括法律规定和经验法则。推定的救济方法是当事人提出反证,允许当事人提出相反证据

---

① 万毅:《独立没收程序的证据法难题及其破解》,载《法学》2012年第4期,第77页。
② 参见陈光中主编《刑事诉讼法》(第六版),北京大学出版社、高等教育出版社2016年版,第184—185页。

推翻此前作出的推定。推定具有刑事法的效力，反证不能的后果由行为人承担。① 可见，推定只有在基础事实与待证事实之间可能存在某种逻辑关联时才能使用，所以，没有达到"排除合理怀疑"的程度，不过是证明的替代方法而已。总之，司法机关在掌握一定线索或事实（如犯罪嫌疑人、被告人在国外购置的房产超过其合法收入的差额巨大）且对方提不出反证（如不能说明购房款来源的）的前提下，推定该财产系违法所得或其他涉案财产，能够有效实现人权保障与法益保护之间的平衡。

2. 采取高度盖然性标准，符合我国司法实践的最新动向。正是为了切实履行《联合国反腐败公约》等赋予的国际法义务和顺应国内严惩腐败犯罪的现实需求，增强特别没收程序的可操作性，《没收程序规定》才应运而生，其中第17条明确采用了高度盖然性标准，即申请没收的财产具有高度可能属于违法所得及其他涉案财产的，应当认定为本规定第16条规定的"申请没收的财产属于违法所得及其他涉案财产"。巨额财产来源不明犯罪案件中，没有利害关系人对违法所得及其他涉案财产主张权利，或者利害关系人对违法所得及其他涉案财产虽然主张权利但提供的相关证据没有达到相应证明标准的，应当视为本规定第16条规定的"申请没收的财产属于违法所得及其他涉案财产"。必须强调的是，在证明标准问题上，关键要从该程序的目标和宗旨出发，准确把握所要查清的核心问题，即申请没收的财产是否属于违法所得及其他涉案财产，而不是解决犯罪嫌疑人、被告人的刑事责任问题。从反面来说，特别没收程序的证明标准无须照搬"案件事实清楚，证据确实、充分"；从正面考察，适用该程序必须明确财物与犯罪的关联性。② 而且，

---

① 参见李冠煜、吕明利《帮助信息网络犯罪活动罪司法适用问题研究——以客观归责方法论为视角》，载《河南财经政法大学学报》2017年第2期，第68—71页。

② 参见肖中华《秉持立法目的　满足实践需要——浅议违法所得没收程序解释规定》，载《人民法院报》2017年1月7日第2版。

《没收程序规定》第 9 条规定，申请启动特别没收程序的证据要求是"有证据有证明有犯罪事实"，相当于逮捕的证据标准。之所以会这样比照，是因为在犯罪嫌疑人、被告人逃匿的情形下，需要具备"通缉一年后不能到案"的条件，而通缉的证明标准就是"需要逮捕"。因此，将启动特别没收程序的证明标准参照逮捕的证明标准设计，是比较恰当的。① 那么，在该程序启动后、判断是否属于没收对象时，就要采取比程序启动证据标准更为严格的没收裁定证据标准，所以，《没收程序规定》第 17 条规定，申请没收的财产具有高度可能属于违法所得及其他涉案财产的，应当认定为"申请没收的财产属于违法所得及其他涉案财产"，是适当的。

3. 采取高度盖然性标准，不等于完全采取民事诉讼的优势证据标准。的确，高度盖然性标准低于普通刑事诉讼证明标准，但由于特别没收程序规定在《刑事诉讼法》中，为了确保刑事案件处理过程和结果的正当性，采取比民事证明标准更高的标准，是一个应然的选择。② 而且，从消除没收裁决与刑事判决的矛盾性、切实保障公民的财产权利、抑制国家权力滥用的角度考虑，要求检察机关对原因行为已经构成犯罪、涉案财物属于违法所得或犯罪工具等事项的证明必须高于优势证据标准，也更为恰当。③ 然而，这并非意味着特别没收程序只能统一采取高度盖然性标准，对此，还要综合考虑控辩双方诉讼地位的差异、国内外财产保护制度的区别、司法成本的衡量等因素，在特殊场合采取灵活的证明标准。④ 特别是对

---

① 程荣斌、王新清主编：《刑事诉讼法》（第八版），中国人民大学出版社 2021 年版，第 489 页。

② 时延安：《违法所得没收条款的刑事法解释》，载《法学》2015 年第 11 期，第 124—125 页。

③ 吴光升：《未定罪案件涉案财物没收程序之若干比较——以美国联邦民事没收程序为比较视角》，载《中国政法大学学报》2013 年第 2 期，第 89 页。

④ 参见朱纪彤《违法所得没收特别程序的证明标准研究》，载《太原城市职业技术学院学报》2019 年第 1 期，第 207 页。

利害关系人规定的证明标准应当低于检察机关的证明标准——对其采取优势证据标准。因为与作为申请者的检察机关不同,利害关系人既没有强大的人力、物力和财力保障,也没有任何强制性调查权利,对自己诉讼主张的举证能力无法与检察机关相提并论。[①] 这一意见是非常中肯的。

[①] 参见张吉喜《违法所得没收程序适用中的相关问题研究》,载《现代法学》2019 年第 1 期,第 147 页。

第九章

境外在逃人员自首制度司法适用研究：实质根据、成立条件与量刑规则

我国境外追逃实践中存在诸多自首情形（以下简称"限期自首"），此类自首的认定与《刑法》规定的自首制度（以下简称"法定自首"）存在一定冲突，所以，不能机械套用后者的成立条件、量刑规则去解决前者的适用问题。本章认为，首先需要重新探讨限期自首制度的实质根据，在此基础上，然后着眼于自首的成立条件，分别研究如何认定其投案自动性、投案接受主体和投案时间，最后从劝返承诺及其对量刑的影响方面，分析这类自首情节的量刑规范化路径。

第一节 问题的提出

境外追逃的刑事司法合作涉及两国刑事司法主权：一方面，境外在逃人员违反了请求国（地区）的刑事法律，应当承担相应的刑事责任；另一方面，请求国（地区）基于属地主义原则在追捕境外在逃人员时，必须尊重被请求国（地区）的司法主权。由于上述原因，引渡、异地起诉、遣返、劝返等追逃手段在适用时，必然会遭遇被请求国（地区）的诸多法律限制。因此，在防止犯罪嫌疑人外

逃的同时，要通过完善国内刑事政策和刑事法律的规定，鼓励境外在逃人员回国自首。

我国目前关于自首制度的法律规定主要集中在《刑法》和相关司法解释中。此外，为贯彻落实宽严相济的刑事政策，给境外在逃人员以改过自新、争取宽大处理的机会，最高人民法院、最高人民检察院、公安部和司法部于 2014 年 10 月 10 日联合印发了《关于敦促在逃境外经济犯罪人员投案自首的通告》（以下简称《自首通告》），国家监察委员会、最高人民法院、最高人民检察院、公安部和外交部又于 2018 年 8 月 23 日联合下发了《关于敦促职务犯罪案件境外在逃人员投案自首的公告》（以下简称《自首公告》）。这些规定在督促境外在逃人员主动回国投案方面发挥了一定的积极作用，但由于操作性有待进一步加强，并不能完全满足当前境外追逃工作的需要。而且，作为反腐败工作的政策性成果，有的规定不可避免地存在一些缺陷，无形中对法定自首制度造成了冲击。所以，有必要根据罪刑法定原则，重新审视限期自首制度的实质根据，合理认定成立范围，慎重进行从宽处罚，以实现其与法定自首制度的衔接。

一 限期自首制度的效果质疑

从形式上看，《自首通告》的法律效力低于刑事法律和司法解释；从内容上看，其中的一些规定与刑事法律和司法解释的规定也有所不同。

首先，《自首通告》第 1 条明文规定，在逃境外经济犯罪人员自动投案，如实供述自己罪行，自愿回国的，可以依法从轻或者减轻处罚。其中，积极挽回受害单位或受害人经济损失的，可以减轻处罚；犯罪较轻的，可以免除处罚。然而，该条强调必须是在"2014 年 12 月 1 日前"向"我公安机关、人民检察院、人民法院，或通过我驻外使领馆向我公安机关、人民检察院、人民法院"自动投案,而《刑法》第 67 条并没有关于自首期限的规定,且《关于办理职务犯罪案件认定自首、立功等量刑情节若干问题的意见》(以下简称《自首、立功意见一》)仅仅规定"犯罪事实或者犯罪分子未被办案机关掌握,或者虽被掌握,但犯罪分子尚未受到调查谈话、讯问,或者未被宣布采取调查措施或者强制措施时"这一时间条件,而《关于处理自首和立功具体应用法律若干问题的解释》(以下简称《自首立功解释》)和《关于处理自首和立功若干具体问题的意见》(以下简称《自首、立功意见二》)均无自首期限的要求。设置具体的自首期限,尽管可以对境外在逃人员形成一定的威慑力,敦促其早日投案,但有违《刑法》设立自首制度的初衷。而且,从表 9—1 可以看出,因劝返而回国投案的人员主要集中在 2016 年和 2017 年,与《自首通告》规定的期限不符,但绝大多数劝返人员仍被认定为自首。

表 9—1　　　　54 名"百名红通人员"归案方式分类[①]

归案年份 \ 归案方式	劝返或主动投案	遣返	缉捕	死亡	总计
2015	7	2	7	2	18
2016	15	0	4	0	19
2017	13	0	1	0	14
2018	3	0	0	0	3
总计	38	2	12	2	54

---

① 本表系根据中共中央纪律检查委员会、中华人民共和国监察部官网(http://www.ccdi.gov.cn)公布的数据整理、统计所得。2018 年的数据截至 2018 年 7 月 28 日。

其次,《自首通告》第 5 条规定:"在规定期限内拒不投案自首的,司法机关将依法从严惩处。"依据这一规定,如果犯罪人员在期限届满之后才向有关机关自首,反而会被从严惩处。这不仅会促使更多人继续逃亡,也无助于实现自首制度的功能。此外,《自首通告》发布于 2014 年 10 月 10 日,而限定的自首截止时间是 2014 年 12 月 1 日,期限过短。实际上,境外在逃人员对国内刑事政策调整以及刑事法律修正的信息获取能力因人而异。例如,有的人被他国司法机关采取了强制措施,恰好在该期限内丧失了行动自由,极有可能无法知晓通告内容;即便知道了,又可能因为行动受限而无法及时自首。但是,《自首通告》完全没有提及被当地执法机关或司法机关采取限制人身自由措施的在逃人员是否有可能争取投案自首的问题。[①]

必须指出的是,上述规定的不合理性源于没有科学认识自首制度的减免处罚根据,过于强调政策效应而在一定程度上忽视了罪行轻重程度和人身危险性大小对自首认定实效的影响,可能导致异化处理的出现。

二 限期自首措施的认定难题

实践中,许多出逃人员都将藏身地点选在与我国没有签订引渡条约的国家,引渡条约的缺失经常使境外抓捕陷入困境。如果不能进行引渡,就只能采取异地起诉、遣返或劝返等方式来代替。相对于异地起诉、遣返等方式,劝返可以最大限度地节约外交资源,通过充分宣扬政策优势,对外逃人员开展攻心战,说服其自愿回国投案,因而,它以其高效在境外追逃实践中被广泛采用(见表 9—1)。于是,境外在逃人员被劝返回国接受审判时就存在自首情节的

[①] 参见黄风《建立境外追逃追赃长效机制的几个法律问题》,载《法学》2015 年第 3 期,第 7 页。

认定问题。然而，劝返作为"我国检察机关在开展境外缉捕工作实践中摸索出的一种通过劝说方式动员外逃的犯罪嫌疑人自愿返回国内接受追诉的引渡替代措施"，① 并没有刑事法律对其予以确认，最高司法机关至今也没有出台司法解释规定对此时的自首情节如何认定。但是，境外在逃人员迫于物质、精神压力、基于利益衡量等原因而回国投案，并因此构成自首从而从宽处罚却得到了司法实务的肯定。这表明，法定自首的成立条件并未得到严格执行。

（一）投案自动性的认定标准模糊

我国《刑法》第 67 条第 1 款规定了一般自首，根据文义解释，行为人必须满足"自动投案"和"如实供述"的条件。司法实践对于自首的认定也是围绕这两个方面展开的，例如，"鉴于被告人初某系主动投案，归案后能如实供述自己的主要犯罪事实，系自首"；② "孙某某在民警电话通知后主动到案，到案后如实供述了犯罪事实，系自首"；③ "被告人陈某某主动向公安机关投案，并能如实供述自己的罪行，是自首"。④ 尽管判决书中并未对行为人的自首情节进行详述，但无论是"主动投案"或者是"警方通知后主动到案"，抑或是"经亲友规劝、陪同投案"，其共同点都是行为人主动将自己置于司法机关的控制之下，没有国家强制力介入其中。

可是，境外追逃实践有所不同。境外在逃人员的主要归案方式是劝返，而劝返主要由司法机关尤其是检察机关进行。在此过程中，办案人员与在逃人员沟通、谈判，有的甚至需要多个部门共同参与。例如，在劝返外逃贪官杨某某时，由于他不愿与行政级别较低的劝返小组沟通，云南省委还专门调用了两个常委以协助劝返工

---

① 陈雷：《反腐败国际合作理论与实务》，中国检察出版社 2012 年版，第 176 页。
② 参见吉林省白山市浑江区人民法院（2018）吉 0602 刑初 94 号刑事判决书。
③ 参见河南省罗山县人民法院（2018）豫 1521 刑初 173 号刑事判决书。
④ 参见湖北省宜昌市伍家岗区人民法院（2018）鄂 0503 刑初 54 号刑事判决书。

作的开展。① 显然，劝返与亲友规劝存在本质区别。一方面，前者必须经过国家有关部门的授意或者许可，带有明显的国家意志，而后者仅是个人意愿的表现；另一方面，前者的有效实施是以国家强制力为辅助的，而这既来源于追逃国追逃追赃的高压态势，也来源于逃往国的国家强制力。② 我国反腐败国际合作范围的日益扩大、覆盖全球各大洲主要国家的追逃追赃法网体系的基本形成以及《监察法》对"反腐败国际合作"做出的专章规定，都对境外在逃人员释放出了"一追到底"的信号。而且，境外在逃人员在发现地国也面临刑事指控和审判，例如，中国银行广东开平支行原行长余某某因贪污、挪用巨额公款而逃亡美国，但是，他在2004年因非法入境、非法移民以及洗钱三项罪名被美国拉斯维加斯联邦法院判处144个月监禁。根据余某某与美方达成的辩诉交易协议，2004年4月16日，美方将余某某驱逐出境并押送至中国。③ 那么，当境外在逃人员通过蕴含国家意志且体现国家强制力的劝返制度而回国投案并被认定为自首时，其行为是否属于"自动投案"，就值得进一步反思。

（二）投案接受主体的范围过窄

《自首立功解释》第1条第1款规定，犯罪嫌疑人既可以向公安机关、人民检察院或人民法院，也可以向其所在单位、城乡基层组织或其他有关负责人员投案，而《自首通告》将其修正为"向我公安机关、人民检察院、人民法院，或通过我驻外使领馆向我公安机关、人民检察院、人民法院自动投案"，《自首公告》则进一

---

① 参见佚名《北京披露海外反腐成绩单：追捕劝返21名外逃贪官》，载"新华网"：http://www.xinhuanet.com/politics/2015_01/28/c_127428955.html，最后访问时间：2021—07—20。

② 参见张磊《从胡某案看劝返》，载《国家检察官学院学报》2010年第2期，第106—107页。

③ 参见朱香山、陈云飞《广东检察机关先行探索跨国（境）追逃追赃经验》，载"最高人民检察院官网"：https://www.spp.gov.cn/zdgz/201410/t20141013_81776.shtml，最后访问时间：2021—07—20。

步扩大了接受投案主体机关的范围,即"向监察机关、公安机关、人民检察院、人民法院或者其所在单位、城乡基层组织等有关单位、组织自动投案,或者通过我国驻外使领馆向监察机关、公安机关、人民检察院、人民法院自动投案"。可见,发文机关意在拓宽境外在逃人员自首的渠道,不过,犯罪嫌疑人可能因违反他国法律而被其司法机关采取强制措施,此时仍要求在逃人员只能向我国有关部门投案,未免强人所难。

(三)投案时间要求缺乏灵活性

根据《刑法》规定的自首投案时间,《自首立功解释》第1条第1款将其细化为要么是在"犯罪事实或者犯罪嫌疑人未被司法机关发觉"时,要么是在"犯罪事实或者犯罪嫌疑人虽被发觉,但犯罪嫌疑人尚未受到讯问、未被采取强制措施"时。虽然《自首通告》第2条和《自首公告》第2条与上述规定的精神一致,没有附加新的限制,可一旦适用于境外追逃,会产生两个问题:其一,境外在逃人员已被他国司法机关讯问或被采取强制措施,又委托他人代为表达自动投案意思,或者以书信、电报、电话、邮件等方式表达自动投案意思的,能否视为自动投案?其二,对于通过引渡、遣返等方式归案的境外在逃人员,此前委托他人代为表达自动投案意思,或者以书信、电报、电话、邮件等方式表达自动投案意思的,能否视为自动投案?

三 限期自首的量刑不够规范

在劝返过程中,办案人员的承诺对于推动境外在逃人员的心理变化,促使其回国接受审判,具有重要作用。例如,杨某某自2003年4月出逃新加坡,随后辗转多国直至逃往美国。在异地追诉、劝返等各方面的压力下,她由最初坚持"死也要死在美国"到"有回国念头",直至最终"无条件回国接受法律惩处",主动撤销

"避难"申请，做出回国投案自首的决定，并于 2016 年 11 月 16 日正式回国投案自首，结束了她长达 13 年 7 个月的海外逃亡生涯。[①] 而且，根据公布的已经归案并宣判的 15 名"百名红通人员"处置情况（见表 9—2），通过劝返归案所判处的刑罚要比以其他方式归案所判处的刑罚更轻，但司法机关很少给予充分的量刑说理。在量刑规范化改革逐步引向深入的背景下，劝返承诺[②]的效力、自首情节对量刑结果的影响力大小无疑都是决定劝返工作成败的关键。

表 9—2　　　　15 名已宣判"百名红通人员"处置情况[③]

姓名	归案年份	判决年份	归案方式	罪名	判决结果
李某某	2015	2016	遣返	挪用公款罪	无期徒刑
付某某 张某某	2016	2016	缉捕	贪污罪、挪用公款罪	无期徒刑
赵某某	2015	2017	缉捕	非法吸收公众存款罪	有期徒刑 15 年
孙　某	2015	2016	缉捕	贪污罪、挪用公款罪	有期徒刑 14 年零 6 个月
戴某某	2015	2016	缉捕	挪用公款罪	有期徒刑 6 年

---

① 参见张磊《境外追逃中的引渡替代措施及其适用——以杨某某案为切入点》，载《法学评论》2017 年第 2 期，第 166 页。

② 与劝返承诺相近的一个概念是量刑承诺，但二者存在较大区别。首先，在承诺的当事人上，量刑承诺是在引渡、遣返等刑事司法合作中，请求国向被请求国作出的关于对被请求引渡人、被请求遣返人在回国受审后予以减轻处罚的承诺，其承诺内容主要包括不判处死刑或不执行死刑。这是国与国之间的承诺。而劝返承诺是在请求国的司法机关或行政机关与被劝返人之间进行，是国家与个人之间的承诺。其次，在承诺的事项上，量刑承诺的事项主要是不判处死刑或不执行死刑；而劝返承诺的事项较为多样，既包括限制追诉和限制量刑，还包括其他与劝返相关的问题，如可否与其家人见面通话，回国的时间、方式等。最后，在承诺的效力上，量刑承诺是有法律依据的，劝返承诺则不然。《引渡法》第 50 条就量刑承诺和追诉承诺做出了规定，并强调"在对被引渡人追究刑事责任时，司法机关应当受所作出的承诺的约束"。虽然境外在逃人员被劝返回国接受审判时，司法机关考虑到其主动回国投案的情节，可能给予某些方便条件或宽大处理，但量刑承诺和追诉承诺之外的劝返承诺并不属于该条的适用范围，无法在判决书中阐明。

③ 本表系根据中共中央纪律检查委员会、中华人民共和国监察部官网（http://www.ccdi.gov.cn/special/ztzz/ztzzjxs_ztzz/201705/t20170511_99033.html）公布的数据整理所得。

续表

姓名	归案年份	判决年份	归案方式	罪名	判决结果
钱某某	2015	2017	缉捕	受贿罪	有期徒刑3年
裴某某	2016	2016	缉捕	贪污罪	有期徒刑3年
牛某某	2015	2015	劝返	虚开用于抵扣税款发票罪	有期徒刑3年，缓刑5年
杨某某	2015	2016	劝返	虚开增值税专用发票罪	有期徒刑3年，缓刑5年
陈某某	2016	2017	劝返	受贿罪	有期徒刑3年，缓刑4年
曾某某	2016	2016	劝返	职务侵占罪	有期徒刑3年，缓刑4年
云某	2016	2017	劝返	受贿罪	有期徒刑3年，缓刑4年
闫某某	2016	2016	劝返	职务侵占罪	有期徒刑3年，缓刑3年
张某某	2016	2016	劝返	职务侵占罪	免予刑事处罚

（一）劝返承诺缺少法律约束力

劝返承诺缺乏法律依据，是劝返方式屡遭诟病的主要原因之一。在劝返过程中，办案人员会通过认定境外在逃人员构成自首或以较轻犯罪提起公诉等方式进行承诺，希望督促其主动回国接受审判，但是，这种承诺在我国现有的法律框架下难以找到明确依据。

（二）自首情节的功能评价不统一

劝返承诺未能法定化，一方面会导致承诺事项难以落实；另一方面会产生不当的"辩诉交易"，即办案人员为防止境外在逃人员不满所承诺的事项而再度出逃，在协商过程中可能过于随意地认定自首情节。虽然这种承诺可以保证劝返工作的顺利进行，却有悖于罪刑法定原则，这不仅是对司法机关量刑裁量权的越位行使，而且容易造成"同案异判"。

第二节　限期自首的实质根据

尽管"限期自首"这一概念并未出现在《刑法》中，但是其很早就被广泛应用于司法实践。它并不是一个法律概念，而是涵盖了我国在特定时期贯彻某种具体刑事政策的各种措施。[①] 限期自首制度通过明确政策性后果来督促有关人员自首，具有较短的时效性、对象的特定性、标准的灵活性和目的的功利性等特点。此时，刑事政策与刑法之间可能产生不协调之处，对此，应当理性看待二者之间的区别和联系，共同服务于刑事法治实践，防止出现不可逾越的"鸿沟"。[②]

一　刑事政策与刑法之间的应然关系

刑事政策的制定者是国家，在其实施过程中市民社会也越来越多地参与进来，具有国家主导性。在法律体系中，刑法是最严厉的部门法，刑事立法权、司法权和执行权也专属于国家所有。因此，刑事政策与刑法具有相同的主体，以公权力为共同基础。而且，刑事政策的目的是预防犯罪、保障人权和救济被害人的权利，而刑法的目的在于惩罚犯罪，保护人民。犯罪是侵犯法益的行为，为了保护法益并预防犯罪，国家、社会必须科学、有效地组织应对犯罪的对策。所以，刑事政策与刑法在目的和内容上也相互重合。更重要的是，刑事政策以民主法治、公正与效率、自由与秩序为价值目

[①] 例如反腐败刑事政策、经济犯罪刑事政策、有组织犯罪刑事政策等。
[②] 参见欧阳本祺《刑事政策视野下的刑法教义学：探索中国刑法教义学与刑事政策的贯通构想》，北京大学出版社 2016 年版，第 257 页以下；车浩《刑法教义的本土形塑》，法律出版社 2017 年版，第 1 页以下。

标,① 而这些价值目标也无不包含在刑法中,二者的内在精神具有一致性。尽管刑事政策和刑法在某些方面存在重大差别,② 但二者以国家权力为中介相互联系,在反犯罪的整体战役中协同配合。为了防控最严重的危害社会行为,国家的本能是制定和实施刑法,而这又需要刑事政策的先在指导和动态补充。同时,将刑事政策转化为立法,作为对抗犯罪的政策工具,已成为法治国家解决社会基本矛盾的普遍做法。刑法离不开刑事政策,刑事政策必须尊重刑法;刑法是刑事政策的载体,刑事政策存在于刑法的框架内;刑法是刑事政策的界限,刑事政策是刑法的灵魂。如今,刑事政策的刑法化和刑法的刑事政策化已成为概括二者关系的基本公式。

刑事政策的刑法化是国家立法机关将应对犯罪行为的系统方略通过法定程序注入刑事实体法中。这使刑事政策的价值目标和基本措施转化为刑事法律,从而获得了合法性、明确性、稳定性。"刑事政策法律化是刑事政策过程的终结,是刑事政策合法化的一种重要而又特殊的形式。"③ 刑事政策转化为法律后,就失去了"政策"的外衣,必须遵守罪刑法定原则,而不能以"政策"的名义破坏法律的权威性。

刑法的刑事政策化同样无法避免。规范主义的刑法观和犯罪原

---

① 参见王宏玉主编《刑事政策学》,中国人民公安大学出版社2011年版,第120—125页。
② 刑事政策与刑法的差别主要表现在以下几个方面:其一,在基本性质上,刑事政策毕竟只是社会政策的一种,属于政策的范畴,在这一点上它与作为法律规范的刑法有着质的差别。其二,在基本功能上,刑事政策不具有法律的规范性特征,而是用来指导(提示或引导)社会运用法律规范对一定行为做出评价(法律评价)。其三,在基本内容上,刑事政策用以指导和影响刑事立法和刑事司法活动,通过对各种刑罚方法适用的目的性、合理性、必要性的研究,着重于从整体上对刑罚制度的体系和具体刑罚的效果进行评价。其四,在内容范围上,刑法功能的实现要以现实生活中已经发生的犯罪行为为前提,而刑事政策除以既存的犯罪行为为对象外,还要着重研究对其他危害行为如何采用社会治安综合治理的方法来预防犯罪。其五,在特征上,刑事政策还具有灵活性,从整体上说,相当程度的稳定性应当是法律规范的基本特征(参见马克昌主编《中国刑事政策学》,武汉大学出版社1992年版,第82—84页)。
③ 曲新久:《刑事政策的权力分析》,中国政法大学出版社2002年版,第230页。

因的复杂性制约了刑法在惩治犯罪浪潮中的效能,为此,形式、实证的刑法体系退居其次,实质、机能主义的刑法体系被推上前台。"所谓刑法的机能,就是刑法(而不是刑罚)本身作为规制社会的手段之一,应当具有什么样的作用,它是属于刑事政策学的研究范畴。"① 刑事政策首先应当为制定刑法设定评价目标及引导标准,刑法目的与刑事政策目的应当保持一致,即使立于政策的视角,某种不法行为具有明显的处罚必要性,但基于处罚适当性的考量,也不能逾越刑事立法的边界。"一个现代的刑法体系应当是有目的地组织的,也就是说,必须是建立在评价性目标设定的基础之上的。……建立这个刑法体系的主导性目的设定,只能是刑事政策性的。刑事可罚性的条件自然必须以刑法的目的为导向。"② 为了消除刑事政策和刑法之间的紧张关系,刑事立法要接受刑事政策的指导,即通过刑事立法的刑事政策化选择有必要处罚和值得处罚的行为,禁止处罚不当罚的行为。其次,刑事政策还应当指导司法实践,为其导入价值理念和规范标准,填补法律漏洞或明确规范意义。"刑事政策给予我们评价现行法律的标准,它向我们阐明应当适用的法律;它也教导我们从它的目的出发来理解现行法律,并按照它的目的具体适用法律。"③ 在刑事政策指导下,刑法解释理念、原则和方法的选择直接影响着解释结论的妥当性。最后,刑事政策对刑法执行同样具有指引作用。

二 限期自首与法定自首的协调尝试

具体而言,刑事政策通过以下路径影响司法实践:(1)填补法

---

① 黎宏:《论"刑法的刑事政策化"思想及其实现》,载《清华大学学报(哲学社会科学版)》2004年第5期,第43页。

② [德] 克劳斯·罗克辛:《德国刑法学总论》(第1卷),王世洲译,法律出版社2005年版,第133页。

③ [德] 冯·李斯特:《德国刑法教科书》,徐久生译,法律出版社2000年版,第2页。

律漏洞。罪刑法定原则不允许最高人民法院主动创制公共政策，因此，它要么通过制定司法解释或发布指导性案例来创设规则、肯定既有的政策，要么通过废止司法解释去宣告规则失效、否定过时的政策。（2）阐释刑法规范。罪刑法定原则拒绝公共政策全面覆盖法律漏洞，但并不排斥运用目的性限缩予以补充，所以，司法解释应该划清政治选择和法律判断、目的性扩张和扩大解释、目的性限缩和缩小解释的界限。（3）明确适用标准。为解决具体应用法律的问题，司法解释还需统一定罪量刑标准。当然，刑事政策的阶段性、复杂性和层次性能够决定法律适用标准的变化。（4）解决规范冲突。刑法条文数量众多，难免产生不一致的现象，其中，一般法和特别法之间、旧法和新法之间的矛盾尤为常见。对此，有时需要根据政策精神来选择处理原则。

可见，《自首通告》和《自首公告》的本意应该是贯彻宽严相济的基本刑事政策，在不违反《刑法》的前提下，弥补目前司法解释没有规定限期自首的缺憾。但是，限期自首的规定并未完全打通刑事政策与刑法之间的管道，反而导致法条阐释不足和适用标准混乱，必须将其纳入刑事法治的轨道予以完善。

一方面，应当科学认识自首制度减免处罚的根据。作为一种法定量刑情节，自首会影响行为人的量刑结果，因而必须符合刑罚的正当化根据。在判例和大多数学说中，采取的是兼采绝对刑罚理论和相对刑罚理论之长的综合理论。刑罚在根本上是必须有目的的，但是，它也应受到报应理论之意义上的罪责原则的限制。[①] 一般认为，正确适用自首制度，既可以鼓励和引导犯罪人主动归案，改过自新，争取宽大处理，又可以尽可能地降低司法成本，提高破案效

---

① [德] 乌尔斯·金德霍伊泽尔：《刑法总论教科书》（第六版），蔡桂生译，北京大学出版社2015年版，第27页。

率，有效地实现刑罚目的。① 换言之，自首制度的主要根据是特殊预防目的和刑事政策理由。而且，这两方面的根据只要具备了前者，就"可以"对罪犯从宽处罚；倘若还满足后者，就"应当"对其从宽处罚。② 如此理解，不仅符合法定自首的减免处罚原则，而且有利于自首与坦白、立功在从宽处罚功能上的协调。另外，在对有自首情节的犯罪分子量刑时，首先要根据不法与责任程度区分罪行轻重。如果犯罪较重，则应根据犯罪分子交代犯罪事实的完整性、稳定性以及悔罪表现等具体情节，决定从轻处罚还是减轻处罚。③ 即在适用自首情节时，也要考虑罪行的严重性。总之，自首制度的实质根据在于：（1）特殊预防目的；（2）刑事政策理由；（3）罪行轻重。上述三者对量刑的影响力度依次递减，不能轻易将刑事政策因素置于比特殊预防因素、行为责任因素更加优先的地位，否则就违反了罪刑法定原则和责任主义原则。

另一方面，应当着力加强限期自首制度与法定自首制度的调和。以《自首通告》为例，限期自首的起止时间分别为"2014年10月10日"和"2014年12月1日"，据此可划分为"期前自首"、"期内自首"和"期后自首"三个阶段：第一，境外在逃人员"期内自首"的，当然构成限期自首，同时又构成法定自首。第二，境外在逃人员"期前自首"的，不构成限期自首，但可以构成法定自首。第三，境外在逃人员"期后自首"的，对此不能一概而论，需要结合自首原因、是否知情等进行具体判断。假如境外在逃人员是

---

① 周光权：《刑法总论》（第四版），中国人民大学出版社2021年版，第454页。
② 参见张明楷《责任刑与预防刑》，北京大学出版社2015年版，第350页。
③ 张明楷：《刑法学》（上 第六版），法律出版社2021年版，第739页。《自首立功解释》第8条就规定："对具有自首、立功情节的被告人是否从宽处罚、从宽处罚的幅度，应当考虑其犯罪事实、犯罪性质、犯罪情节、危害后果、社会影响、被告人的主观恶性和人身危险性等。自首的还应考虑投案的主动性、供述的及时性和稳定性等。立功的还应考虑检举揭发罪行的轻重、被检举揭发的人可能或者已经被判处的刑罚、提供的线索对侦破案件或者协助抓捕其他犯罪嫌疑人所起作用的大小等。"

在知悉《自首通告》的情况下，在限期内没有自首，而在期限届满后又选择自首的，只能成立法定自首，但又属于第5条规定的"在规定期限内拒不自首"，此时存在两个逆向竞合的情节。但是，如果境外在逃人员基于特殊情况而在期限届满后才得知《自首通告》的，由于期限利益已经丧失，即使去自首仍然同时构成《刑法》上的自首和"拒不自首"。[①] 表面上看，两种情况的认定结果相同，但在量刑时宜区别对待，赋予"法定自首"和"拒不自首"以相应的影响权重。这就在衡量行为人罪行轻重的同时，达到了罪责刑相适应原则的要求。

第三节 限期自首的成立条件

一 投案自动性的缓和认定

自首制度作为我国一项重要的刑罚裁量制度，包括一般自首、准自首和特别自首三种类型，前面两种属于总则规定模式，最后一种属于分则规定模式，[②] 但无论哪种自首，都要求投案行为的"自动性"，即行为人在有自由选择的情形下，主动将自己置于司法机关的控制之下，则排除了行为人被动归于司法机关控制的情形。[③]

不过，对法律制度的理解不能仅停留在字面文义上，社会生活的发展、法治观念的转变、刑事政策的调整等因素都会影响人们对事物的认识。严格来说，有些情形并不完全符合《刑法》对一般自首、准自首以及特别自首的规定，但是司法实践基于某种利益考量或价值权衡，仍将其认定为自首。这正说明了人们对自首的理解也

[①] 陈山：《论"限期自首"——以〈打黑通告〉第一条切入》，载《四川师范大学学报（社会科学版）》2018年第3期，第44页。

[②] 参见马克昌主编《刑罚通论》（第2版），武汉大学出版社1999年版，第389—393页。

[③] 参见徐安住《自首制度疑难问题的司法认定——基于〈刑事审判参考〉28个示范案例的实证分析》，载《湖南大学学报（社会科学版）》2012年第1期，第149页。

不是一成不变的，也会随着社会发展而不断变化发展。因此，对自首的认识与适用，不能脱离自首的本质及其价值追求。[1]

既如前述，自首制度的主要根据是特殊预防必要性减少和刑事政策的功利价值追求，次要根据是罪行轻重与预防目的的关联性。对于行为人是否自动投案的判断，也应当根据自首制度的本质根据来进行。易言之，只要投案事实能够反映出行为人悔罪、人身危险性减小或再犯可能性降低，就应认定为自动投案，无须过多考虑投案时的具体心情、原因和动机。在一些有关劝返成功的报道中，偶尔会出现"走投无路"和"迫于压力"等字眼，往往造成行为人是被动归案的误解。但是，所谓"走投无路"只是相对而言，对此不宜做形式化的理解。鉴于境外追逃工作的特殊性，追逃国司法管辖权会受到发现地国司法管辖权的限制，办案人员的劝说、承诺并不属于强制措施，主要是基于开展工作的需要。听从劝返、回应办案人员的承诺，需要境外在逃人员自主作出选择，故当其主动从这种"自由"的状态下回到我国司法机关的控制范围内，是符合"自动投案"的要求的。[2] 例如，外逃至新加坡的云南省交通厅原副厅长胡某并没有被新加坡的执法机关或司法机关采取强制措施，其仍然可以选择继续逃匿，即使他不接受劝返，国内司法机关也无法在短时间内将其抓捕回来。[3] 在这种情况下，假如境外在逃人员表示愿意将自己置于我国司法机关的控制之下，就足以反映出投案的自动性。需要注意的是，劝返时应当严格把握自动性要件，否则可能向其他尚在境内的在逃人员传达"只要潜逃国外并经劝返，就

---

[1] 参见邓晓霞《自首制度的理论与实践反思》，中国政法大学出版社2016年版，第66—67页。

[2] 朱玉光：《自首、立功、坦白认定指南：100个刑事疑难案例梳理剖析》，法律出版社2016年版，第135页。

[3] 参见曾献文《30年印记：追逃贪官，国门内外的较量》，载"最高人民检察院官网"：https：//www.spp.gov.cn/zdgz/200807/t20080718_25423.shtml，最后访问时间：2021—07—21。

能被从宽处罚"的错误认知。

二 投案接受主体的适度扩展

根据《自首、立功意见一》等司法解释以及《自首通告》《自首公告》的规定，除公安机关、司法机关和监察机关以外的其他单位、组织都只是作为境外在逃人员自动投案信息的传达者，自首的裁量权还是由法院行使。自首制度的设立目的是鼓励行为人自动投案，所以，只有为其投案提供更多途径，才能促使其配合公安、司法机关办理案件。因此，在境外追逃实践中，不仅我国驻外使领馆可以作为投案接受主体，所有能向我国办案机关传达消息的外国主管机关均可作为投案接受主体。只要境外在逃人员在被我国有关机关采取强制措施前，能够主动向这些外国主管机关告知犯罪事实，在外国主管机关向我国办案机关反映情况后，与办案机关"合作"如实供述的，就符合自首的构成要件。①

而且，即使境外在逃人员已被外国主管机关采取强制措施，但相比于我国驻外使领馆，其向外国主管机关主动投案可能更为便利。例如，广东省中山市实业发展总公司原总经理陈某某1和原法定代表人陈某某2挪用公款后潜逃至泰国，后于2000年11月被泰国清迈府法院以"非法入境、非法居留及非法持有和使用骗取的证件罪"判处刑罚，并根据《中华人民共和国和泰王国引渡条约》于2002年12月26日将二人引渡回中国接受审判，待中方审判完毕后将二人送回泰国继续服刑。然而，他们在保外就医半年多后，提出不愿再回泰国。由于必须履行双方引渡协议，二人被送回泰国继续服刑。2008年8月，泰国法院最终裁定将其引渡回中国。当

---

① 参见邓晓霞《自首制度的理论与实践反思》，中国政法大学出版社2016年版，第183页。

时，陈某某1曾说，还是回祖国服刑好。① 可见，如果境外在逃人员也面临外国的刑事指控和审判，其主动归案的意愿反而更加强烈。

三 投案时间的具体判断

境外在逃人员自动投案的时间早晚，也会影响其自首的认定。这里主要涉及两个问题，也要结合自首的减免处罚根据进行分析。

（一）境外在逃人员已被发现地国采取强制措施时，能否认定为自首

根据保障人权原则和国际合作原则等国际刑法的基本原则，②发现地国对境外在逃人员采取的强制措施不同于追逃国的强制措施，因为不论在事实上还是在法律上，在逃人员均未处于追逃国司法机关的控制之下。即使追逃国与发现地国建立了刑事司法协助制度，在发现地国未将境外在逃人员移交给追逃国控制之前，都不能简单地将其认定为"被采取强制措施"，从而否定自首的成立。例如，中国银行哈尔滨河松街支行原行长高某，在被加拿大皇家骑警拘捕和长期羁押后，自愿回国投案自首。又如，因金融诈骗犯罪而逃往阿尔巴尼亚的沈某，在被当地司法机关逮捕并提起引渡诉讼后，出具自愿接受引渡的书面声明，从而顺利过境意大利被引渡回国，同样构成自首。③ 倘若对限期自首的投案时间进行严格解释，高某和沈某的预防情节不仅无法得到认定，而且恐怕难以回国受审。

---

① 参见汪文涛、谭玉君、白刚《国际大追逃：境外不再是贪官"避罪天堂"》，载"最高人民检察院官网"：https://www.spp.gov.cn/zdgz/201409/t20140930_81386.shtml，最后访问时间：2021—07—21。
② 参见黄风、凌岩、王秀梅《国际刑法学》，中国人民大学出版社2007年版，第50页以下。
③ 参见黄风《建立境外追逃追赃长效机制的几个法律问题》，载《法学》2015年第3期，第7页。

(二) 通过引渡、遣返等程序归案的境外在逃人员，能否认定为自首

首先，在引渡、遣返等程序的决定做出之前，主动表示愿意通过相关法律程序回国接受审判的，一般应认定为自首。例如，李某某在新加坡服刑期间被剥夺永久居住权，在遣返决定做出之前接受规劝，并写下自首书表示自愿回国。一审法院认为，对此"可以视为自首情节"。①这样处理，有利于鼓励犯罪嫌疑人早日投案和结束追逃工作。

其次，在引渡、遣返等程序终结前作出自愿接受引渡或遣返的表示，是否仍然认定为自动投案？一种观点认为，境外在逃人员在引渡、遣返才接受之前规劝条件的，一般不应认定为自首。其原因在于引渡、遣返是两国司法合作的结果，处于这些程序中的在逃人员事实上已经被我国司法机关控制。②与此相反，另一种观点认为，如果处于引渡、遣返等程序中的在逃人员主动放弃发现地国的救济程序，并接受劝返、遣返等措施以加快回国接受审判进程，且如实供述其主要犯罪事实的，应被认定为自首。③司法实践的态度也不一致，以邓某某案为例，一审法院认为，邓某某被加拿大遣返回国，没有主动回国接受处罚的意愿和行动，不符合法律规定的自动投案等自首条件，遂以合同诈骗罪判处其无期徒刑。但是，二审法院认为，邓某某主动放弃加拿大法律规定的救济权利，并自动接受移民局遣返回国的行为，应视为自首，据此将无期徒刑改为15年

---

① 参见肖中华《宽严相济、区别对待政策在追逃追赃工作中的运用》，载《人民法院报》2017年1月25日第6版。
② 参见覃珠坚《刑事外逃犯追缉方法之适用探析》，载《北京警察学院学报》2016年第4期，第91页。
③ 参见李鑫源《简析逃匿境外人员自动投案的不同形态》，载《法律适用》2017年第10期，第79页。

有期徒刑。[1] 笔者认为，境外追逃往往涉及不同地域的法律适用，引渡、遣返作为国际刑事司法合作的产物，必然导致我国在境外适用上述程序时，会受到发现地国法制的约束。一旦发现地国提出附加条件而我国又不接受的话，会导致追逃行动推迟甚至失败，所以，不能轻易认为，境外在逃人员处在引渡、遣返程序就是已被我国司法机关实际控制。只要在逃人员在引渡、遣返等程序终结前作出自愿接受引渡或遣返的表示，表明其再犯可能性显著降低，从而简化引渡、遣返程序并加快回国审判进程的，就应当认定为自首。

最后，在引渡、遣返等程序终结后放弃程序救济的行为，不能认定为自首。例如，赖某某在非法移民遣返程序终结后，历经与加拿大当局12年的博弈仍被强制遣返。虽然在此期间，他也曾经历思想转变而不再完全抵制遣返，但毕竟属于非自愿回国，[2] 充其量只能作为一种酌定量刑情节。

第四节 限期自首的量刑规则

一 劝返承诺的量刑限制路径

量刑中的责任和预防具有互动关系，量刑活动应当符合理论构想的量刑框架，即"以责任为基础，用预防对其修正"，或者"责任大致轮廓的决定与根据预防的修正"。[3] 一旦劝返承诺经过有关部门认定，具有量刑情节的功能，那么作为一种预防情节，会在一定程度上降低责任刑。根据我国司法实践中现行的量刑原则、步骤和

---

[1] 参见佚名《中国首个被遣返经济嫌犯归国内幕披露》，载"中国法院网"：https://www.chinacourt.org/article/detail/2009/11/id/380347.shtml，最后访问时间：2021—07—21。

[2] 参见张磊《从高某案看我国境外追逃的法律问题——兼与赖某某案比较》，载《吉林大学社会科学学报》2014年第1期，第92页。

[3] ［德］Wolfgang Frisch、［日］浅田和茂、冈上雅美编：《量刑法的基本问题：量刑理论与量刑实务之间的对话》，成文堂2011年版，第109页。

方法,需要规范判断其性质、效力和作用。

(一) 劝返承诺主体的限制

虽然劝返与引渡存在较大差异,但是二者之间也有密切联系。探讨劝返承诺的主体,可以参照引渡中的量刑承诺主体进行。同时,也要兼顾劝返的灵活性,根据承诺内容的不同,对承诺主体予以区别对待。

我国《引渡法》第50条规定,量刑承诺的主体是最高人民法院,同时"在对被引渡人追究刑事责任时,司法机关应当受所作出的承诺的约束"。作为引渡替代措施的劝返也可以参考这一规定,并比照其适用。即办案人员在对境外在逃人员作出有关量刑的承诺时,应当经过最高人民法院的批准,而且一旦作出,在审判过程中必须受其约束。换言之,只要是涉及对境外在逃人员量刑承诺的,一律不得由办案人员自行作出,必须经过法定程序,先行报请最高人民法院。

可是,劝返承诺毕竟不同于量刑承诺,量刑承诺只是劝返承诺的一部分。若将劝返承诺的决定权完全交由最高人民法院,既会加重最高人民法院的工作负担,也会过于限制办案人员的权力,导致办案人员不能适当作出比较有分量的从宽承诺和保证,不利于劝返工作的开展。[①] 所以,量刑承诺以外的劝返承诺就不必报请最高人民法院批准,办案人员只需向本单位或有关部门报告即可。

(二) 劝返承诺效力的限制

境外在逃人员通过劝返等措施主动回国接受审判的,在符合一定条件的情况下,可以被"从宽处罚"。但是,这并不意味着,行为人在境内实施了违法犯罪行为,逃匿到境外借助劝返制度就可以

---

① 陈雷:《境外追逃:应当重视劝返的法治化》,载《检察日报》2012年2月22日第3版。

具备从宽处罚的条件,更不是变相刺激更多的犯罪分子外逃。[①] 尽管有关劝返制度的规定有待完善,但是劝返承诺的实现往往有赖于实践中对从宽处罚原则的落实。况且,成立自首并不一定会从宽处罚。我国《刑法》根据犯罪轻重对自首犯采取相对从宽处罚原则,即原则上予以从宽处理,但在个别情况下也可以不予从宽处理。[②] 不能将自首是否成立的定性问题与自首能否从宽处罚的量刑问题混为一谈,否则会无视并消解自首制度本身的价值与自首可从宽处罚的理论根基。[③] 对此,《自首立功解释》第 8 条也重申:"虽然具有自首或者立功情节,但犯罪情节特别恶劣、犯罪后果特别严重、被告人主观恶性深、人身危险性大,或者在犯罪前即为规避法律、逃避处罚而准备自首、立功的,可以不从宽处罚。"

显然,劝返承诺效力在追逃实践中会受到双重限制:一是受到自首成立条件的限制。即使办案人员作出承诺,境外在逃人员主动回国接受审判的行为未必会被认定为自首。二是受到自首法律后果的限制。即使境外在逃人具备自首情节,也未必会被从宽处罚。以上限制,就是源于自首的实质根据。

二 劝返承诺的量刑规则构建

尽管"期后自首"已经过了"限期自首"的期限,但并不一定就不构成自首。如本章第二节所述,"期后自首"可能是境外在逃人员在限期内"拒不自首",也可能是其基于特殊情况而在期限届满后才自首,对此应在量刑上区别对待。

[①] 参见李鑫源《简析逃匿境外人员自动投案的不同形态》,载《法律适用》2017 年第 10 期,第 80 页。

[②] 参见高铭暄、马克昌主编《刑法学》(第九版),北京大学出版社、高等教育出版社 2019 年版,第 267 页。

[③] 参见曹向博、聂晓昕《自首不从宽处罚的适用——对牛某某故意杀人案的评析》,载《天津法学》2018 年第 2 期,第 104 页。

《关于常见犯罪的量刑指导意见》（以下简称《量刑指导意见》）第1条规定了依法量刑原则、罪责刑相适应原则、宽严相济原则和量刑均衡原则四个量刑指导原则。这也是在评价自首情节时应当遵循的量刑原则。而且，《量刑指导意见》第2条将量刑步骤分为三步：（1）确定量刑起点；（2）确定基准刑；（3）确定宣告刑。从宏观上看，现行的量刑过程基本符合"以'幅的理论'为起点，以'点的理论'为终点"的设计思路；但从微观上看，目前的量刑步骤未必能处理好责任刑和预防刑之间的关系。虽然"幅的理论"受到大陆法系国家（地区）刑法学者的广泛支持，但实用性不强，它既无法确定责任刑幅度的上下限，也无法将预防刑限制在责任刑的范围内，[①] 因此，不宜直接引入德、日的量刑基准理论来完善我国现行的量刑步骤，应当采取一种更加彻底的量刑限制理论，在量刑的每个重要阶段分别划定法定刑、起点刑、责任刑、预防刑和宣告刑的界限。详言之，第一步，根据具体犯罪构成，确定相应的法定刑幅度。选择法定刑幅度只考虑与犯罪构成要件的实现直接相关的情况，这种做法类似于确定起点刑的预备活动。第二步，根据基本犯罪构成事实并参考同类判例，在相应的法定刑幅度内确定起点刑。起点刑同时受到法定刑幅度和同类判例的约束，能够从源头上防止量刑失衡。第三步，根据责任情节，在起点刑的基础上增加刑罚量确定责任刑。第四步，根据预防情节并适度从严把握，确定预防刑。第五步，根据预防刑对责任刑的修正幅度，参照类似判例确定宣告刑。于是，自首情节的判断应该放在第四步。作为一种常见量刑情节，《量刑指导意见》第3条明确了其适用方法："对于自首情节，综合考虑自首的动机、时间、方式、罪行轻重、如实供述罪行的程度以及悔罪表现等情况，可以减少基准刑40%以

[①] 参见江溯主编《德国判例刑法》（总则），北京大学出版社2021年版，第515—516页。

下；犯罪较轻的，可以减少基准刑40%以上或者依法免除处罚。恶意利用自首规避法律制裁等不足以从宽处罚的除外。……对于当庭自愿认罪的，根据犯罪的性质、罪行的轻重、认罪程度以及悔罪表现等情况，可以减少基准刑10%以下。依法认定自首、坦白的除外。"这表明，在方法论上，既要充分评价量刑情节，又不能重复评价量刑情节。

综上所述，可以根据不同规则来评价"期后自首"：

第一，境外在逃人员是在知悉《自首通告》的情况下，在限期内没有自首，而在期限届满后又选择自首的，属于"法定自首"和"拒不自首"的逆向竞合，即"宽中有严"，应当从严把握减少基准刑的比例，必要时也可不对基准刑进行调整。

第二，境外在逃人员基于特殊情况而在期限届满后才得知《自首通告》的，同样构成"法定自首"和"拒不自首"的逆向竞合，但考虑到其人身危险性比第一种情形更小，所以在对减少基准刑比例的把握上可以宽松一些，一般应当对行为人从轻处罚。

第三，境外在逃人员既构成法定"自首"和"拒不自首"，又有"积极挽回受害单位或受害人经济损失"或"有效挽回被害单位、被害人经济损失，积极退赃"情节的，属于两个从宽处罚情节和一个从严处罚情节的逆向竞合。《自首通告》第1条规定，在逃境外经济犯罪人员自动投案，如实供述自己罪行，自愿回国的，可以依法从轻或减轻处罚。其中，积极挽回受害单位或受害人经济损失的，可以减轻处罚。而《自首公告》第1条的规定略有不同，即职务犯罪案件境外在逃人员自动投案，如实供述自己罪行，可以依法从轻或减轻处罚。其中，有效挽回被害单位、被害人经济损失，积极退赃的，可以减轻处罚。可见，只有在两个从轻处罚情节并存时，才有可能将其综合评价为一个减轻处罚情节，即"一个从轻处罚情节＋从轻处罚情节≈一个减轻处罚情节"。可是，当行为人又多了一个"拒不自首"情节时,未必能够适用上述公式。这时,法官应当考虑自首的动机、时间、方式、罪行轻重、如实供述罪行的程度等因素,决定对犯罪分子是从轻处罚还是减轻处罚。

第四,与"法定自首"相比,"期后自首"通过附加挽回损失情节和退赃情节,抬高了对境外在逃人员减轻处罚的门槛。事实上,法定自首与挽回损失、退赃情节都是相互独立的预防情节,不应被组合在一起而成为一种新的"自首"情节。在内容上,"积极挽回受害单位或受害人经济损失"或"有效挽回被害单位、被害人经济损失,积极退赃"无法为"如实供述自己罪行"所包容;在性质上,它们是犯罪嫌疑人自首后体现其非难可能性降低[①]而非回溯性地减少法益侵害程度的要素;在功能上,这些情节与法定自首并存时,可能累积释放更大的从宽处罚效应。例如,在逃人员被劝返后,自动投案,如实供述自己罪行,且有效挽回"所有"经济损失,"全部"积极退赃的,可以免除处罚,而非仅仅减轻处罚。[②]如此评价上述量刑情节,才是对法定自首和限期自首实质根据的统一化理解。

---

① 这也可以作为对行为人的悔罪表现进行实质判断的资料。《自首、立功意见一》第1条规定,除了考察犯罪的事实、性质、情节和对于社会的危害程度,还要结合自动投案的动机、阶段、客观环境,交代犯罪事实的完整性、稳定性以及悔罪表现等具体情节,依法决定从宽处罚的幅度。显然,"自动投案"、"如实供述自己的罪行"和"悔罪表现"属于不同的量刑情节。况且,就自首的实质根据而言,特殊预防目的是优先于刑事政策理由和罪行轻重的,所以,只要行为人自动投案并如实供述自己的罪行的,就足以表明其人身危险性减小,构成自首,无须考虑其是否有悔过之意。如果行为人自动投案后如实供述自己的罪行,并有悔罪表现的,不仅成立自首,还要给予更为缓和的处罚。

② 这有别于"犯罪较轻的,免除处罚"的规定。易言之,当法定自首、挽回损失、退赃三个情节并存时,应当赋予其更大的从宽处罚幅度。更彻底地说,在立法论上,有必要将"可以减轻处罚"修改为"可以减轻或者免除处罚",因为法官在通常情况下对自首犯都"可以从轻或者减轻处罚"。

第 十 章

反贿赂合规计划出罪功能的本土化探索：
以单位贿赂犯罪的预防模式为视角

尽管贿赂犯罪历来是我国刑事法治实践规制的重点之一，但由于国际经济交往愈加频繁和国内腐败犯罪惩治现状的变化，为了更好地实现刑法的法益保护机能和人权保障机能的统一，切实维护各类企业及其工作人员的合法权益，反腐败刑事政策在加大对贪污贿赂犯罪处罚力度的同时，还非常强调对这类犯罪的预防工作，因此，反贿赂合规计划的构建就成为其中的重要一环。考虑到只有单位受贿罪、单位行贿罪等少数贿赂犯罪的主体包括单位，故本章重点讨论这几种犯罪的合规计划出罪路径，以使其成为反腐败合规机制的有效组成部分。

第一节 问题的提出

反贿赂合规作为域外法制的舶来品，自从被引入我国后，其借鉴必要性和可行性就已得到部分学者的肯定。[1] 所谓反贿赂合规，是指企业建立反贿赂管理体系以预防、发现和处置贿赂。通常认

---

[1] 参见陈瑞华《英国〈反贿赂法〉与刑事合规问题》，载《中国律师》2019年第3期，第81页以下；万方《反腐败合规法律实践的规范演进与实践展开——以美国〈反海外腐败法〉为切入》，载《法治研究》2021年第4期，第96页以下。

为，狭义的企业合规就是反贿赂合规，它起源于美国《反海外腐败法》（Foreign Corrupt Practices Act，以下简称 FCPA）。该法是美国 1977 年颁布的一部法律，其主要内容是禁止美国企业在海外业务中贿赂当地政府官员。随着 2007 年以来大型跨国企业因违反 FCPA 被处罚的案件频发，各个跨国企业纷纷在组织结构中设立合规部门、团队或岗位，并开始建立完整的合规管理体系。[①] 而广义的企业合规描述的是公司治理的新理念，它在公司守则中规定下来，可以通过特定程序得以实现，其目标是防止犯罪行为，特别是腐败、洗钱、恐怖融资、不正当竞争、伪造资产负债表、逃税、内部交易、破坏环境以及泄露公司秘密等犯罪行为。即合规计划以防止来自公司与针对公司的犯罪为目的，并保护众多不同的价值，而这些价值从中得到的保护甚至还要多于刑法规定所能给予的保护。[②] 此时，企业合规的外延远远大于反贿赂合规的外延。在理论上，虽然受贿和行贿属于必要共犯（对向犯），[③] 但二者并非对等交换关系。站在法益侵害主体的视角上，企业成员代表企业实施的贿赂行为又被称为外部贿赂或主动贿赂，企业成员在履行企业职责中接受贿赂又被称为内部贿赂或被动贿赂。[④] 无论哪种贿赂，都要被纳入反贿赂合规计划中，只是合规风险、应对措施、法律后果有所不同。而在实践中，上述反贿赂合规的价值目标、制度设计、预期效果在企业合规改革试点前后的有关案件中均得到了一定程度的体现。

案例一 [景德镇市劳动监察局、刘某某单位受贿案]：一审法

---

① 参见华东师范大学企业合规研究中心编《企业合规讲义》，中国法制出版社 2018 年版，第 210—211 页。

② 参见[德]乌尔里希·齐白《全球风险社会与信息社会中的刑法：二十一世纪刑法模式的转换》，周遵友等译，中国法制出版社 2012 年版，第 242 页。

③ 参见[日]川端博《贿赂罪的理论》，成文堂 2016 年版，第 79 页；阎冬《贿赂规制与刑事法理论》，成文堂 2021 年版，第 51 页。

④ 参见华东师范大学企业合规研究中心编《企业合规讲义》，中国法制出版社 2018 年版，第 212 页。

院认为，用人单位是在办理施工许可证过程中或者市劳动监察局到工地巡查时被市劳动监察局要求缴纳"农民工维权经费"，而不是市劳动监察局给用人单位谋取了利益，而向用人单位索取或者收受用人单位财物。该行为不符合单位受贿罪的构成要件，不被认定为单位受贿罪。[①]

案例二 [张某某单位行贿案]：再审法院认为，物美集团给予赵某 30 万元好处费，属于违反国家规定，在经济活动中账外给予国家工作人员手续费的情形，但具有以下情节：（1）国旅总社为缓解资金紧张意欲转让所持泰康公司股份，经泰康公司董事长陈某 1 沟通联系，物美集团决定收购并与国旅总社多次谈判后就股权转让达成一致，其间没有第三方参与股权收购，不存在排斥其他买家、取得竞争优势的情形，双方的交易没有违背公平原则。（2）在没有第三方参与、双方自愿达成收购意向的情况下，物美集团承诺给予好处费并非为谋取不正当利益。（3）国旅总社将其所持泰康公司股份转让给物美集团以及具体的转让价格等，均系国旅总社党政领导班子联席会议多次讨论研究决定，双方最终成交价格也在国旅总社预先确定的价格范围内，物美集团没有获得不正当利益，国旅总社的利益亦未受到损害。（4）赵某作为国旅总社总经理办公室主任，其在股权交易过程中仅起到沟通联络作用，没有为物美集团谋取不正当利益。综合考虑上述情况，可以认定物美集团的行为尚不属于情节严重，依法不构成单位行贿罪。[②]

案例三 [孙某某、湖北省电力建设第二工程公司单位受贿案]：二审法院认为，上诉人孙某某身为国家工作人员，利用职务上的便利，为他人谋取利益，非法索取、收受他人贿赂 280 万元，供其个人支配、使用，数额巨大，其行为已构成受贿罪。原审被告单位湖

---

① 参见景德镇市昌江区人民法院（2016）赣 0202 刑初 170 号刑事判决书。
② 参见中华人民共和国最高人民法院（2018）最高法刑再 3 号刑事判决书。

北省电力建设第二工程公司没有单位受贿故意，未实施单位受贿行为，不构成单位受贿罪。①

案例四 [樊某某涉嫌对单位行贿不起诉案]：检察机关认为，从《建筑法》第 26 条第 2 款、第 66 条的规定，可以看出国家严格禁止建筑施工企业允许其他单位和个人使用本企业的资质证书，以本企业名义承揽工程。但是法律仅为这种违法行为配置了相应的行政处罚措施，属于行政法规规制的范畴，尚不被刑事法律所调整。有偿借用建筑资质的行为应属行政法规规制的范畴，尚不被刑事法律所调整，且本案下游犯罪单位收取被不起诉人樊某某管理费的邯郸市某工程公司涉嫌单位受贿一案，在审理过程中，认为于 2017 年 9 月 19 日被曲周县人民法院以其收取管理费出借资质的行为属行政法规制范畴，不被刑事法律所调整为由，判决无罪。根据举重以明轻的刑事原则，被不起诉人樊某某借用资质的行为也属于应当受行政法规制的范畴，不被刑事法律所调整，应当不认为刑事犯罪。依照《刑事诉讼法》第 15 条第 6 项和第 173 条第 1 款的规定，决定对樊某某不起诉。②

案例五 [某螺杆制造企业涉嫌骗取贷款不起诉案]：检察机关查明，2019 年 1 月，涉案企业由于资金流出现断裂急需申请银行贷款注资，法人代表捏造了企业财务资料（违规折旧生产资料）、购买伪造的增值税专用发票骗得银行贷款 500 万元，约定还款日在 2020 年 1 月。而该企业已在还款期后、立案前（同年 4 月）归还了贷款，银行并不存在损失，至多属于不良贷款。不良贷款尽管"不良"，但并不一定形成损失，因此，"不良贷款"不等于"经济损失"，也不能将"形成不良贷款数额"等同于"重大经济损失数

---

① 参见湖北省高级人民法院（2019）鄂刑终 117 号刑事判决书。
② 参见河北省曲周县人民检察院曲检公诉刑不诉（2018）12 号不起诉决定书。该文书中所引条文系来自 2011 年修订的《建筑法》和 2012 年修订的《刑事诉讼法》。

额"。根据《关于骗取贷款罪和违法发放贷款罪立案追诉标准问题的批复》，本案属于情节显著轻微，危害不大，不认为是犯罪。但公安机关不认可上述理解。2020年7月，公安机关将本案移送检察机关审查起诉，检察机关还是认为本案不构成骗取贷款罪，但是涉案企业确实存在财务税务违法风险因素，应当整改。当得知辩护人是注册会计师后，检察机关建议辩护人对企业进行财务、信贷、税务三方面的有效整改，并每个月向检察官出具《财务税务信贷合规整改报告》，合规整改期间达3个月（2020年8月至11月）。最终，检察机关作出无罪不起诉决定（情节显著轻微，危害不大，不认为是犯罪），同时要求该企业持续自主财务信贷专项合规整改2年。①

案例六［王某某等涉嫌对非国家工作人员行贿不起诉案］：检察机关查明，深圳Y科技股份有限公司（以下简称Y公司）系深圳H智能技术有限公司（以下简称H公司）的音响设备供货商。Y公司业务员王某某为了在H公司音响设备选型中获得照顾，向H公司采购员刘某甲陆续支付好处费25万元，并在刘某甲的暗示下向H公司技术总监陈某行贿24万余元。由王某某通过公司采购流程与深圳市A数码科技有限公司（以下简称A公司）签订采购合同，将资金转入A公司账户，A公司将相关费用扣除后，将剩余的资金转入陈某指定的账户中。Y公司副总裁刘某乙、财务总监林某某，对相关款项进行审核后，王某某从公司领取行贿款项实施行贿。2020年4月，检察机关对王某某依据《刑事诉讼法》第177条第2款作出不起诉决定，对林某某、刘某乙依据《刑事诉讼法》第177条第1款作出不起诉决定，以陈某、刘某甲涉嫌非国家工作

---

① 参见佚名《检察机关探索企业合规业务的注意点（案例篇）》，载"舟山市岱山县人民检察院官网"：http://www.zjdaishan.jcy.gov.cn/llyt/202101/t20210104_3090479.shtml，最后访问时间：2021—07—22。

人员受贿罪向深圳市南山区法院提起公诉。同月，深圳市南山区法院以非国家工作人员受贿罪判处被告人刘某甲有期徒刑6个月，判处被告人陈某拘役5个月。法院判决后，检察机关于2020年7月与Y公司签署合规监管协议，协助企业开展合规建设。检察机关与Y公司签署合规监管协议后，围绕与商业贿赂犯罪有密切联系的企业内部治理结构、规章制度、人员管理等方面存在的问题，制定可行的合规管理规范，构建有效的合规组织体系，健全合规风险防范报告机制，弥补企业制度建设和监督管理漏洞，防止再次发生相同或者类似的违法犯罪。Y公司对内部架构和人员进行了重整，着手制定企业内部反舞弊和防止商业贿赂指引等一系列规章制度，增加企业合规的专门人员。①

比较以上六个案例可以发现，各被告单位、被告人的出罪阶段和出罪方式不尽相同。详言之，在出罪阶段上，前四个案件是根据案发前已经制定的法律法规、规章制度或行为守则，单向性地判断行为人刑事责任的有无，可谓一种事前合规分析；而后两个案件是在案发后通过补充制定或继续完善管理制度，回顾性地判断是否仍然存在追究涉案企业及其责任人员刑事责任的必要性，可谓一种事后合规考察。在出罪方式上，前四个案件是借助否定违法性或有责性而不构成犯罪，后两个案件由于采用了我国正在开展的企业合规改革试点中的企业合规不起诉制度，故难以被归入传统的阻却事由体系中。显然，反贿赂合规在我国的实施情况有其特殊性，但既有研究主要强调合规计划通过从宽量刑或暂缓起诉、不起诉所起到的

---

① 参见佚名《最高检发布企业合规改革试点典型案例》，载"最高人民检察院官网"：https://www.spp.gov.cn/spp/xwfbh/wsfbh/202106/t20210603_520232.shtml，最后访问时间：2021—07—22。

预防贿赂犯罪效果，[1] 即使部分学者注意到了合规计划具有在违法性阶层或有责性阶层的出罪机能，[2] 也缺乏结合贿赂犯罪构成要件以探索其出罪路径的问题意识。实际上，无论是程序性出罪抑或是实体性出罪，都离不开具体犯罪构成要件，因为它既是将不法行为予以类型化的观念形象，也是刑事案件中实体形成的指导形象。[3] 有鉴于此，应当首先在明确反贿赂合规计划与单位贿赂犯罪处罚原理之间关系的基础上，选择妥当的贿赂犯罪预防模式；其次根据这种模式，确定反贿赂合规计划赖以依托的犯罪论体系；最后在上述犯罪论体系中，全面梳理可能的单位贿赂犯罪出罪路径。

第二节 反贿赂合规计划与单位贿赂犯罪处罚原理

不同的单位犯罪处罚原理可能孕育出不同的合规计划，但二者并非完全对应，有时不同的单位犯罪处罚原理也会产生出相似的合规计划。在宏观上，从外国的立法与司法实践来看，在惩治法人贿赂犯罪方面，目前存在两种迥然有异的模式：一是传统的以司法机关和法人之间的冲突关系为主线，以个人责任为法人责任基础的冲突模式，其代表性立法是代理责任和等同责任；二是现代的以司法机关与法人之间的对立合作关系为主线，以法人自身的组织管理为

---

[1] 参见童德华、贺晓红《美国〈反海外腐败法〉执法对中国治理海外商业贿赂的借鉴》，载《学习与实践》2014年第4期，第88—90页；印波、高远《英国企业预防行贿失职罪的充分程序抗辩——兼谈对我国治理商业贿赂的启示》，载《河北经贸大学学报》2015年第6期，第135—136页。

[2] 参见孙国祥《刑事合规的理念、机能和中国的构建》，载《中国刑事法杂志》2019年第2期，第13—14页；李本灿《公共机构腐败治理合规路径的构建——以〈刑法〉第397条的解释为中心》，载《中国刑事法杂志》2019年第2期，第18—19页。

[3] 参见［日］小野清一郎《犯罪构成要件理论》，王泰译，中国人民公安大学出版社2004年版，第21页以下、第199页以下。

责任基础的合作模式,其代表性立法是组织责任原则与法人文化原则。两种模式的不同之处表现在对法人贿赂犯罪本质的认识、对法人贿赂行为的违法性判断、对法人刑事责任本质的理解、对刑罚目的及其实现方式的认识以及对法人贿赂犯罪预防责任的分配五个方面。① 但是,冲突模式固守的是一种道义责任或规范责任,其实质不过是将个人责任有条件地转移给单位承担,将特定自然人的行为作为归责起点,可能对单位犯罪的认定失之过严,且由于个人基本上负有预防犯罪的义务,缺少专门针对单位的预防措施。合作模式则提倡一种社会责任或功能责任,其本质是单位自身承担的固有责任,将组织体的管理体制、机构设置和权力分配等情况作为归责起点,可能对单位犯罪的认定失之过宽,并因为单位能够独立承担预防犯罪的义务,有必要对其规定特殊的预防措施。可见,仅采取其中任何一种认定模式,似乎都难以避免反贿赂合规计划的适用缺陷,但若将两种模式结合起来,是否就能实现其效用最大化呢?所以,在微观上,还要研究单位犯罪预防模式对构建反贿赂合规计划的影响,以及不同模式的组合形式下其适用效果的差异。

一 单一模式下的反贿赂合规计划

所谓单一模式,是指单位犯罪处罚原理只以一种模式为基础,其中又有个人模式和组织模式之分。两种模式各有利弊,造成反贿赂合规计划的适用范围、从宽幅度也有所区别。

(一) 个人模式下的反贿赂合规计划

个人模式的特色是以自然人的可归责性为中介,从而肯定法人的责任能力和受刑能力。其中,同一视理论主张,把法人的刑事责任范围限制在那些能够代表法人的人的范围内,如法人的董事会、

---

① 参见周振杰《单位贿赂犯罪预防模式研究》,中国政法大学出版社2020年版,第141—149页。

高级职员和被赋予一定职责的法人代理人。这体现了决策者和下级雇员之间的差距。[①] 而替代责任论指出，只要雇员在职权范围内为法人的利益而行动，法人就应对雇员的意图和行为负责。这源于17世纪产生的"仆人有过，主人负责"的民事侵权行为原则。[②] 在我国，以自然人为媒介的单位犯罪处罚原理也颇有影响。例如，通说一度认为，从单位意志的形成过程来看，单位集体研究决定当然是形成单位意志的主要形式，但单位的负责人员也可以代表单位形成单位意志。[③] 也有个别学者倡导，在单位犯罪的情况下，真实的行为只有其内部自然人的行为。单位对其成员的犯罪行为承担的是一种替代责任，即替代刑事责任中的财产刑部分。[④] 尽管该模式贯彻了责任主义，但在难以将某个自然人的行为归属于单位时，追究其刑事责任就捉襟见肘，尤其是在处理大规模单位犯罪时表现得尤为明显。这无助于区分单位责任和个人责任，存在方法论不足。在适用反贿赂合规计划的过程中，单位的归责范围、程度将取决于自然人的归责范围、程度，且不存在个人传统阻却事由之外的、专为单位而创设的阻却事由，囿于古典犯罪论体系的束缚，单位贿赂犯罪的出罪通道被具化的个人犯罪图像所遮蔽。

(二) 组织模式下的反贿赂合规计划

组织模式的特色是着眼于法人整体的可归责性，进而肯定法人的责任能力和受刑能力。其中，德国的组织体责任论主张，以法人的答责性（Verantwortlichkeit）为基础，把对法人本身的固有非难作为组织体责任（Organisations-verschulden）来理解。法人因其先

---

① 参见梁根林编译《英美法人刑事责任理论简介》，载《国外法学》1986年第4期，第30—31页。
② 参见梁根林编译《英美法人刑事责任理论简介》，载《国外法学》1986年第4期，第31—32页。
③ 高铭暄主编：《刑法专论》（第二版），高等教育出版社2006年版，第233页。
④ 参见董玉庭《论单位实施非单位犯罪问题》，载《环球法律评论》2006年第6期，第702—704页。

行的、对自然人行为防止措施的懈怠而被归责,它在整体上存在一个组织体的瑕疵(Organisationsmangel)。① 而日本的企业组织体责任论指出,大公司的事业本部、分店长、工厂厂长及其各部门的负责人、基层从业人员的行为,只要具有客观的业务关联性,都是企业组织体活动的一环。通说区分行为责任和监督责任,没有考虑组织体的实态。对上述人员的行为,应从整体上视为法人的行为。总之,没有法人的行为,法人就不承担责任。② 近年来,我国刑法学界逐渐开始接受组织模式。例如,通说的立场有了变化的迹象:"只有体现了单位意志的单位成员实施的犯罪行为,才能被认定为单位犯罪……:一种是执行单位决策机构的决策和单位法定代表人或者负责人的决定的行为。……另一种是单位成员在单位业务范围内履行职责的行为。"③ 也有学者提出了中国化的组织体刑事责任论:"不依托作为单位组成人员的自然人,从组织体的结构、制度、文化氛围、精神气质等因素中推导出单位自身构成犯罪并承担刑事责任的根据。……单位作为一个实体参与了其组成人员的犯罪,故单位要对其组成人员的违法行为承担行为责任或者监督责任。"④ 虽然该模式能够适应组织体活动的实际情况以贯彻法人犯罪的刑事政策,但存在直接越过自然人行为而径行展开单位归责之嫌,由于现行立法没有规定单位犯罪成立条件,极易造成对大规模单位犯罪的严厉处罚。实际上,单位责任和个人责任的切割,不仅需要预防模式的转变,更有赖于单位犯罪成立条件的明晰以及在此基础上阻却事由的体系化构建。在适用反贿赂合规计划的过程中,必须找到单

---

① 参见[德] Klaus Tiedemann《德国及欧共体的经济犯罪与经济刑法》,西原春夫、宫泽浩一监译,成文堂 1990 年版,第 98—99 页。
② 参见[日] 板仓宏《现代社会与新刑法理论》,劲草书房 1980 年版,第 45—46 页。
③ 《刑法学》编写组编:《刑法学》(上册·总论),高等教育出版社 2019 年版,第 160 页。
④ 黎宏:《组织体刑事责任论及其应用》,载《法学研究》2020 年第 2 期,第 81—82 页。

位犯罪处罚原理、合规计划理论与贿赂犯罪构成的连接点，注重员工意志、行为同单位意志、行为的规范联系，通过分别考察单位客观行为和单位主观罪过以最终决定单位刑事责任的有无及大小。考虑到单位犯罪成立条件有别于自然人犯罪成立条件，可以出于政策性考量设置特殊的单位犯罪阻却事由，从而倒逼犯罪论体系的现代转型，并通过还原单位犯罪作为成员集合犯罪的群像原貌，适度拓宽单位贿赂犯罪的出罪范围。

二　复合模式下的反贿赂合规计划

所谓复合模式，是指单位犯罪处罚原理兼采个人模式和组织模式，旨在充分发挥二者的判断优势，在实现两种模式理论互补的过程中，最大限度地发挥反贿赂合规计划的预防犯罪功能。

（一）补充模式下的反贿赂合规计划

补充模式认为，采用将防止法益侵害发生的制度设置作为企业固有的责任要素把握的方法，对要求身体举动和心理要素的犯罪适用组织模式不妥当时，用同一视理论予以补充。[1] 具言之，一方面，在企业处罚的场合，故意、过失的心理要素只能从自然人推导出；另一方面，由于将不存在组织的犯罪防止措施这种规范的要素作为刑法上非难的对象，顾及企业固有的性质进行判断，在基准的明确性上是合理、现实的构想。[2] 根据这一模式，在判断反贿赂合规计划的有效性时，不能对单位员工的意志、行为进行抽象化处理，而要对特定类型的单位犯罪（如中小型单位犯罪）中的自然人是否具有贿赂故意及实施贿赂行为进行考察。然而，自然人责任与组织体责任性质相异，二者的出罪事由也理应性质不同，将个人模式的合

---

[1] 参见［日］佐伯仁志《关于法人处罚的一次考察》，载［日］芝原邦尔等编《松尾浩也先生古稀祝贺论文集》（上卷），有斐阁1998年版，第655页以下。

[2] 参见［日］伊东研祐《组织体刑事责任论》，载［日］广濑健二等编《田宫裕博士追悼论集》（上卷），信山社2001年版，第409页以下。

规计划嫁接到组织模式的合规计划上,缺乏统一的理论根据。

(二)重叠模式下的反贿赂合规计划

重叠模式主张,以个人模式为前提,为认定法人的刑事责任,就客观的成立要件和主观的成立要件两方面重叠性地要求作为法人的"人的结合体"的性质。以推导出以自然人为媒介的法人刑事责任的理论为前提,为将自然人的行为和故意、过失作为法人自身的行为和故意、过失来把握,根据上级命令这种"外部程序"以及容易实施犯罪的企业文化这种"内在程序"所形成的"组织影响力"来确定自然人行为的方向,要对最终的行为人意思决定过程施加组织的影响力。① 简言之,组织的意思决定带来的组织影响力要进入法人成员的行为和意思决定过程中,由此尝试考虑法人固有的性质。② 根据这一模式,应以单位的影响力作为反贿赂合规计划有效性的判断标准,它表面上为不同预防模式确定了一致根据,但实际上这一标准不仅无助于阐明单位刑事责任根据,可能因重视单位意思决定过程而借助组织模式合规计划放纵了基于代表人贿赂意思决定实施的贿赂行为,而且存在把企业文化凝聚下多数员工各自实施的行为合并评价为一个法人实行行为的倾向,此时个人模式合规计划也失去了用武之地。

(三)统合模式下的反贿赂合规计划

统合模式指出,根据组织模式的观点,法人处罚的积极意义在于抑制对象的扩张机能(以法人本身为处罚对象,对不能成为自然人处罚对象的法人内部从业人员间接且综合地推动犯罪抑制)。但在参与的自然人应当被处罚的场合,由于失去了扩张抑制对象的必要性,根据同一视原理,法人处罚的积极意义在于抑制方法的扩张

---

① 参见〔日〕高崎秀雄《论法人的刑事处罚》,载《比较法政研究シリーズ》2003年第4号,第61页以下。

② 参见〔日〕樋口亮介《法人处罚与刑法理论》(2),载《法学协会杂志》2006年第4号,第66页以下。

机能（通过处罚法人，明示来自法人活动领域的违法行为）。① 据此，在关注典型案例的基础上，它还分别归纳出了两种模式的处罚要件：同一视原理的客观要件和主观要件都源自危险的观点，即一旦上级管理人员或基层从业人员负有防止危险创出、实现的义务，其所实施的具有业务关联性的行为就可认定为法人的行为；以法人的非难可能性高或预防必要性高为指标，可以从某个自然人的故意中推导出法人的故意。组织模式则进一步强调对客观要件和主观要件展开集合性考察，即只要复数参与者创出相当程度的危险，即使每个犯罪参与是微小的，也能认定为法人的行为；借助自然人能否回避危险创出、实现的判断来进行法人他行为可能性的判断，并以此为前提进行非难可能性的推导。② 根据这一模式，反贿赂合规计划就无法适用于单位贿赂犯罪的非典型案例，尽管转变研究视角和援用危险观点值得称道，但同一视原理和组织模式仍然是两种充足单位犯罪处罚原理的异质形态，无法清楚说明二者之间"统合"关系的具体内容，导致自然人他行为可能性向单位他行为可能性的转变过于突兀。出现上述症结的原因是，没有深入分析合规计划在犯罪成立判断过程中的功能定位和适用边界。

（四）并用模式下的反贿赂合规计划

并用模式倡导，企业法人具有多面性，在法律上被认为是和自然人具有同样权限、能力存在的同时，也是由众多自然人与复杂制度构成的组织体。仅采取个人模式或组织模式，都没有全面把握法人犯罪的性质。新的归责原理要反映企业法人的实态，有必要以某

---

① 参见［日］樋口亮介《法人处罚与刑法理论》（增补新装版），东京大学出版会 2021 年版，第 153 页以下。

② 参见［日］樋口亮介《法人处罚与刑法理论》（增补新装版），东京大学出版会 2021 年版，第 164 页以下。

种形式考虑两种模式。① 因此，为克服过去以自然人为媒介的法人归责原理具有的本质问题，没有将个人模式作为组织模式的补充，而是承认两种模式独立存在的意义，对其一并适用是妥当的。其中，个人模式宜将同一视的主体限定为代表人，而组织模式应加强自身制度建设。② 根据这一模式，在维持自然人和单位这种二元规范对象传统格局的前提下，除非对代表人是否恪守本单位业务范围和反贿赂规章制度进行实质性考察，否则会有将领导意志直接等同于单位意志的逻辑风险。同理，如果不是从单位自身意志的角度去分析反贿赂合规计划的实施情况，就表明不过是对其作为注意义务判断素材而非归责框架的形式化理解。总之，因为两种模式被完全割裂开，合规计划的整体分析思路容易掩盖具体要件评价，从而造成反贿赂合规计划的适用可能较为注重政策性考量，对单位领导或单位自身负有的贿赂防止义务的考察流于形式。

三　我国反贿赂合规计划的应然模式

除了重叠模式和并用模式存在比较明显的缺陷之外，补充模式指明了个人模式和组织模式融合的方向，而统合模式为统一、综合两种模式做出了方法论上的贡献。所以，我国反贿赂合规计划在整合思路上，应当借鉴补充模式的可取之处；在整合方法上，则应当吸收统合模式的合理成分。

（一）反贿赂合规计划应当采取合作模式

一旦制订并实施反贿赂合规计划，就意味着在处理单位贿赂犯罪案件的过程中要舍弃冲突模式而采取合作模式，在某种程度

---

① 参见［日］川崎友巳《法人处罚论的新视域》，载［日］川端博等编《理论刑法学的探究》（3），成文堂2010年版，第173页以下。

② 参见［日］川崎友巳《法人处罚论的今日展开——"企业的刑事责任"再论》，载［日］濑川晃编《大谷实先生喜寿纪念论文集》，成文堂2011年版，第385—386页。并用模式的本意是对补充模式进行扬弃，结果自己滑向了单位犯罪处罚原理分裂的深渊。

上找到个人模式融入组织模式或者组织模式涵盖个人模式的"接口"。合规计划与私人规范融入国家法律制度中，是当前预防经济犯罪的最引人注目的方式，[①] 对于反贿赂合规而言，也是如此。

一方面，刑事立法并非采取冲突模式的法律依据。尽管《刑法》第 30 条并未对合规计划做出明文规定，但也不可据此认为它是以个人责任为基础。[②] 国外刑事立法同样不乏其例。例如，《德国刑法典》甚至没有规定法人犯罪，但并不妨碍根据第 13 条或《秩序违反法》第 130 条推导出企业监督义务。[③] 因此，在区分立法论问题和解释论问题的基础上，只要能够结合前置法规范和刑事法规范推导出单位具有防止行贿、受贿的义务，并借助单位行贿罪、单位受贿罪的构成要件予以类型化，就可以发挥反贿赂合规计划间接保护单位贿赂犯罪集合法益的作用。

另一方面，司法实践正致力于推动合作模式的本土化。通过借鉴、吸收国外企业合规不起诉制度的成熟经验并立足于我国处罚单位犯罪的法治实践，各地方检察机关陆续开展了企业合规改革试点工作，在推动企业合规与认罪认罚、检察建议、检察听证等制度相结合的过程中，完善企业合规建设，提高企业社会责任感，更好保护企业合法权益和市场经济秩序。例如，2020 年 4 月，深圳市龙华区人民检察院出台了《关于涉民营经济刑事案件实行法益修复考察期的意见》，探索建立以促进企业合规为重点的法益修复考察期制度，即在审查起诉期限内设置考察期，由涉案企业提出合规方案，对被侵害的法益进行修复，并视法益修复、认罪悔罪等情况，作出

[①] ［德］乌尔里希·齐白：《全球风险社会与信息社会中的刑法：二十一世纪刑法模式的转换》，周遵友等译，中国法制出版社 2012 年版，第 271 页。

[②] 周振杰：《单位贿赂犯罪预防模式研究》，中国政法大学出版社 2020 年版，第 209 页。

[③] 参见［德］丹尼斯·伯克《论作为降低涉企犯罪损害预期值措施的刑法上要求的企业监督（刑事合规）——界定合规责任的基本问题》，黄礼登译，载李本灿等编译《合规与刑法：全球视野的考察》，中国政法大学出版社 2018 年版，第 285—286 页。

不起诉或从轻量刑建议，帮助涉案企业回归社会，激发企业再生动能。① 又如，同年9月，浙江省岱山县人民检察院发布了《涉企案件刑事合规办理规程（试行）》，规定对移送审查逮捕、审查起诉的涉企刑事案件，在认罪认罚基础上愿意进行合规整改的，根据惩教结合原则，在法定期限内设置合规整改期，由涉案企业提出整改方案并对被侵害的法益进行修复，整改期满经公开听证后，检察机关视法益修复、认罪悔罪态度及各方意见等作出相对不起诉处理或提出从轻量刑建议。② 在此过程中也出现了一批典型案例，极大地促进了司法机关对合作模式的贯彻力度，按照目前的情势分析，反贿赂合规计划同样应当采取这种模式。

（二）兼采整体分析视角和具体分析视角

其实，主张反贿赂合规计划采取补充模式、统合模式等复合模式意在表明分析视角的转变，即相对于个人模式的具体化视角，必须上升到整体性视角去评价单位刑事责任，才不会违背合规计划的价值目标。个人模式和组织模式的本质区别并不在于是否以特定自然人的行为为前提，而是观察视角的差异。若想将二者整合到一个单位犯罪处罚原理之中，就要从存在论和规范论上弥合这种视角差异。

首先，单位构造决定了不能脱离自然人的行为而开展活动。一般来说，单位是拥有一定财产或经费，能以自己的名义承担责任的组织，③ 主要包括法人。根据《民法典》第57条之规定，法人是具有民事权利能力和民事行为能力、依法独立享有民事权利和承担民

---

① 参见韦磊、李薇《帮企业找到隐患补齐短板 深圳龙华：建立法益修复考察期制度推动企业合规整改》，载《检察日报》2021年6月21日第2版。

② 参见庄力文《岱山县院出台〈规程〉推出涉企案件刑事合规办案升级版》，载"舟山市岱山县人民检察院官网"：http：//www.zjdaishan.jcy.gov.cn/djdt/202010/t20201015_2985949.shtml，最后访问时间：2021—07—25。

③ 《刑法学》编写组编：《刑法学》（上册·总论），高等教育出版社2019年版，第159页。

事义务的组织。其中，健全的组织机构是法人的基本特征之一，指对内管理法人事务，对外代表法人从事民事活动的所有机构。法人意志总是通过且只有通过一定组织机构才能形成、实现，[1] 组织机构当然是由多数个人组成的、具有某种职能的社会存在。作为导入新的刑事责任而提倡的"组织体责任"，就是以具有一定目的的、成为人的集合体的、物理意义上的实在组织为前提的。[2] 假如离开了自然人成员，单位组织机构就无法顺利运作，所以，判断单位危害行为必须要求现实中的某个人实施了危害行为。

其次，单位归责决定了无须以特别确定自然人的行为为条件。易言之，只要发现实际存在"某个"自然人的业务关联行为足矣，而不必要求详查是"哪个"自然人的行为具有法益侵害关联。据此，我国组织体刑事责任论关于"不依托作为单位组成人员的自然人""单位行为只能通过作为其组成人员的自然人的行为来体现""单位组成人员的意思并不完全是其个人的自主意思，某种意义上讲，其也是单位自身意思的体现等论断"，[3] 并不代表单位犯罪与自然人犯罪无关，反而更加鲜明地表现出，该理论作为组织模式的"进阶版"，在转变研究视角的同时，吸收了个人模式判断方法的长处，并将其运用到单位犯罪的认定过程中。可见，单位既要依赖组织机构，又要适度抽离于个人；它不仅是存在论上的自然人集合体，而且是规范论上的人格统一体；自然人的行为、罪过只是组织体的行为、罪过的判断资料，表现为一种从个别考察向整体考察的升华过程。[4]

---

[1] 王利明等：《民法学》（上 第六版），法律出版社2020年版，第98页。
[2] ［日］斉藤丰治等编著：《新经济刑法入门》（第3版），成文堂2020年版，第65页。
[3] 黎宏：《组织体刑事责任论及其应用》，载《法学研究》2020年第2期，第81、82、84页。
[4] "同一视理论重视特定的自然人，可以说是以一条粗线为媒介；另一方面，组织模式重视复数的自然人的集合，可以说是汇集了复数的细线（［日］樋口亮介：《法人处罚与刑法理论》（增补新装版），东京大学出版会2021年版，第169页）。"这一论述精辟地概括了两种研究视角的区别，但也隐藏着将二者整合到组织体责任论的契机。

(三) 单位贿赂责任不排斥个人贿赂责任

采取以上视角评价反贿赂合规计划的实效，要求将个别成员的意志、行为置于组织架构、业务宗旨、管理制度之下进行具体评判，根据其履行的贿赂防止义务、存在的预防必要性大小等情况，以确定是否在整体上体现了单位贿赂意志或者共同提升了单位贿赂行为的法益侵害危险。例如，《反不正当竞争法》第 7 条第 1、2 款禁止经营者采用财物或者其他手段贿赂单位或者个人，以谋取交易机会或者竞争优势，并在同条第 3 款强调："经营者的工作人员进行贿赂的，应当认定为经营者的行为；但是，经营者有证据证明该工作人员的行为与为经营者谋取交易机会或者竞争优势无关的除外。"该条规定既是反贿赂合规的一个重要法律渊源，[1] 作为前置规则被纳入合规计划框架中，[2] 又同单位贿赂犯罪的构成要件相连接，明确赋予了单位及其成员应尽的贿赂防止义务，与《刑法》一起形成了符合比例性的制裁体系。因此，无论是前置法规范还是刑事法规范，都认可如下单位贿赂犯罪的归责逻辑：个别成员的贿赂意志、行为与单位整体风气、组织机制、权力结构存在密切关系。假如有关机构未能阻止或者变相纵容工作人员进行贿赂，且制订的合规计划中并未对其明令禁止的话，此时单位也难以独善其身。

第三节　反贿赂合规计划与单位贿赂犯罪构成理论

反贿赂合规计划旨在通过加强涉案单位与执法机构的合作，提

---

[1] 华东师范大学企业合规研究中心编：《企业合规讲义》，中国法制出版社 2018 年版，第 220 页。

[2] 参见 [德] 弗兰克·萨力格尔《刑事合规的基本问题》，马寅翔译，载李本灿等编译《合规与刑法：全球视野的考察》，中国政法大学出版社 2018 年版，第 60—61 页。

高单位自律的积极性，鼓励单位形成守法的伦理文化和价值观，与执法活动形成合力以更充分地预防单位贿赂犯罪。[①] 在合规计划的框架下，不仅要对单位制定的反贿赂合规措施、规则、制度进行形式判断，而且要将合规计划的功能单元分解至各个单位贿赂犯罪的成立阶段进行实质评价。不过，我国通行的四要件体系存在某些缺陷，尤其是不利于反腐败刑事政策与单位贿赂犯罪立法的融通。而且，反贿赂合规计划重视对预防单位贿赂犯罪目的的追求，与目的理性的犯罪论体系具有亲和性，但能否照搬该体系去认定单位贿赂犯罪呢？厘清反贿赂合规计划与单位贿赂犯罪构成理论之间的关系，必须满足两个前提条件：第一，改良后的犯罪论体系能够容纳单位犯罪主体；第二，这种体系还要为合规计划提供容身之处。

一 反贿赂合规计划与犯罪论体系

在比较各种犯罪论体系的优劣之后，或许反贿赂合规计划难以完全与四要件体系或目的理性体系相兼容，只能依托于某种改良体系。

（一）反贿赂合规计划与四要件体系

虽然四要件体系具有历史合理性、现实合理性与内在合理性，但在犯罪构成的动态性、精确性和阶层性等问题上尚待深入研究，否则可能产生诸多适用难题。[②] 详言之，其一，承认危害行为是主客观的统一，有混入责任要素之嫌。其二，罪过内容中缺乏规范的构成要件，存在不当认定罪过形式的风险。其三，整体评价有余，递进判断不足，无法体系性地解答共犯论、刑罚论等具体问题，不

[①] 参见［日］甲斐克则《企业犯罪与刑事合规——以"企业刑法"的构筑为目标》，成文堂2018年版，第265页以下；周振杰《单位贿赂犯罪预防模式研究》，中国政法大学出版社2020年版，第237页以下。

[②] 参见陈兴良《刑法阶层理论：三阶层与四要件的对比性考察》，载《清华法学》2017年第5期，第6—10页。

能妥善处理部分疑难案件。其四,没有给正当防卫、期待可能性等排除犯罪化事由保留一席之地,导致犯罪成立的判断沦为一种不完整的、不确定的判断,刑法体系内外的隔阂既分别割裂了不法判断和责任判断,也妨碍了刑事政策目的与犯罪构成要件的沟通。所以,四要件体系可以容纳单位行贿罪、单位受贿罪等单位犯罪主体,却使反贿赂合规计划的考察始终游离于体系之外,存在对预防犯罪目的的法治约束不力。

(二)反贿赂合规计划与目的理性体系

目的理性体系展现了基于刑事政策目标来进行体系创建的卓越构想,但体系性思考在一定程度上让位于问题性思考,而且,现行立法的局限不可避免地放大了公司犯罪的附属性构成要件与自然人犯罪的独立性构成要件之间的对立。[①] 具言之,首先,客观归责的判断糅合了实行行为论、违法性论、过失论等领域的归责基准,导致合规计划对企业监督、管理义务的方法论界限不清。其次,机能责任的判断也许会使预防目的考量优先于责任非难评价,造成合规计划的效力边界摇摆于责任判断和刑罚裁量之间。再次,目的理性体系无力改变附属性要件的法律渊源分散、组织体责任性质多样的现状,其适用结果只能是法人犯罪成立条件缺少明确性和统一性,公司法责任和广义上的刑事责任(秩序违反责任)并存。复次,即使组织体瑕疵能够成为法人秩序违反行为的处罚根据,但与具体犯罪构成要件奠定的归责方式存在本质区别:在前者中,合规计划的量刑从宽适用功能得到充分发挥;在后者中,合规计划充其量只能起到员工不合规行为、违反监管义务、经济制度条件侵害危险等构成要素的连接作用。最后,尽管合规计划与目的理性体系在注重预防犯罪目的方面有着相同的理论志趣,但合规计划的出罪认定仅触

---

① 参见〔德〕克劳斯·梯德曼《经济刑法总论"序言"》,周遵友译,载陈兴良主编《刑事法评论》(第37卷),北京大学出版社2016年版,第323—325页。

及目的理性体系的适用边缘——既然作为一种法定的阻却事由存在明显的刑法立法障碍，那么作为一种超法规的答责性阻却事由或许尚存可观的解释空间。因此，支撑目的理性体系的受贿、索贿、给予利益等自然人行为规范大部分位于刑法体系内，倘若借助机能化的责任概念，就能缓缓打开一扇通过非刑罚法规适用带动刑罚法规适用而发挥反贿赂合规计划实效的大门。

（三）反贿赂合规计划与改良体系

由于四要件体系和目的理性体系各有欠缺，我国学者主要提出了三种完善进路，体现了合规计划与犯罪论体系之间不同的兼容程度。（1）进路一认为，犯罪构成是不法与责任的有机整体、法律标志和法律标准，所以，应当采取形式上两阶层实际上三阶层的体系。这并不是将构成要件符合性与违法性完全一体化，而是在不法层面分别讨论构成要件符合性与违法阻却事由。[①] 该见解以不法和责任的区分为逻辑主线，能在一定程度上避免四要件体系的适用缺陷，但在为目的理性体系提供理论架构的同时，也继承了其对合规计划的功能定位不明确、没有为合规计划的出罪功能创造充分条件的弊端。（2）进路二主张，可以建立两层次的递进式体系，即将责任能力、故意、过失、错误、期待可能性等归入主观要件，将客体、实行行为、危害结果、因果关系、排除社会危害性事由等归入客观要件。[②] 该见解以客观要件和主观要件的对置为判断起点，尽量保留了四要件体系一贯的层次安排，并吸取了排除犯罪化事由法外运作的理论教训，但未能从根本上改善合规计划的尴尬定位，其难以像期待可能性或排除社会危害性事由那样归入某一层次要件中，既不利于单位处罚原理向组织体刑事责任论的转变，也无助于

[①] 参见张明楷《刑法学》（上 第六版），法律出版社 2021 年版，第 125—130、134—136 页。

[②] 参见黎宏《刑法总论问题思考》（第二版），中国人民大学出版社 2016 年版，第 85—94 页。

组织体刑事责任论与自然人刑法理论的贯通。(3) 进路三建议，即使不使用三阶层的话语系统，也可以建立与其构造相对应的犯罪论体系：犯罪客观要件—犯罪主观要件—犯罪排除要件。这不仅暗含了犯罪成立要件和犯罪排除要件两个层次，而且区分了违法排除要件和责任排除要件。① 该见解兼顾了体系性思考和问题性思考，确保犯罪构成理论达到形式理性和实践理性的统一，既没有彻底颠覆四要件体系，又能够向目的理性体系开放。最重要的是，犯罪排除要件完全可以容纳合规计划，在进一步丰富排除事由体系的同时，促进了刑事政策与刑法体系的融合。

综上所述，进路三不仅克服了体系外考察排除犯罪事由的缺憾，而且深化了组织体刑事责任论与自然人刑法理论的协调，相比于前两种进路，兼容性最高，具体表现在三方面：一是四要件体系和目的理性体系的兼容；二是单位犯罪构成和自然人犯罪构成的兼容；三是机能性的犯罪成立判断和目的性的犯罪排除判断的兼容。作为一个政策性从宽处理单位犯罪的理论框架，只有在这种犯罪论体系中，合规计划才能被规范性用于单位犯罪认定。而且，通过综合采取政策性思考和规范性评价，即使我国现行单位贿赂犯罪立法尚未直接引入合规计划，也可以借助单位贿赂犯罪构成要件解释以间接提高出罪概率。因此，反贿赂合规计划应当依托于第三种改良体系。

二 反贿赂合规计划与单位贿赂犯罪的出罪路径

涵盖前置法规范和刑事法规范的合规计划，包含着众多合规条款和不同功能单元。根据公认的合规管理机制，合规计划的基本要素有：(1) 高级管理层的承诺和阐述；(2) 合规政策和程序；(3) 合

---

① 参见周光权《阶层犯罪论及其实践展开》，载《清华法学》2017 年第 5 期，第 102—104 页。

规人员和资源；（4）合规风险评估；（5）合规培训和认证；（6）激励和惩戒措施；（7）第三方尽职调查；（8）合规报告和内部调查；（9）持续改进；（10）并购前的尽职调查和并购后的整合。[1] 这些合规要素既要被企业管理体系所认可，体现在有关行为准则、规章制度和应对措施中，还要为修订后的刑事实体法所确认，将合规机制及其落实情况作为一种单位是否构成犯罪或能否予以从宽处罚的"看得见"的奖励。[2] 据此，反贿赂合规计划中能够决定单位贿赂犯罪出罪的规定有三类：第一，合规目的条款。即通过阐明合规管理体系的制定目的，以指导单位及其员工责任的认定。例如，《中央企业合规管理指引（试行）》第1条规定，本指引的目的是"推动中央企业全面加强合规管理，加快提升依法合规经营管理水平，着力打造法治央企，保障企业持续健康发展"。第二，合规义务条款。即通过在前置法或刑事法中明确赋予单位、单位组成人员特定的法律义务，以直接认定或间接推定其刑事责任。例如，《律师法》第40条规定，律师在执业活动中不得"向法官、检察官、仲裁员以及其他有关工作人员行贿，介绍贿赂或者指使、诱导当事人行贿"。这是前置法对单位工作人员合规义务的要求。再如，根据《刑法》第387条、第393条之规定，立法者设置了单位贿赂的禁止规范。这是刑事法对单位自身合规义务的要求。第三，合规应对条款。即通过明示单位及其员工业务行为的法律后果，产生鼓励实施合法行为和抑制实施违规行为的效应。例如，《刑法》第13条"但书"规定，情节显著轻微危害不大的，不认为是犯罪。在总则关于单位犯罪的规定没有正式采用"合规计划"表述的情况下，只能套用"但书"规定并以无罪后果来激励员工主动尽到防止单位贿

---

[1] 参见陈瑞华《企业合规基本理论》（第二版），法律出版社2021年版，第129—135页。
[2] 参见尹云霞、李晓霞《中国企业合规的动力及实现路径》，载《中国法律评论》2020年第3期，第165—166页。

赂的义务。再如，《公司法》第214、215条规定，公司违反本法规定，应当承担民事赔偿责任和缴纳罚款、罚金；构成犯罪的，依法追究刑事责任。但是，在惩戒措施日臻严密的情况下，不宜将合规机制的预防实效寄希望于有罪判决或重刑威吓，而要全面、深入地考察合规计划中的相关人员是否切实履行合规义务，在区别对待单位责任和单位员工责任的基础上，有条件地"赦免"涉案单位。

鉴于反贿赂合规计划与犯罪论体系的关系、我国单位贿赂犯罪立法现状，根据出罪阶段、根据和方式，可以将其出罪路径分为事前隐性出罪、事后隐性出罪和全程显性出罪三种。

（一）单位贿赂犯罪的事前隐性出罪路径

该路径是指，根据设立目的、守法文化和业务范围制订的反贿赂合规计划，已经得到单位管理人员、一般员工的切实执行，可以被评价为尽到了单位贿赂防止义务，单位没有实施值得处罚的侵犯廉政制度利益的行为，由于合规计划出罪事由的立法缺位，只能借助单位客观行为的不可归责性作出罪处理。

客观归责论旨在实现不法判断的机能化，主张归责于客观行为构成是以实现一种在行为构成范围内部的、由行为人创设的而不是由允许性风险所容忍的危险为条件的。[①] 它具有强烈的规范性、鲜明的类型性和宏大的体系性，其方法论优势表现在：一是重视客观性判断，主张从犯罪成立的客观起点上剔除不重要的因果关系。二是强调规范性判断，要求在融合规范理论和危险理论的基础上限制不法的成立范围。三是关注类型性判断，意图以归责基准的不断演绎丰富自身体系的层次性。四是彰显目的性判断，着力将刑事政策的目的导向渗透到刑法解释的过程中。前述第三种改良体系并不排斥客观归责方法论，二者都以行为无价值论为根据，存在相互对应

---

① ［德］克劳斯·罗克辛：《德国刑法学总论》（第1卷），王世洲译，法律出版社2005年版，第246页。

的客观要素，具有类似的归责思路。

客观归责论与合作模式有着相同的价值追求，在追究单位贿赂犯罪刑事责任上存在广阔的应用前景。虽然通说认为，该理论通常用于自然人过失致人死亡行为的归责判断，[1] 但不可忽视的是，它是一般化的构成要件理论，对故意杀人罪也能提供良好的解释理由。此外，客观归责论的意义可以延伸至毁坏财物、诈骗等分则构成要件，致力于合理划分行为人和被害人的答责领域。[2] 所以，实务上认定涉财产犯罪（含经济犯罪）行为的违法性时，同样需要活用其下位规则。由于涉财产犯罪都是结果犯，其结果归属的判断就至关重要。除非行为人实施的行为制造出并实现了财产法益风险，且其位于财产犯罪规范保护目的之内，才能以犯罪论处。[3] 考虑到许多经济犯罪可由单位实施，在理论上，客观归责论既能用于自然人过失犯罪，也能用于单位故意犯罪。在考察合规计划的有效性时，它比假定因果关系更明显地限缩了处罚范围。因为以结果为导向的排除所有风险的假定因果关系对企业及其主管人员的合规管理要求过高，有扩大刑事责任范围之虞；而风险升高理论不要求确证行为人若采取谨慎行为一定能避免结果发生，只需高度盖然性地证明会避免结果发生即可。[4] 据此，当单位领导置合规计划于不顾，指示或放任工作人员实施贿赂行为时，就完全丧失了禁止单位贿赂的结果回避可能性，大幅度提升了损害廉政制度条件的风险，领导本人因其表现出与法秩序的对立姿态而具备可归责性。

---

[1] 参见［德］克劳斯·罗克辛《德国最高法院判例·刑法总论》，何庆仁、蔡桂生译，中国人民大学出版社2012年版，第1—13页；江溯主编《德国判例刑法》（总则），北京大学出版社2021年版，第104—135页。

[2] 参见［德］鲁道夫·伦吉尔《德国刑法分则中的客观归责问题》，邓卓行译，载《苏州大学学报（法学版）》2020年第2期，第151页以下。

[3] 参见周光权《客观归责论在财产犯罪条件中的运用》，载《比较法研究》2018年第3期，第34页以下。

[4] 参见孙国祥《刑事合规的刑法教义学思考》，载《东方法学》2020年第5期，第28页。

客观归责论能被用于反贿赂合规计划的判断,意味着将单位客观注意义务嵌入合规管理体制。在此过程中,客观归责论以制造并实现法不允许的危险为归责基准,其反向思维与反贿赂合规计划的判断思路完全一致,即只有单位出台符合法律规定、行业要求的合规计划并予以切实执行,才能被认为实施了符合客观标准的经济行为,即使反贿赂合规计划不是刑法明文规定的阻却事由之一,也可以通过否定单位行为的违法性而以无罪论处。

(二)单位贿赂犯罪的事后隐性出罪路径

该路径是指,尽管单位已经制订了反贿赂合规计划,对单位设置了明确的贿赂禁止规范,但个别领导或工作人员在知晓合规管理机制的情况下,仍然决意违反或予以放任,则表明自然人意志与单位意志向左,不能将员工意志评价为单位意志。相反,假如单位并未出台反贿赂合规计划,而是在工作人员出于开展业务需要而实施了不太严重的贿赂行为之后,才根据检察机关的要求推进合规管理机制建设,期满通过审查而被决定不起诉,就表明单位的设立目的仍是守法经营,其政策方针不能容忍贿赂行为的存在,预防单位犯罪的必要性得以大大降低。可见,在以上两种涉及单位贿赂故意的出罪情形中,一般对于前者的争议并不大,容易产生分歧的是后者。尤其是企业合规考察制度缺乏刑事法依据,无法绕过单位主观罪过判断而径行给予无罪认定。

规范责任论是判断自然人罪过的通行理论,它以心理责任论为前提,注重对心理事实的否定评价。不过,一旦将单位视为存在论和规范论的统一,对单位犯罪认定采取整体视角和具体视角的结合,即使单位自身并不存在心理因素,也能根据规范责任论解释自然人的非难可能性评价向单位的非难可能性评价的转用。然而,这种理论不能完全满足合规计划对强化单位社会责任,提高预防单位犯罪效果的功利要求,原因在于,对已然之罪的回顾性评价本来就与对未然之罪的展望性评价迥然不同。于是，机能责任论在预防目的的考量上又前进了一大步，它主张从处罚目标中推导出新的罪责范畴，因为处罚并不仅取决于罪责，而且取决于预防的需要。该范畴被称为"答责性"，由罪责和以预防为目的的处罚必要性两个同等重要的要素组成。① 机能责论旨在实现责任判断的机能化，顺应了传统报应刑法向现代预防刑法的转变，促进了具体刑事政策与现代行政犯罪的互动，推动了责任属性和责任构造的升级。当刑法目的从报应正义向预防犯罪转移时，责任属性就出现了由谴责性向功利性的变化，进而引起责任构造呈现出从单维性向多维性的转变。在责任判断过程中，特别要重视加害人与被害人之间的交往、沟通与合作，并表现出对合作精神的张扬、对主观过错的宽容以及对泄愤责难的隐退。

机能责任论与合作模式具有很高的契合度，根据前述第三种改良体系，即使不在犯罪排除要件而在犯罪主观要件中进行考察，也可以为探索中的企业合规考察制度找到一个借助"情节显著轻微、危害不大"的实体标准。有论者提倡，建构一种应罚性与需罚性并重的犯罪论体系。其中，应罚性是行为本身应当处罚的价值评价，通过构成要件符合性、违法性与有责性来判断；而需罚性是因为犯行而有必要对行为人科处刑罚的目的性判断，包括比例原则的分析和预防必要性的考察。② 然而，这种方案有着以下较为明显的不足：（1）存在强行嫁接刑法内的犯罪标准（法益侵害性）和刑法外的犯罪标准（预防必要性）之嫌，没有明确应罚性和需罚性相互对接的要素载体。（2）忽视责任（罪责报应）和预防（犯罪预防）之间的差异，仍然维持了二律背反的局面。（3）既矮化了比例原则，

---

① 参见［德］克劳斯·罗克辛《刑事政策与刑法体系》（第二版），蔡桂生译，中国人民大学出版社2011年版，第76—79页。

② 参见姜涛《需罚性在犯罪论体系中的功能与定位》，载《政治与法律》2021年第5期，第119—121页。

又会混淆犯罪成立和刑罚裁量之间的界限。(4) 虽有助于弥合刑事政策和刑法体系的鸿沟，但也可能模糊罪刑法定原则的适用边界。相比"应罚性—需罚性"体系，"犯罪客观要件—犯罪主观要件—犯罪排除要件"体系更全面地兼顾了理论移植和本土改造的各项要求，更广泛地包容了不断发展的合规考察制度，不仅可以在犯罪成立要件中对前实定法的合规计划给予个别判断，而且能够在犯罪排除要件中对实定法化的合规计划展开整体判断。例如，辽宁省人民检察院等机关制定的《关于建立涉罪企业合规考察制度的意见》第6条规定的适用条件中，除了要求责任人员可能被判处3年以下有期徒刑、企业及其责任人员认罪认罚以外，还必须向被害人赔礼道歉、积极赔偿损失。按照涉嫌的具体罪行，可以补足税款、滞纳金及罚款，或者足额缴纳环境资源修复资金、恢复原状。而且，根据第25条规定的商业贿赂犯罪考察的精神，对涉嫌单位贿赂犯罪的合规考察，应当由检察机关与纪检监察部门共同完成。这不仅妥善处理了单位贿赂犯罪中罪刑均衡与犯罪预防的关系，确保罪行轻重原则上与一般预防成正比，特殊预防仅例外地否定可答责性，而且忠实反映了单位贿赂犯罪合作模式的适用状况，从阻却涉案单位的答责性切入，确定了预防必要性这一独立于非难可能性的合规考察判断标准。

(三) 单位贿赂犯罪的全程显性出罪路径

该路径是指，无论是单位事先就制订了合规计划，还是其按照检察机关要求事后才健全了合规管理，只要将来《刑事诉讼法》把合规考察引入诉讼制度或者《刑法》将合规计划规定为单位犯罪的免责事由或从宽情节，通过外部权力推动和内部自我监管相结合，就能合理分配单位责任和员工责任，建立起刑事一体化的合规激励机制。在出罪阶段上，它可以贯穿单位刑事归责的全过程，不同于只能在特定阶层适用的单位违法性阻却事由或单位答责性阻却事由；在出罪根据上，它属于法定的单位犯罪阻却事由，而非寄居在机能主义解释论中的超法规单位犯罪阻却事由；在出罪方式上，它只需逐个考察合规要素，在某种意义上可以省略对单位客观行为或单位主观罪过的规范分析，而如果合规计划没有被法定化，则不得不迁回到单位犯罪构成要件展开行为的正当性判断或主体的非难性评价。

综观各地检察机关出台的有关合规改革试点的文件，实务中倾向于将"法益可恢复性理论"作为企业合规不起诉的理论根据。这一理论源于犯罪既遂后借助法益恢复的良善举动，能否获得轻刑化或出罪化评价的思考。考虑到"特殊中止说"和"个人解除刑罚事由说"各有缺陷，"法益可恢复性理论"的根据应在于报应主义或功利主义的惩罚根据阙如。[①] 它对法益恢复的可逆性路径——特别是对从宽量刑情节的评价——具有一定的说服力，但作为单位犯罪的出罪根据仍然稍显不足，有必要回归合规不起诉制度的初衷、法益基础理论和单位贿赂犯罪本质进行分析。

第一，合规不起诉制度体现了一种协商式司法模式，表明检察机关放弃了"父权主义"的公法理念，引入了市场经济中的协商、交换和妥协的私法理念，[②] 将对我国刑事法传统理论造成极大冲击，必然引发单位犯罪制裁措施、公诉制度的重大变革。协商式司法模式蕴含着修复性司法的精神，而修复性司法是立足于恢复性正义的立场，对以往的报应性正义、功利性正义的纠偏、整合与制衡。它重视对被害人的人文关怀，推动加害人的真诚悔悟，致力于通过对话、沟通和交流满足冲突各方需求。简言之，它既为报应性正义、

[①] 参见庄绪龙《"法益可恢复性犯罪"概念之提倡》，载《中外法学》2017年第4期，第969页以下；刘科《"法益恢复现象"：适用范围、法理依据与体系地位辨析》，载《法学家》2021年第4期，第158页以下。

[②] 参见陈瑞华《企业合规基本理论》（第二版），法律出版社2021年版，第341页。

功利性正义设定了理想目标，又以二者为现实基础。① 合规不起诉制度与修复性司法的价值追求、内在特点完全一致，但在修复法益损害的主体、措施、责任等方面存在特殊性。

第二，法益是一种条件，在满足了这种条件的情况下，人类在一个社会公正的秩序中能够自由地发展自我，但它作为保护客体，在理论上必须精确地说明值得处罚的损害性侵害或危险究竟存在于何处。② 假如不能说明法益的可损害性，就无法说明法益的可修复性。由于法益是促进个人自由发展的必备条件，能满足广大公民完善自我人格和自由开展活动的需求，上述个人利益和集体利益应当受到法律保护，而当它们获得刑法的保护时，就上升为个人法益与集合法益。在民法理论上，损害是对民事法律关系或民法保护的合法权益的正常状态的破坏或加以不利影响的后果，③ 即表现为一种害恶。在刑法理论上，损害是对法益的实际侵害或现实威胁，也表现为一种害恶。只不过两种害恶的来源、性质、程度和救济存在显著差异，进而决定了民事责任和刑事责任的本质区别。既然"损害"是对"害恶"的体现，那么"修复"应与"害恶"相关联，更确切地说，必须围绕法益要素讨论其损害性和修复性，④ 而这些要素就是法益的量度或测量指标。相较于侵犯财产犯罪等侵犯个人法益的犯罪往往通过特定实害结果以具体显示个体损害，单位贿赂犯罪等侵犯集合法益的犯罪只能借助局部实害结果以全面表征系统损害，可损害性判断更为抽象，可修复性评价难度更大。换言之，即使个人法益受损后容易修复，能够完全还原到损害之前的合法状

---

① 参见吴立志《恢复性司法基本理念研究》，中国政法大学出版社 2012 年版，第 97—99 页。

② 参见［德］乌尔斯·金德霍伊泽尔《法益保护与规范效力的保障：论刑法的目的》，陈璇译，载《中外法学》2015 年第 2 期，第 555 页。

③ 马俊驹、余延满：《民法原论》（下），法律出版社 1998 年版，第 1027 页。

④ ［日］高桥则夫：《刑法总论》，李世阳译，中国政法大学出版社 2020 年版，第 481 页。

态，但集合法益受损后难以得到百分之百的修复，不可能彻底恢复到之前的正常状态。因此，"法益可恢复性"是一种似是而非的提法，它建立在"法益""损害"的对象是某种状态的基础上，但"状态说"明显不妥。"法益损害可修复性"才是一个准确的概念，它不仅再现了修复性正义的平衡理念，而且描绘出"从报应到修复与恢复"的动态过程，① 有助于在恢复性司法观的指导下将企业合规改革引向深入。

第三，单位贿赂犯罪不仅仅是违反了单位及其工作人员的廉洁义务，而是侵犯了能够促进社会成员自由发展及其基本权利实现的廉洁制度条件，这些条件作为可以满足广大公民各种需要的关系范畴，表现为具体制度利益。制度本身不是法益，"有必要对该制度在现实社会中与何种利益保护相关给予更为实质的研究，只有制度内容才能作为侵害对象而被认定为法益"。② 所以，单位贿赂犯罪的本质是损害了国家立法、行政、司法作用的正常发挥和公正运用，③ 进而不利于多数个体人格的自我完善，具有处罚必要性和预防必要性。而反贿赂合规计划的目的是，检察机关在设置合规考察期后，视法益损害修复、认罪悔罪态度等情况，以决定是否给予不起诉的法律"优待"。虽然企业接受合规考察后建立有效合规计划，对那些为犯罪所侵害的法益采取了修复、补救措施，使得对其追究刑事责任的基础不复存在，④ 但法益损害事实的消灭并不代表法益侵害评价的否定，尤其是对于集合法益的损害而言，充其量只能认为已经受损的廉政制度利益得到最大限度的弥补。据此，单位贿赂犯罪

---

① 参见［日］高桥则夫：《刑法总论》，李世阳译，中国政法大学出版社2020年版，第485—486页。
② ［日］嘉门优：《行为原理与法益论》，载《立命馆法学》2009年第5、6号，第215页。
③ 周光权：《刑法各论》（第四版），中国人民大学出版社2021年版，第533页。这实际上是变相否定了廉洁性作为集合法益的适格性（参见马春晓：《经济刑法的法益研究》，中国社会科学出版社2020年版，第311—313页）。
④ 陈瑞华：《企业合规出罪的三种模式》，载《比较法研究》2021年第3期，第84页。

合规不起诉的正当化根据不能只用"法益可恢复性理论"来解读，按照质量互变的哲学原理，法益损害的修复程度应当作为其根据之一，并成为区分法定不起诉和酌定不起诉的一个标志。此外，当前合规不起诉的司法实践已经表明，非难可能性减小和预防必要性降低也能共同说明为何作出合规不起诉。总之，单位贿赂犯罪合规不起诉的正当化根据应当以"廉政制度利益损害的高度修复、贿赂犯罪非难可能性的显著减小及其预防必要性的明显降低"来阐释。其中，合规不起诉制度中政策性宽宥处理涉案企业的目的考量，[①] 可以发挥统合根据机能、指导适用机能和从宽补强机能，使三者重叠性地为合规不起诉制度奠定理论基础。

[①] 黎宏：《企业合规不起诉：误解及纠正》，载《中国法律评论》2021 年第 3 期，第 188 页。

主要参考文献

一 著作类

车浩：《刑法教义的本土形塑》，法律出版社2017年版。

陈光中、徐静村主编：《刑事诉讼法学》，中国政法大学出版社1999年版。

陈雷：《反腐败国际合作理论与实务》，中国检察出版社2012年版。

陈瑞华：《企业合规基本理论》（第二版），法律出版社2021年版。

陈瑞华：《刑事证据法学》（第二版），北京大学出版社2014年版。

程荣斌、王新清主编：《刑事诉讼法》（第八版），中国人民大学出版社2021年版。

邓晓霞：《自首制度的理论与实践反思》，中国政法大学出版社2016年版。

高铭暄、马克昌主编：《刑法学》（第九版），北京大学出版社、高等教育出版社2019年版。

高铭暄主编：《刑法专论》（第二版），高等教育出版社2006年版。

葛磊：《新修罪名诠解：〈刑法修正案（七）〉深度解读与实务》，中国法制出版社2009年版。

韩光军：《量刑基准研究》，法律出版社2010年版。

华东师范大学企业合规研究中心编：《企业合规讲义》，中国法制出版社2018年版。

黄风：《中国境外追逃追赃经验与反思》，中国政法大学出版社2016年版。

江溯主编：《德国判例刑法》（总则），北京大学出版社2021年版。

解彬：《境外追赃刑事法律问题研究》，中国政法大学出版社2016年版。

景景：《受贿罪量刑均衡问题研究》，人民法院出版社2015年版。

雷建斌主编：《〈中华人民共和国刑法修正案（九）〉释解与适用》，人民法院出版社2015年版。

黎宏：《刑法学》，法律出版社2012年版。

李本灿等编译：《合规与刑法：全球视野的考察》，中国政法大学出版社2018年版。

李冠煜：《量刑基准的研究——以责任和预防的关系为中心》，中国社会科学出版社2014年版。

林亚刚：《刑法学教义》（分论），北京大学出版社2020年版。

马春晓：《经济刑法的法益研究》，中国社会科学出版社2020年版。

马克昌、卢建平主编：《外国刑法学总论（大陆法系）》（第三版），中国人民大学出版社2021年版。

马克昌主编：《百罪通论》，北京大学出版社2014年版。

彭新林：《酌定量刑情节限制死刑适用研究》，法律出版社2011年版。

商浩文：《当代中国贪污受贿犯罪定罪量刑标准问题研究》，中国人民公安大学出版社2019年版。

沈德咏主编：《〈刑法修正案（九）〉条文及配套司法解释理解与适用》，人民法院出版社2015年版。

宋英辉、甄贞主编：《刑事诉讼法学》（第六版），中国人民大学出版社2019年版。

王君祥：《违法所得没收特别程序问题研究》，法律出版社2015

年版。

王俊平、李山河：《受贿罪研究》，人民法院出版社2002年版。

王瑞君：《量刑情节的规范识别和适用研究》，知识产权出版社2016年版。

肖介清：《受贿罪的定罪与量刑》，人民法院出版社2000年版。

谢望原、赫兴旺主编：《刑法分论》（第三版），中国人民大学出版社2016年版。

《刑法学》编写组编：《刑法学》，高等教育出版社2019年版。

熊选国主编：《〈人民法院量刑指导意见〉与"两高三部"〈关于规范量刑程序若干问题的意见〉理解与适用》，法律出版社2010年版。

阎冬：《贿赂规制与刑事法理论》，成文堂2021年版。

张明楷：《外国刑法纲要》（第三版），法律出版社2020年版。

张明楷：《刑法学》（第六版），法律出版社2021年版。

张明楷：《责任刑与预防刑》，北京大学出版社2015年版。

钟宏彬：《法益理论的宪法基础》，元照出版公司2012年版。

周光权：《刑法各论》（第四版），中国人民大学出版社2021年版。

周光权：《刑法总论》（第四版），中国人民大学出版社2021年版。

周振杰：《单位贿赂犯罪预防模式研究》，中国政法大学出版社2020年版。

朱玉光：《自首、立功、坦白认定指南：100个刑事疑难案例梳理剖析》，法律出版社2016年版。

［德］Andreas von Hirsch：《均衡模式的量刑论》，松泽伸译，成文堂2021年版。

［德］Arthur Kaufman：《法哲学与刑法学的根本问题》，宫泽浩一监译，成文堂1986年版。

［德］C. Roxin：《刑法中的责任和预防》，宫泽浩一监译，成文堂

1981年版。

［德］Klaus Tiedemann：《德国及欧共体的经济犯罪与经济刑法》，西原春夫、宫泽浩一监译，成文堂1990年版。

［德］Wolfgang Frisch、［日］浅田和茂、冈上雅美编：《量刑法的基本问题：量刑理论与量刑实务之间的对话》，成文堂2011年版。

［德］埃里克·希尔根多夫：《德国刑法学：从传统到现代》，江溯等译，北京大学出版社2015年版。

［德］冯·李斯特：《德国刑法教科书》，徐久生译，法律出版社2000年版。

［德］汉斯·海因里希·耶赛克、托马斯·魏根特：《德国刑法教科书》（总论），徐久生译，中国法制出版社2001年版。

［德］汉斯-约格·阿尔布莱希特：《重罪量刑——关于刑量确立与刑量阐释的比较性理论与实证研究》，熊琦等译，法律出版社2017年版。

［德］克劳斯·罗克辛：《德国刑法学总论》（第1卷），王世洲译，法律出版社2005年版。

［德］克劳斯·罗克辛：《刑事政策与刑法体系》（第二版），蔡桂生译，中国人民大学出版社2011年版。

［德］乌尔里希·齐白：《全球风险社会与信息社会中的刑法：二十一世纪刑法模式的转换》，周遵友等译，中国法制出版社2012年版。

［德］乌尔斯·金德霍伊泽尔：《刑法总论教科书》，蔡桂生译，北京大学出版社2015年版。

［日］城下裕二：《量刑基准的研究》，成文堂1995年版。

［日］城下裕二：《量刑理论的现代课题》（增补版），成文堂2009年版。

［日］城下裕二：《责任与刑罚的现在》，成文堂 2019 年版。

［日］川端博：《贿赂罪的理论》，成文堂 2016 年版。

［日］川崎一夫：《体系的量刑论》，成文堂 1991 年版。

［日］大阪刑事实务研究会编著：《量刑实务大系：关于犯情等的诸问题》（第 2 卷），判例タイムズ社 2011 年版。

［日］大谷实：《刑法讲义总论》（新版第 4 版），成文堂 2012 年版。

［日］高桥则夫：《刑法总论》，李世阳译，中国政法大学出版社 2020 年版。

［日］甲斐克则：《企业犯罪与刑事合规——以"企业刑法"的构筑为目标》，成文堂 2018 年版。

［日］斉藤豊治等编著：《新经济刑法入门》（第 3 版），成文堂 2020 年版。

［日］森下忠：《各外国渎职防止法制》，成文堂 2013 年版。

［日］山口厚：《刑法总论》（第 3 版），有斐阁 2016 年版。

［日］山中敬一：《刑法各论》（第 3 版），成文堂 2015 年版。

［日］樋口亮介：《法人处罚与刑法理论》（增补新装版），东京大学出版会 2021 年版。

［日］野村健太郎：《量刑的思考论要》，成文堂 2020 年版。

［日］佐久间修：《刑法各论》（第 2 版），成文堂 2012 年版。

［英］安德鲁·阿什沃斯：《量刑与刑事司法》（第六版），彭海青、吕泽华译，中国社会科学出版社 2019 年版。

Andrew von Hirsch/Nils Jareborg, Strafmaß und Strafgerechtigkeit, 1991.

Hans–Jürgen Bruns, Das Recht der Strafzumessung, 2. Aufl., 1985.

Maurach/Zipf, Strafrecht, Allgemener Teil, Teiband 1, 5. Auflage, 1977.

二 论文类

车浩：《刑事立法的法教义学反思——基于〈刑法修正案（九）〉的分析》，载《法学》2015年第10期。

陈雷：《国际公约影响力交易罪与我国斡旋贿赂犯罪的比较研究》，载《福建法学》2006年第2期。

陈雷：《论我国违法所得没收程序司法认定若干法律适用问题研究》，载《法治研究》2015年第4期。

陈磊：《贪污受贿犯罪量刑均衡问题实证研究》，载《政法论坛》2020年第1期。

陈瑞华：《企业合规出罪的三种模式》，载《比较法研究》2021年第3期。

陈山：《论"限期自首"——以〈打黑通告〉第一条切入》，载《四川师范大学学报（社会科学版）》2018年第3期。

陈兴良：《贪污贿赂犯罪司法解释：刑法教义学的阐释》，载《法学》2016年第5期。

储槐植：《死刑改革：立法和司法两路并进》，载《中外法学》2015年第3期。

储槐植：《死刑司法控制：完整解读刑法第四十八条》，载《中外法学》2012年第5期。

方文军：《死刑缓期执行限制减刑制度的司法适用》，载《法律适用》2011年第8期。

高铭暄：《略论中国刑法中的死刑替代措施》，载《河北法学》2008年第2期。

韩轶、张栝功：《贪污受贿犯罪终身监禁的配置与适用问题研究》，载《江淮论坛》2016年第5期。

何荣功：《"重刑"反腐与刑法理性》，载《法学》2014年第12期。

胡成胜：《我国刑法第 64 条"没收"规定的理解与适用》，载《河北法学》2012 年第 3 期。

黄风：《等值没收及可追缴资产评估规则探析》，载《比较法研究》2015 年第 5 期。

黄风：《建立境外追逃追赃长效机制的几个法律问题》，载《法学》2015 年第 3 期。

黄京平：《终身监禁的法律定位与司法适用》，载《北京联合大学学报（人文社会科学版）》2015 年第 4 期。

黄明儒、项婷婷：《论〈刑法修正案（九）〉"终身监禁"的性质》，载《湘潭大学学报（哲学社会科学版）》2016 年第 5 期。

黄炎：《中国与加拿大跨境追赃法律制度研究》，载《时代法学》2016 年第 1 期。

黄云波：《论终身监禁措施之宏观定位与实践适用》，载赵秉志主编《刑法论丛》（第 45 卷），法律出版社 2016 年版。

贾宇：《中国死刑必将走向废止》，载《法学》2003 年第 4 期。

姜涛：《需罚性在犯罪论体系中的功能与定位》，载《政治与法律》2021 年第 5 期。

蒋太珂、彭文华：《量刑应实行定量与自由裁量并行——以贪污、受贿罪量刑标准的修改为视角》，载《华东政法大学学报》2016 年第 2 期。

金果：《我国受贿罪罪名体系的框架和完善》，载《政治与法律》2010 年第 5 期。

劳东燕：《死刑适用标准的体系化构造》，载《法学研究》2015 年第 1 期。

黎宏：《企业合规不起诉：误解及纠正》，载《中国法律评论》2021 年第 3 期。

黎宏：《死缓限制减刑及其适用——以最高人民法院发布的两个指

导案例为切入点》，载《法学研究》2013 年第 5 期。

黎宏：《终身监禁的法律性质及适用》，载《法商研究》2016 年第 3 期。

黎宏：《组织体刑事责任论及其应用》，载《法学研究》2020 年第 2 期。

李本灿：《公共机构腐败治理合规路径的构建——以〈刑法〉第 397 条的解释为中心》，载《中国刑事法杂志》2019 年第 2 期。

李冠煜：《量刑责任概念的理解与适用》，载《当代法学》2016 年第 5 期。

李希慧：《罪刑法定原则与刑法有权解释》，载《河北法学》2009 年第 5 期。

李鑫源：《简析逃匿境外人员自动投案的不同形态》，载《法律适用》2017 年第 10 期。

梁根林、王华伟：《死刑替代措施的中国命运：观念、模式与实践》，载《中国法律评论》2020 年第 5 期。

刘科：《"法益恢复现象"：适用范围、法理依据与体系地位辨析》，载《法学家》2021 年第 4 期。

刘霜：《终身监禁制度的司法限缩及其路径——以 2015—2020 年已决案例为样本的分析》，载《法学》2020 年第 12 期。

刘宪权：《贪污贿赂犯罪最新定罪量刑标准体系化评析》，载《法学》2016 年第 5 期。

马克昌：《论斡旋受贿犯罪》，载《浙江社会科学》2006 年第 3 期。

毛兴勤：《构建证明标准的背景与思路：以违法所得没收程序为中心》，载《法学论坛》2013 年第 2 期。

欧阳本祺：《论〈刑法〉第 383 条之修正》，载《当代法学》2016 年第 1 期。

彭新林：《我国腐败犯罪刑法立法完善建议》，载《法学杂志》

2021 年第 3 期。

钱小平:《贿赂犯罪情节与数额配置关系矫正之辨析》,载《法学》2016 年第 11 期。

钱叶六:《贪贿犯罪立法修正释评及展望——以〈刑法修正案（九）〉为视角》,载《苏州大学学报（哲学社会科学版）》2015 年第 6 期。

冉巨火:《经验而非逻辑:责任主义量刑原则如何实现》,载《政治与法律》2015 年第 6 期。

时延安、孟宪东、尹金洁:《检察机关在违法所得没收程序中的地位和职责》,载《法学杂志》2012 年第 11 期。

时延安:《违法所得没收条款的刑事法解释》,载《法学》2015 年第 11 期。

孙超然:《论贪污罪、受贿罪中的"情节"——以高官贪腐案中裁判考量因素的实证分析为切入点》,载《政治与法律》2015 年第 10 期。

孙国祥:《受贿罪量刑中的宽严失据问题——基于 2010 年省部级高官受贿案件的研析》,载《法学》2011 年第 8 期。

孙国祥:《刑事合规的理念、机能和中国的构建》,载《中国刑事法杂志》2019 年第 2 期。

孙国祥:《刑事合规的刑法教义学思考》,载《东方法学》2020 年第 5 期。

孙煜华:《涉案财产没收程序如何才能经受宪法拷问》,载《法学》2012 年第 6 期。

覃珠坚:《刑事外逃犯追缉方法之适用探析》,载《北京警察学院学报》2016 年第 4 期。

万毅:《独立没收程序的证据法难题及其破解》,载《法学》2012 年第 4 期。

王复春：《故意杀人罪死缓限制减刑的适用状况实证研究》，载《法学家》2020年第6期。

王刚：《我国贪污受贿罪量刑存在的问题和完善建议——以200份贪污受贿案件判决书的实证分析为基础》，载《湖北社会科学》2016年第11期。

王良顺：《论量刑根据——兼及刑法第61条的立法完善》，载《法学家》2009年第5期。

王林林：《多元刑事司法模式共存语境中的量刑基准研究》，载《政法论坛》2016年第3期。

王志祥：《死刑替代措施：一个需要警惕的刑法概念》，载《中国法学》2015年第1期。

吴光升：《未定罪案件涉案财物没收程序之若干比较——以美国联邦民事没收程序为比较视角》，载《中国政法大学学报》2013年第2期。

吴光侠、周小霖：《指导案例4号〈王某某故意杀人案〉的理解与参照》，载《人民司法》（应用）2012年第7期。

吴玉萍：《终身监禁正当性之检讨》，载《法学》2020年第10期。

徐安住：《自首制度疑难问题的司法认定——基于〈刑事审判参考〉28个示范案例的实证分析》，载《湖南大学学报（社会科学版）》2012年第1期。

张磊：《从高某案看我国境外追逃的法律问题——兼与赖某某案比较》，载《吉林大学社会科学学报》2014年第1期。

张磊：《从胡某案看劝返》，载《国家检察官学院学报》2010年第2期。

张磊：《当前我国境外追逃追赃工作的反思与对策》，载赵秉志主编《刑法论丛》（第40卷），法律出版社2014年版。

张磊：《境外追逃中的引渡替代措施及其适用——以杨某某案为切

入点》，载《法学评论》2017年第2期。

张磊：《〈刑法〉第64条财物处理措施的反思与完善》，载《现代法学》2016年第6期。

张明楷：《论刑法中的没收》，载《法学家》2012年第3期。

张明楷：《受贿犯罪的保护法益》，载《法学研究》2018年第1期。

张明楷：《死刑的废止不需要终身刑替代》，载《法学研究》2008年第2期。

张明楷：《新刑法与并合主义》，载《中国社会科学》2000年第1期。

章桦：《贪污罪"数额与情节"关系实证研究——基于全国18392例量刑裁判》，载《法学》2020年第6期。

郑泽善：《受贿罪的保护法益及贿赂之范围》，载《兰州学刊》2011年第12期。

周光权：《阶层犯罪论及其实践展开》，载《清华法学》2017年第5期。

周光权：《量刑基准研究》，载《中国法学》1999年第5期。

周金刚：《酌定量刑情节的泛化现象研究》，载张仁善主编《南京大学法律评论》（总第33期），法律出版社2010年版。

庄绪龙：《"法益可恢复性犯罪"概念之提倡》，载《中外法学》2017年第4期。

［德］Arthur Kaufmann：《刑罚中的报应与责任》，井田良译，载《法学研究》1985年第3号。

［德］Christian Jäger：《在对通常案例处理方法特别考虑下的构成要件与量刑的相关关系——以及考察为量刑提供方向的解释意义》，野泽充译，载《法政研究》2018年第4号。

［德］Claus Roxin：《法益讨论的新发展》，许丝捷译，载《月旦法学杂志》2012年第211号。

[德] Franz Streng:《德国的量刑——其概要与现代课题》,井田良、小池信太郎译,载《庆应法学》2007年第8号。

[德] Franz Streng:《德国的刑事制裁——含有经验立场的概观》,小池信太郎监译,载《庆应法学》2016年第34号。

[德] Wolfgang Frisch:《联邦普通法院判例中的刑罚构想、量刑事实和量刑基准——一种批判性及建设性的评价》,冈上雅美译,载《法政理论》2002年第3号。

[德] 乌尔斯·金德霍伊泽尔:《法益保护与规范效力的保障:论刑法的目的》,陈璇译,载《中外法学》2015年第2期。

[德] 约翰内斯·卡斯帕:《正义刑还是目的刑——思考犯罪学知识在刑罚论中的重要性》,邓卓行译,载赵秉志主编《刑法论丛》(第61卷),法律出版社2020年版。

[日] 阿部纯二:《刑的量定的基准》(上),载《法学》1976年第40卷第3号。

[日] 川崎一夫:《死刑与无期刑的选择基准》,载《创价法学》1996年第1、2号。

[日] 川崎友巳:《法人处罚论的今日展开——"企业的刑事责任"再论》,载[日]濑川晃编《大谷实先生喜寿纪念论文集》,成文堂2011年版。

[日] 嘉门优:《行为原理与法益论》,载《立命馆法学》2009年第5、6号。

[日] 木村荣作:《作为死刑与无期刑的中间刑的终身刑导入问题》,载《法的支配》2001年第122号。

[日] 日高义博:《死刑的适用基准》,载《现代刑事法》2001年第25号。

[日] 小池信太郎:《量刑中的犯行均衡原理和预防性考虑——以日德最近诸见解的研究为中心》(1),载《庆应法学》2006年第

6号。

［日］小池信太郎：《量刑中消极责任主义的再构成》，载《庆应法学》2004 年第 1 号。

［日］小池信太郎：《论量刑中构成要件外结果的客观范围》，载《庆应法学》2007 年第 7 号。

［日］原田国男：《执行犹豫与幅的理论》，载《庆应法学》2017 年第 37 号。

Bernd Schünemann, Die Akzeptanz von Normen und Sanktionen aus der Perspektive der Tatproportionalität, in: Frisch/von Hirsch/Albrecht (Hrsg.), Tatproportionalität, Heidelberg 2003.

Bernd Schünemann, Tatsächliche Strafzumessung, gesetzliche Strafdrohungen und Gerechtigkeits – und Präventionserwartungen der Öffentlichkeit aus deutscher Sicht, in: H. J. Hirsch (Hrsg.), Krise des Strafrechts und der Kriminalwissenschaften?, 2001.

后　记

本书系2018年度湖北省社科基金一般项目（后期资助项目）（批准号：2018010）暨2019年中央高校基本科研业务费专项资金资助（批准号：2019WKYXQN007）的最终成果。

立项后，笔者在密切关注国内外有关刑法理论发展和刑事立法、司法实践动态的基础上，对书稿进行了较大幅度的修改、完善。不仅更新了立法、案例和注释，规范了语言表述，而且强化了论证，修改了一些不妥当的观点，还增写了第十章。之所以这样做，是希望本书提出的一些主张不至于很快过时，能为研究同类课题的学界同人带来一些启发。

笔者在写作过程中，参考了国内外许多学者的研究成果，为此要感谢国家图书馆、北京师范大学图书馆和华中科技大学图书馆提供的各种文献。自加盟华中大法学院以来，学院领导和各位老师为我创造了较为宽松的科研环境，间接促成了本书的完成。而早年跟随中方导师李希慧教授和日方导师城下裕二教授[①]的求学经历，则对本书的完成产生了直接影响。对此，我永远铭记于心！

[①] 北海道大学大学院法学研究科教授。